HACKERS
Updated
TOEFL
SPEAKING BASIC

학습을 위한
추가 혜택

교재 MP3

말하기 연습
프로그램

이용방법 해커스인강(HackersIngang.com) 접속 ▶
사이트 상단의 [토플 → MP3/자료 → 문제풀이 MP3 or 말하기 연습 프로그램] 클릭 ▶
본 교재 선택하여 이용하기

MP3/자료 바로 가기 ▶

토플 보카 외우기

이용방법 고우해커스(goHackers.com) 접속 ▶
상단 메뉴 [TOEFL → 토플보카외우기] 클릭하여 이용하기

토플 스피킹/라이팅 첨삭 게시판

이용방법 고우해커스(goHackers.com) 접속 ▶
상단 메뉴 [TOEFL → 스피킹게시판/라이팅게시판] 클릭하여 이용하기

토플 공부전략 강의

이용방법 고우해커스(goHackers.com) 접속 ▶
상단 메뉴 [TOEFL → 토플공부전략] 클릭하여 이용하기

토플 자료 및 유학 정보

이용방법 고우해커스(goHackers.com)에 접속하여 다양한 토플 자료 및 유학 정보 이용하기

고우해커스 바로 가기 ▶

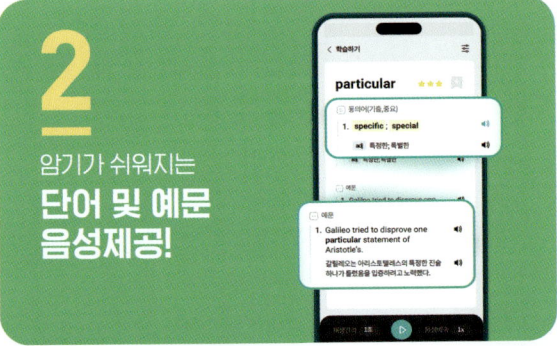

2026년 1월 21일 시행
Updated TOEFL

심층 분석, 이렇게 바뀐다

시대의 변화에 따라 영어 사용 환경이 달라진 것을 반영하여, 2026년 1월 21일 TOEFL 시험이 대대적으로 바뀐다.

『Hackers Updated TOEFL』은 수험자들이 **Updated TOEFL** 시험에도 철저히 대비할 수 있도록, 시험 변경사항과 새로운 문제 유형을 철저히 분석하여 가장 효과적인 핵심 전략과 출제 경향을 완벽 반영한 실전문제를 수록하고 있다.

Updated TOEFL, 얼마나 알고 계신가요?

	YES	NO
Q1. 시험 소요시간이 줄어들었다.	☐	☐
Q2. 리딩/리스닝 영역에서는 전반부 채점 결과에 따라 후반부 구성과 난이도가 달라진다.	☐	☐
Q3. 스피킹 영역이 시험의 마지막 순서다.	☐	☐

*정답은 모두 YES! 자세한 시험 변경사항은 이어지는 페이지에서 확인할 수 있습니다.

Updated TOEFL, 이렇게 바뀐다!

영역	문제 유형	문항 수 Module1	문항 수 Module2 Lower	문항 수 Module2 Upper	예상 시간	점수
Reading 총 35문항 *더미 문제가 출제될 경우, 최대 48문항	TASK 1 Complete the Words 단어의 철자 완성하기	10문항	10문항	10문항	18~27분	1~6점
	TASK 2 Read in Daily Life 일상 지문 읽고 문제 풀기	5문항	5문항	0문항		
	TASK 3 Read an Academic Passage 학술 지문 읽고 문제 풀기	5문항	0문항	5문항		
Listening 총 35문항 *더미 문제가 출제될 경우, 최대 45문항	TASK 1 Listen and Choose a Response 문장 듣고 이어질 응답 고르기	8문항	7문항	3문항	18~27분	1~6점
	TASK 2 Listen to a Conversation 대화 듣고 문제 풀기	4문항	4문항	4문항		
	TASK 3 Listen to an Announcement 공지 듣고 문제 풀기	4문항	4문항	0문항		
	TASK 4 Listen to an Academic Talk 강의 듣고 문제 풀기	4문항	0문항	8문항		
Writing 총 12문항	TASK 1 Build a Sentence 단어 배열하여 문장 완성하기	10문항			23분	1~6점
	TASK 2 Write an Email 이메일 쓰기	1문항				
	TASK 3 Write for an Academic Discussion 학술 토론 의견 쓰기	1문항				
Speaking 총 11문항	TASK 1 Listen and Repeat 문장 듣고 따라 말하기	7문항			8분	1~6점
	TASK 2 Take an Interview 인터뷰 질문에 답변하기	4문항				
	Total				1시간 30분 내외	1~6점

시험 응시 72시간 이내 성적 발표

일상 지문이 추가되고, 단계별 적응형 구조가 도입된다.
- 단어 완성하기 유형과 일상 지문 읽기 유형이 추가되고, 학술 지문의 길이 감소
- Module 1의 결과에 따라 Module 2의 난이도와 구성이 달라지는 단계별 적응형 구조(multistage adaptive testing) 도입
- Module 1에 채점되지 않는 더미 문제 출제 가능 (Reading/Listening 영역 중 한 영역에서 출제)

일상 대화와 교내 공지가 추가되고, 단계별 적응형 구조가 도입된다.
- 짧은 일상 대화와 교내 공지 유형이 추가되고, 강의 지문의 길이 감소
- Module 1의 결과에 따라 Module 2의 난이도와 구성이 달라지는 단계별 적응형 구조(multistage adaptive testing) 도입
- Module 1에 채점되지 않는 더미 문제 출제 가능 (Reading/Listening 영역 중 한 영역에서 출제)

문장 완성 유형과 이메일 쓰기 유형이 추가된다.
- 문장 완성 유형과 이메일 쓰기 유형 추가
- 기존의 토론 글쓰기 유형은 그대로 유지
- 시험의 마지막 영역에서 세 번째 영역으로 순서 변경

문제 유형이 모두 바뀌고, 준비 시간이 없어진다.
- 따라 말하기 유형과 인터뷰 유형 추가
- 모든 유형에서 별도의 답변 준비 시간 없이 바로 답변 시작
- 시험의 세 번째 영역에서 마지막 영역으로 순서 변경

시험 소요 시간과 성적 발표 기간이 줄고, 점수 체계가 바뀐다.
- 시험 전체 소요 시간과 성적 발표 기간 감소
- 성적 체계가 0~120점 체계에서 1~6점 체계로 변경되고, 전체 점수 계산 방식이 영역별 합계에서 평균으로 변경

Updated TOEFL, 이렇게 대비하라!

■ READING

TASK 1	**Complete the Words** 단어의 철자 완성하기 (1지문 10문항)	
	• 학술 지문에서 앞부분 절반의 철자만 제시되는 단어 10개의 뒷부분을 채워 완성하는 유형이다.	
	• 다양한 학술 분야 주제의 지문이 70~100단어 분량으로 출제된다.	
TASK 2	**Read in Daily Life** 일상 지문 읽고 문제 풀기 (1지문 2~3문항)	
	• 이메일, 문자메시지, 광고, 공지, 기사, SNS 포스팅, 양식 등 다양한 형태의 지문이 출제된다.	
	• 지문 길이는 15~100단어 분량으로 짧은 편이며, 일상적인 주제와 소재를 다룬다.	
TASK 3	**Read an Academic Passage** 학술 지문 읽고 문제 풀기 (1지문 5문항)	
	• 기존의 리딩 유형과 가장 유사하지만, 지문의 길이가 175~200단어로 감소했다.	
	• 전공 심화 수준의 까다로운 내용은 출제되지 않으며, 문화적 편향 없는 보편적인 주제와 소재가 출제된다.	

영역 심층 분석

1. 학술 지문의 비중이 줄고, 기본적인 어휘력과 일상생활에서 접하는 다양한 글을 읽고 이해하는 능력이 중요해진다.

2. 단계별 적응형 구조(multistage adaptive testing)가 도입된다.
   - 두 단계(Module)로 구성되며, Module 1의 결과에 따라 Module 2의 난이도와 구성이 조정된다.
   - Module 2에서 낮은 난이도의 구성이 나오면 리딩 영역 만점(6점)을 받는 것은 불가능하다.

3. 문항 당 풀이 시간은 줄어든다.
   - 전체 문항 수는 20문항에서 35~48문항으로 증가하고, 소요 시간은 약 35분에서 18~27분으로 감소했다.

핵심 대비 전략

TASK 1 풀이 시간을 단축하기 위해 어휘력을 키우고, 단어의 앞부분 철자만 보고 뒤에 이어질 철자를 채우는 연습을 한다.
- 평소에 영어로 된 글을 자주 읽으면서 다양한 단어에 익숙해진다. 특히, 단어의 정확한 철자까지 알아 둔다.
- 앞부분의 철자만 주어지고 뒷부분은 빈칸으로 주어지는 TASK 1 문제 형태에 익숙해지도록 많은 문제를 풀어 본다.

TASK 2 정답의 근거를 빠르게 찾을 수 있도록, 다양한 일상 지문의 형태와 흐름을 익힌다.
- 이메일, 메시지 대화문, 공지, 각종 양식 등, 다양한 일상 지문의 형태와 일반적인 흐름을 익힌다.

TASK 3 다양한 배경지식을 쌓고, 빠르고 정확한 독해를 통해 정답의 근거를 찾는 연습을 한다.
- 지문의 길이가 줄어도, TASK 3의 학술 지문은 여전히 난이도가 높기 때문에 빠르고 정확한 독해가 관건이다.
- 다양한 배경지식을 쌓으면 친숙하지 않은 주제의 지문을 보더라도 쉽고 빠르게 지문의 내용을 이해할 수 있다.

LISTENING

TASK 1	**Listen and Choose a Response** 문장 듣고 이어질 응답 고르기 • 7~8단어로 이루어진 한 문장을 듣고 이어질 응답을 고르는 유형이다. • 일상적인 대화 상황이 출제되며, 종종 구어체도 나온다. • 문항 당 풀이 시간은 최대 20초이다.
TASK 2	**Listen to a Conversation** 대화 듣고 문제 풀기 (1지문 2문항) • 식사, 쇼핑, 약속 등 일상적인 주제에 관한 두 사람 사이의 대화가 출제된다. • 대화 길이는 약 23초, 문항 당 풀이 시간은 최대 20초이다.
TASK 3	**Listen to an Announcement** 공지 듣고 문제 풀기 (1지문 2문항) • 대학 캠퍼스 내에서 행사, 강의, 시설 등에 대해 안내하는 공지가 출제된다. • 공지 길이는 약 21초, 문항 당 풀이 시간은 최대 20초이다.
TASK 4	**Listen to an Academic Talk** 강의 듣고 문제 풀기 (1지문 4문항) • 기존의 리스닝 강의 유형과 유사하지만, 지문의 길이가 약 1분 20초로 감소했다. • 전공 심화 수준의 까다로운 내용은 출제되지 않으며, 문화적 편향 없는 보편적인 주제와 소재가 출제된다. • 문항 당 풀이 시간은 최대 30초이다.

영역 심층 분석

1. 학술적인 내용뿐 아니라, 일상적인 주제에 대한 짧은 대화나 공지를 듣고 화자의 의도를 이해하는 능력도 평가한다.
2. 북미, 영국, 호주, 뉴질랜드 발음이 골고루 출제된다.
3. 단계별 적응형 구조(multistage adaptive testing)가 도입된다.
   • 두 단계(Module)로 구성되며, Module 1의 결과에 따라 Module 2의 난이도와 구성이 조정된다.
   • Module 2에서 낮은 난이도의 구성이 나오면 리스닝 영역 만점(6점)을 받는 것은 불가능하다.

핵심 대비 전략

TASK 1 질문을 확실하게 듣는 연습을 하고, 자주 출제되는 오답 패턴에 대비한다.
• 짧고 빠르게 지나가는 질문 문장을 놓치지 않고 들을 수 있도록 집중력을 강화한다.
• 자주 출제되는 오답 패턴을 확실히 익히고, 자주 틀리는 문제에 대해 자신이 오답을 선택한 이유를 꼼꼼하게 분석한다.

TASK 2&3 정확한 근거를 갖고 정답을 고를 수 있도록, 지문의 흐름과 내용을 정확히 파악하여 듣는 연습을 한다.
• 대화와 공지의 앞부분을 놓치지 않고 듣는 연습을 통해 주제를 확실히 파악할 수 있도록 한다.
• 일상 대화에서 자주 출제되는 구어체 표현에 익숙해진다.
• 공지의 빈출 주제와 일반적인 흐름, 자주 나오는 표현을 익힌다.

TASK 4 다양한 배경지식을 쌓고, 강의의 핵심 내용을 정리하며 듣는 연습을 한다.
• 지문의 길이가 줄어도, TASK 4의 강의는 여전히 난이도가 높기 때문에 핵심 내용을 놓치지 않고 정확히 듣는 것이 중요하다.
• 다양한 배경지식을 쌓으면 친숙하지 않은 주제의 강의를 듣더라도 내용을 정확히 파악할 수 있다.
• 평소에 문제를 풀 때 집중해서 들으며 주요 내용을 노트테이킹하는 연습을 한다.

Updated TOEFL, 이렇게 대비하라!

■ WRITING

TASK 1	**Build a Sentence** 단어 배열하여 문장 완성하기 • 완전한 형태로 주어지는 한 문장을 보고, 보기 단어를 배열하여 이어질 응답 문장을 완성하는 유형이다. • 문법적으로 정확하면서도 문맥에 맞는 자연스러운 응답이 될 수 있는 문장을 완성해야 한다. • 10문항이 출제되고, TASK 전체 제한 시간은 약 5분 50초이다.
TASK 2	**Write an Email** 이메일 쓰기 • 학교나 일상에서 일어날 법한 상황과 이메일을 쓰는 목적이 주어지고, 그에 맞춰 이메일을 작성하는 유형이다. • 일반적인 이메일의 구조에 맞게 작성해야 하며, 초대, 추천, 문제점 전달, 해결책 제안 등의 다양한 의사소통 목적에 맞는 형식과 표현을 적절히 활용해야 한다. • 7분 동안 최대한 길게 작성하도록 요구되는데, 110~130 단어 분량이 적절하다.
TASK 3	**Write for an Academic Discussion** 학술 토론 의견 쓰기 • 기존 토플에서 그대로 유지되는 유일한 유형이다. • 교수가 토론 주제를 간단히 설명하며 던진 질문과, 다른 학생 두 명의 의견을 읽고, 자신의 의견을 작성하는 유형이다. • 10분 동안 최소 100단어 이상 작성해야 한다.

영역 심층 분석

1. 기본적인 문법 규칙에 따라 문장을 쓰는 능력을 평가한다.
   • 전달하고자 하는 의미를 제대로 전달하기 위해 지켜야 할 문법 규칙들을 잘 알고 있는지를 평가한다.

2. 온라인 의사소통 형식에 적절한 글을 쓰는 역량이 중요하다.
   • 글을 쓰는 목적, 상대방과의 관계 등에 따라 적절한 문장 구조와 표현을 구사할 수 있어야 한다.

핵심 대비 전략

TASK 1 기본적인 영어 어순과 문법 규칙을 지키며 문장을 쓰는 연습을 한다.
• 수 일치, 시제 일치, 대명사와 접속사의 쓰임 등 기본적인 문법 규칙을 익혀 둔다.

TASK 2 이메일의 기본 구조를 익히고, 일상적인 의사소통 목적에 따라 자주 쓰는 표현을 익힌다.
• 인사말, 목적, 세부사항, 맺음말로 이어지는 이메일의 기본 구조를 지켜 답안을 작성하는 연습을 한다.
• 문의, 부탁, 항의, 감사 등 다양한 의사소통 목적 별로 자주 쓰이는 표현을 익혀 둔다.
• 평소에 많은 문제를 풀어 보며, 1~2분 동안 아웃라인을 잡고, 4~5분 동안 실제 답안을 쓰는 연습을 한다.

TASK 3 평소에 다양한 주제에 대해 브레인스토밍해 보고, 논리적인 답안을 쓰는 연습을 한다.
• 자신의 주장에 대해 논리적으로 타당한 이유와 근거를 생각해내는 연습을 한다.
• 다양한 주제에 대해 나올 수 있는 질문들과 답안에 활용할 수 있는 아이디어를 정리해 둔다.
• 평소에 2~3분 동안 답변 내용을 구상하고, 7분 동안 답안을 작성하는 연습을 한다.

■ SPEAKING

TASK 1	**Listen and Repeat** 문장 듣고 따라 말하기 • 음성으로만 들려주는 문장 7개를 한 개씩 듣고 그대로 따라 말하는 유형이다. • 일상 및 학교에서 접할 수 있는 시설, 행사, 절차 등에 대해 사람들에게 안내하는 상황이 제시되고, 배경이 되는 장소를 묘사한 그림이 제시된다. • 각 문장은 한 번씩만 들려주고, 3초의 간격 후에 8~12초의 답변 시간이 주어진다.
TASK 2	**Take an Interview** 인터뷰 질문에 답변하기 • 특정 주제에 대한 인터뷰 질문 4개에 답변하는 유형이다. • 교육, 사회, 과학기술, 여가 등 다양한 주제로 인터뷰가 진행된다. • 인터뷰 질문은 음성으로만 들려주고, 준비 시간 없이 바로 답변해야 한다. • 한 질문에 대한 답변 시간은 45초가 주어진다.

영역 심층 분석

1. 실생활에서의 의사소통 방식을 반영하여, 즉각적으로 적절한 말을 하는 능력을 평가한다.
   • 상대방의 말을 정확히 듣고 기억하여 그대로 전달할 수 있어야 한다.
   • 상대방의 질문에 대해 즉각적으로 자신의 의견을 타당한 이유나 근거와 함께 말할 수 있어야 한다.
2. 북미, 영국, 호주, 뉴질랜드 발음이 골고루 출제된다.

핵심 대비 전략

TASK 1 문장을 들으면서 정확히 기억하고 그대로 따라 말하는 연습을 한다.
   • 쉐도잉 연습을 통해 들리는 문장을 그대로 따라 말할 수 있도록 한다.
   • 다양한 안내 상황 별로 자주 출제되는 표현을 익힌다.

TASK 2 질문을 듣는 동시에 답변 내용을 생각하고 바로 말할 수 있도록 충분히 연습한다.
   • 기본적인 답변 구조를 익히고 그에 맞춰 말하는 연습을 충분히 해 둔다.
   • 다양한 인터뷰 주제에 대해 나올 수 있는 질문들과 답변에 활용할 수 있는 아이디어를 정리해 둔다.

해커스 토플이 제공하는 토플 정복을 위한 특별한 혜택!

01 토플 적중 예상특강
(HackersIngang.com)

해커스어학원 선생님들의 이번 달 토플 적중 예상특강 제공

02 온라인 실전모의고사
(HackersIngang.com)

출제 경향을 완벽 반영한 온라인 모의고사로 실전 완벽 대비

03 단어암기 MP3
(HackersIngang.com)

단어암기 MP3로 언제, 어디서든 효과적인 단어 학습 가능

04 토플 스피킹/라이팅 첨삭 게시판
(goHackers.com)

무제한 1:1 첨삭을 통한 확실한 실력 향상

05 토플 쉐도잉 & 말하기 연습 프로그램
(goHackers.com)

쉐도잉 & 말하기 반복 훈련으로 빠른 실력 향상

06 토플 자료 및 유학 정보
(goHackers.com)

성공적인 토플 학습방법부터 유학 정보와 다양한 무료 학습자료까지 풍부한 정보 제공

HACKERS
Updated TOEFL
SPEAKING BASIC

해커스 어학연구소

무료 토플자료·유학정보 제공
goHackers.com

『Hackers Updated TOEFL Speaking Basic』을 내면서

해커스 토플은 단순한 시험 대비를 넘어, 여러분의 실질적인 영어 실력 향상에 도움이 되고자 하는 작은 진심으로 출발했습니다. 해커스 토플 전 시리즈가 오랜 세월 **베스트셀러를 넘어 스테디셀러로 자리할 수 있었던 이유는**, 늘 **처음과 같은 마음으로** 더 좋은 책을 만들기 위해 고민하고, 최신 경향을 반영하기 위해 끊임없이 노력하기 때문입니다.

이번 『Hackers Updated TOEFL Basic (iBT)』 시리즈 또한 해커스의 전문성과 축적된 노하우를 바탕으로, 변화된 시험의 모든 유형을 면밀히 분석하고 정교한 문제 해결 전략을 담아 **기본부터 실전까지 대비할 수 있는 완결판**으로 완성하였습니다.

영어 말하기의 기본을 확실히 잡습니다!
『Hackers Updated TOEFL Speaking Basic (iBT)』은 한국식 영어 표현에서 벗어나 진정한 영어다운 표현을 사용할 수 있도록, 영어 말하기에 있어서 가장 중요하고 기본적인 틀을 제시합니다.

체계적인 구성과 풍부한 문제로 실전도 문제없습니다!
영어 말하기에 기본이 되는 발음/문법을 학습한 뒤 필수 표현을 익히며 기본 실력을 다지고, Updated TOEFL의 경향을 반영한 풍부한 양의 연습 문제와 실전 문제를 풀어봄으로써 문제 유형에 대한 이해도를 높이고 실전 감각까지 익힐 수 있도록 하였습니다.

『Hackers Updated TOEFL Speaking Basic (iBT)』이 여러분의 토플 목표 점수 달성에 확실한 해결책이 될 뿐 아니라, 실질적인 영어 실력의 향상과 함께 더 큰 꿈을 향해 나아가는 길에서 든든한 동반자가 되기를 소망합니다.

David Cho
& 해커스어학연구소

CONTENTS

『해커스 토플 스피킹 베이직』이 특별한 이유	6
TOEFL iBT소개	10
TOEFL iBT Speaking 소개	12
TOEFL iBT Speaking 화면 구성	14
나만의 학습플랜	16

스피킹을 위한 기본기 다지기

Day 01	영어 단어 정확하게 발음하기	22
Day 02	리듬 살려 영어 문장 말하기	32
Day 03	알맞은 동사 써서 말하기	40
Day 04	동사의 모양 바꾸어 말하기	50
Day 05	접속사 사용하여 긴 문장 말하기	58

스피킹을 위한 필수 표현 익히기

Day 06	유형별 표현: 위치·규정·제안·제공	70
Day 07	유형별 표현: 나의 입장과 이유	84
Day 08	유형별 표현: 구체적 근거와 요약	98
Day 09	주제별 표현: 일상생활 관련	112
Day 10	주제별 표현: 사회 분야 관련	126

Hackers
Updated TOEFL
Speaking Basic

TASK ① 듣고 따라 말하기 Listen and Repeat

Introduction		146
Day 11	전략 익히기	148
Day 12	상황별 공략하기: 시설 안내	162
Day 13	상황별 공략하기: 행사 안내	172
Day 14	상황별 공략하기: 방법·절차 안내	182
Day 15	Task Test	192

TASK ② 인터뷰 답변하기 Take an Interview

Introduction		202
Day 16	전략 익히기	204
Day 17	주제별 공략하기: 교육·진로·기술	220
Day 18	주제별 공략하기: 사회·문화·환경	234
Day 19	주제별 공략하기: 일상·여가·건강	248
Day 20	Task Test	262

 Actual Test 271

모범 답안·스크립트·해석 277
[책 속의 책]

『해커스 토플 스피킹 베이직』이 특별한 이유!

01 20일 완성, 스피킹의 기본서!

▌영어 말하기의 기본서

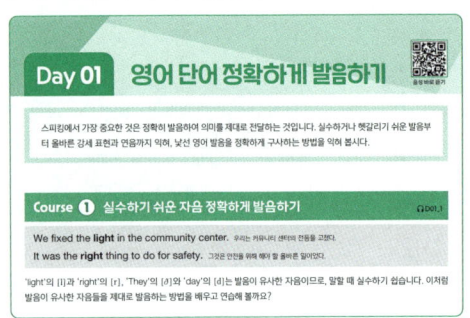

토플 스피킹뿐만 아니라 일반적인 영어 말하기에도 꼭 필요한 내용을 수록함으로써, 전반적인 영어 말하기 실력을 향상시키는 데 중점을 두었습니다. **말하기를 위한 발음과 문법, 표현부터 토플 스피킹 답안을 말하는 방법까지 이 한 권으로 모두 학습할** 수 있습니다.

▌맞춤형 학습플랜

레벨테스트를 통해 자신의 실력을 미리 진단하고, **자신에게 가장 잘 맞는 학습플랜을 선택하여 학습**할 수 있습니다.

02 기본부터 실전까지 체계적인 Speaking 학습!

기본기 다지기/필수 표현 익히기

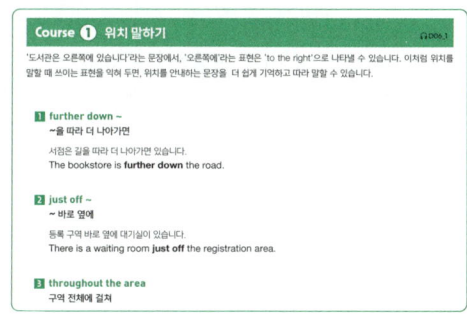

영어로 말할 때 실수하거나 헷갈리기 쉬운 **발음/강세부터 정확한 문장을 말하는 데 필수적인 문법까지 학습**할 수 있습니다. 또한, 토플 스피킹에서 유용하게 사용할 수 있는 **유형별/주제별 표현들을 학습**할 수 있도록 하여 영어 말하기의 탄탄한 기반을 다질 수 있도록 하였습니다.

Task 유형별 학습

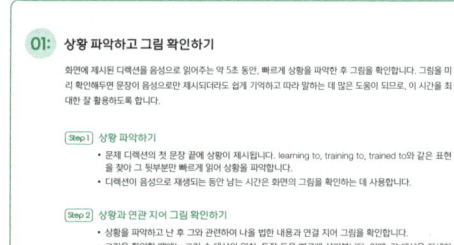

각 Task별 문제 유형을 상세히 학습하며 **최적화된 문제풀이 전략을 익히고**, 상황별/주제별 빈출 표현과 답변 아이디어들을 학습한 후 실전 연습 문제들을 풀어보며 **실전 감각을 익힐** 수 있습니다. 각 Task의 마지막 Day에서는 실전 형태의 Task Test를 통해, 앞에서 학습한 내용을 바탕으로 실전처럼 풀어볼 수 있습니다.

Actual Test

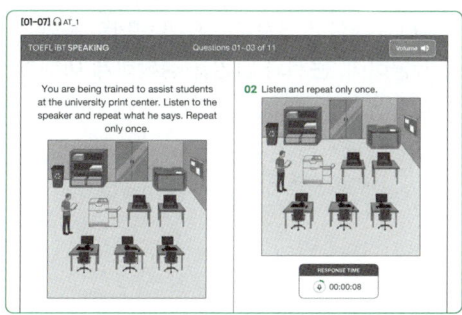

이 책의 최종 마무리 단계로, 한 회분의 실전 테스트를 수록하였습니다. **실제 Updated TOEFL Speaking 시험과 동일한 형식을 갖춘 문제를 풀어봄**으로써, 실전에 효과적으로 대비할 수 있습니다.

『해커스 토플 스피킹 베이직』이 특별한 이유!

03 정확한 문제 이해와 모범 답안으로 실력 UP!

▌브레인스토밍

Task 2 문제에 대한 브레인스토밍 예시를 제공하여, 답안에 사용할 아이디어를 논리적인 구조에 맞춰 효율적으로 떠올릴 수 있는 **브레인스토밍 방법을 익힐** 수 있도록 하였습니다.

▌모범답안

교재에 수록된 모든 문제에 대한 모범 답안을 제공하여, 이를 바탕으로 **자신의 답안을 보완, 개선**할 수 있도록 하였습니다.

▌스크립트/해석

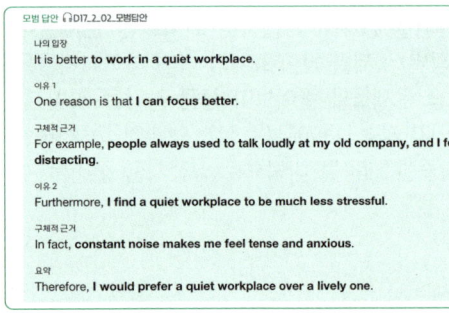

교재에 수록된 모든 문제에 대한 스크립트와 모범 답안의 정확한 해석 및 중요 어휘를 제공하여, **문제와 답안을 정확하게 이해할** 수 있도록 하였습니다.

04 해커스만의 다양한 학습자료 제공!

고우해커스(goHackers.com)

온라인 토론과 정보 공유의 장인 **고우해커스(goHackers.com)** 사이트에서 다른 학습자들과 함께 교재 내용에 관한 문의사항을 나누고 학습 내용을 토론할 수 있으며, **다양한 무료 학습자료와 TOEFL 시험 및 유학에 대한 풍부한 정보**도 얻을 수 있습니다.

해커스인강(HackersIngang.com)

해커스인강(HackersIngang.com) 사이트에서 무료로 제공되는 **말하기 연습 프로그램**을 통해 본 교재에 수록된 토플 스피킹 핵심 문장들을 직접 말하면서 녹음해 보고, 이를 원어민의 음성과 비교하며 자신의 발음과 억양을 교정할 수 있습니다.

해커스인강(HackersIngang.com) 사이트에서 제공하는 **온라인강의**를 수강하면 선생님의 상세한 설명을 통해 영어 말하기에 필요한 기본기 및 토플 스피킹 문제 유형별 전략을 좀더 깊이 있고 체계적으로 학습할 수 있습니다.

TOEFL iBT 소개

■ TOEFL iBT란?

TOEFL(Test of English as a Foreign Language) iBT(Internet-based test)는 미국의 비영리기관인 ETS (Educational Testing Service)에서 주관하는 국제 공인 영어 시험으로, 영어가 모국어가 아닌 수험자의 영어 실력을 읽기·듣기·쓰기·말하기 네 영역으로 나누어 평가합니다. 2026년 1월 21일부터 바뀌는 Updated TOEFL 시험은 Reading, Listening, Writing, Speaking 영역의 순서로 진행됩니다. Reading과 Listening 영역은 각 응시자의 Module 1 채점 결과에 따라 Module 2의 난이도와 구성이 달라지는 단계별 적응형 구조(multistage adaptive testing)로 진행됩니다.

■ TOEFL iBT 시험 구성

영역		Task	문항 수	시험 시간	점수
Reading	Task 1	Complete the Word	35~48문항 · Module 1: 20~33문항 · Module 2: 15문항	약 18~27분	1~6점
	Task 2	Read in Daily Life (1지문 2~3문항)			
	Task 3	Read an Academic Passage (1지문 5문항)			
Listening	Task 1	Listen and Choose a Response	35~45문항 · Module 1: 20~30문항 · Module 2: 15문항	약 18~27분	1~6점
	Task 2	Listen to a Conversation (1지문 2문항)			
	Task 3	Listen to an Announcement (1지문 2문항)			
	Task 4	Listen to an Academic Talk (1지문 4문항)			
Writing	Task 1	Build a Sentence	12문항	약 23분	1~6점
	Task 2	Write an Email			
	Task 3	Write for an Academic Discussion			
Speaking	Task 1	Listen and Repeat (1세트 7문항)	11문항	약 8분	1~6점
	Task 2	Take an Interview (1세트 4문항)			
				약 2시간	1~6점

· Reading 또는 Listening 중 한 영역의 Module 1에서 더미 문제가 출제됩니다.
· Reading과 Listening 영역의 Module 1에서는 모든 Task가 출제되지만, Module 2에서는 난이도에 따라 일부 Task만 출제됩니다.

TOEFL iBT 점수 체계

2026년 1월 21일 시행되는 Updated TOEFL은 세계적으로 널리 쓰이는 외국어 능력 공통 기준인 CEFR(Common European Framework of Reference for Languages) 6단계와 직관적으로 연계되는 1~6점 구간 점수제(banded scoring scale)를 도입합니다. 각 영역 점수와 총점은 0.5점 단위로 올라가는 1~6점 점수대로 표시되고, 총점은 4개 영역 점수의 평균값을 가장 가까운 0.5 단위로 반올림하여 산출합니다. (예: 4개 영역 점수 평균이 5.25이면, 총점은 5.5로 표기)

* Updated TOEFL 시행 2년 동안은 기존의 0~120점 점수대도 함께 표기됩니다.

TOEFL 점수와 CEFR Level 환산표

TOEFL 점수	1.0	1.5	2.0	2.5	3.0	3.5	4.0	4.5	5.0	5.5	6.0
CEFR Leve	A1		A2		B1		B2		C1		C2

TOEFL iBT 접수 및 성적 확인

실시일	・ETS Test Center 시험: 일주일에 약 2~3일 실시 ・홈에디션 시험: 일주일에 약 4~5일 실시
시험 장소	・ETS Test Center에서 치르거나, 집에서 홈에디션 시험으로 응시 가능
접수 방법	・ETS 토플 웹사이트 또는 전화상으로 접수
시험 당일 준비물	・공인된 신분증 원본 반드시 지참 (자세한 신분증 규정은 ETS 토플 웹사이트에서 확인 가능) ・홈에디션 시험에 응시할 경우, 사전에 ETS 토플 웹사이트에서 필요한 프로그램 설치 및 준비물 확인하여 지참
성적 및 리포팅	・시험 응시 후 바로 Reading/Listening 영역 비공식 점수 확인 가능 ・시험 응시일로부터 72시간 후에 온라인으로 성적 확인 가능 ・시험 접수 시, 자동으로 성적 리포팅 받을 기관 선택 가능 ・MyBest Scores 제도 시행 (최근 2년간의 시험 성적 중 영역별 최고 점수 합산하여 유효 성적으로 인정)

TOEFL iBT Speaking 소개

TOEFL iBT Speaking 영역은 영어를 사용하는 국가의 학교 또는 일상 생활에서 필요한 말하기 능력을 평가합니다. 따라서 수험자들은 시험을 준비하는 과정을 통해 TOEFL 고득점 달성뿐만 아니라, 실제 해외 대학 진학 후의 일상생활과 교육 환경에도 효과적으로 대비할 수 있을 것입니다.

▎TOEFL iBT Speaking 구성

Speaking 영역은 두 가지 Task로 구성되며, 별도의 준비 시간은 주어지지 않습니다.

Task		문항 수	응답 시간
Task 1	Listen and Repeat	7문항	문항 당 8~12초
Task 2	Take an Interview	4문항	문항 당 45초
		총 11문항	전체 시험 시간: 약 8분

▎TOEFL iBT Speaking Task별 특징

Task 1 Listen and Repeat
일상 및 학교에서 접할 수 있는 각종 시설, 행사, 절차 등에 대해 사람들에게 안내하는 상황의 문장 7개를 한 개씩 듣고 그대로 따라 말하는 유형입니다. 안내하는 내용과 관련된 그림이 보조 수단으로 화면에 제시되며, 따라 말하는 문장 내용에 해당하는 그림 요소가 색칠되고 강조됩니다. 문장은 한 번씩만 들려주고, 약 3초의 간격 후에 문장의 길이에 따라 8~12초의 답변 시간이 주어집니다.

Task 2 Take an Interview
인터뷰 진행자가 특정 주제에 대한 질문을 하는 영상을 보고 그에 대한 자신의 생각을 45초 동안 말하는 유형입니다. 하나의 주제와 관련 있는 네 개의 질문이 나오고, 출제되는 주제는 교육, 사회, 기술, 환경, 여가 등 일상생활 또는 사회분야와 관련된 다양한 분야를 아우릅니다. 인터뷰 질문은 화면에 표시되지 않고 영상을 통해 한 번만 들려주며, 질문이 끝나는 즉시 답변 시간이 시작됩니다.

■ TOEFL iBT Speaking 채점 방식

아래의 채점 기준에 따라 개별 문항에 대해 0~5점의 점수를 매긴 후, 11개 문항의 원점수를 종합하여 1~6점 점수대의 Speaking 영역 전체 점수로 환산합니다. 구체적인 환산 기준은 ETS에서 공개하지 않고 있습니다.

채점 기준표

점수	Task 1 Listen and Repeat	Task 2 Take an Interview
5점	들은 문장을 정확히 그대로 따라 말한다. • 들은 문장을 똑같이 따라 말하며, 문장의 의미가 잘 전달된다.	질문에 대한 적절한 답변을 하며, 말하는 내용이 명확하다. • 답변이 질문과 관련 있으며, 타당한 이유와 근거를 포함한다. • 자연스러운 속도로 말하며, 발음, 리듬, 억양에 어려움이 거의 없어 의미를 효과적으로 전달한다. • 정확한 문법과 어휘를 폭넓게 사용하여 정밀한 의미를 명확하게 표현한다.
4점	들은 문장의 의미는 정확히 전달하지만, 똑같이 따라 말하지는 못한다. • 들은 문장과 약간 다른 표현과 문장 구조를 사용하지만, 의미를 바꿀 정도는 아니다.	질문에 대체로 맞는 답변을 하며, 말하는 내용이 대체로 명확하다. • 답변이 질문과 관련 있지만, 문장 수준에서의 연결어 사용이 효과적이지 않을 수 있다. • 발음, 리듬, 억양이 대체로 자연스럽지만, 때때로 속도와 리듬이 끊기고, 일부 단어나 구절은 명확하게 전달되지 않는다. • 문법과 어휘가 대체로 적절하며 대부분의 의미를 표현할 수 있다.
3점	들은 문장의 의미를 대부분 전달하지만, 중요한 내용을 일부 누락하거나 부정확하게 말한다. • 들은 문장의 표현을 대부분 그대로 사용하여, 완전한 문장으로 말한다. • 일부 단어를 더듬거리거나 제대로 발음하지 못하여 문장의 의미가 불분명하게 전달되는 경우가 있다.	질문과 관련 있게 답변하지만, 내용 전개가 허술하거나 의미가 명확하지 않은 부분이 있다. • 답변이 대체로 주제의 질문과 관련 있지만, 세부 근거가 적고 내용 전개가 허술하다. • 말의 속도와 리듬이 부자연스럽게 끊기며, 발음이나 강세가 부정확하여 의미가 제대로 전달되지 않는다. • 군더더기 말을 많이 포함하며, 제한된 문법, 어휘를 사용하여 종종 의미가 불명확하다.
2점	들은 문장의 중요한 내용을 누락하거나 틀리게 말한다. • 들은 문장의 주요 표현들이 빠져 있으며, 문장의 의미가 크게 달라진다. • 완전한 문장으로 말하지 못하며, 짧은 문구를 나열한다. • 발음, 강세, 억양에 문제가 있어 문장의 의미를 제대로 전달하지 못한다.	질문에 답변하려는 시도를 보이지만, 내용 전개가 매우 허술하고 의미가 잘 전달되지 않는다. • 답변이 질문 주제와 약간 관련 있지만, 구체적인 내용이 부족하거나 질문 내용의 반복에 그친다. • 발음, 강세, 리듬에 문제가 있고, 문법과 어휘가 제한적이어서 의미가 제대로 전달되지 않는다.
1점	들은 문장의 대부분을 말하지 못하며, 의미 전달이 거의 안 된다. • 들은 문장의 몇 단어만 말하여 대부분의 내용이 빠져 있다. • 들은 문장의 의미가 거의 전달되지 않는다.	질문에 거의 답변하지 못하며, 언어 능력의 한계로 의미 전달이 거의 안 된다. • 답변 내용이 질문과 모호하게 연결된다. • 답변 내용을 대부분 이해할 수 없다. • 단어나 짧은 구절만으로 말한다.
0점	말을 하지 않은 경우, 의미를 전혀 이해할 수 없게 말한 경우, 영어로 말하지 않은 경우, 또는 들은 문장과 전혀 연관성이 없게 말한 경우이다.	말을 하지 않은 경우, 의미를 전혀 이해할 수 없게 말한 경우, 영어로 말하지 않은 경우, 또는 질문과 전혀 관련 없는 내용을 말한 경우이다.

TOEFL iBT Speaking 화면 구성

1. 음량 조절 화면 & 마이크 음량 조절 화면

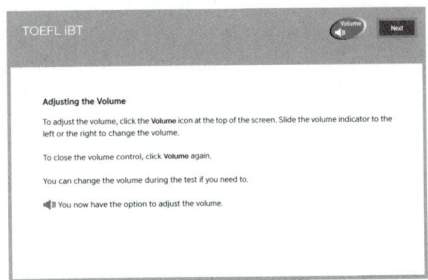

시험을 시작하기 전에 헤드폰의 음량을 조절하는 방법을 알려주는 화면과 마이크의 음량을 조절할 수 있는 화면이 나옵니다.

· 음량 조절 화면
Volume 버튼을 클릭하면 음량을 조절할 수 있는 창이 나타납니다. 시험을 보는 동안에도 계속해서 음량을 조절할 수 있습니다.

· 마이크 음량 조절 화면
녹음을 하는 창이 나타나면, 화면에 제시된 지문을 읽은 후 녹음된 목소리의 음량을 확인합니다. 마이크 음량 조절은 시험이 시작되기 전에 이 화면을 통해서만 가능합니다.

2. Speaking Direction 화면

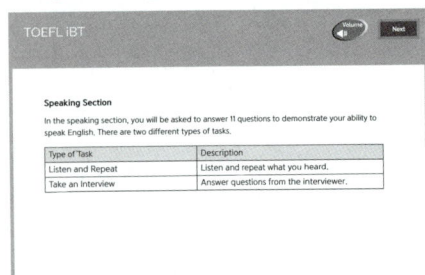

스피킹 시험에 대한 전반적인 설명이 주어지는 화면입니다. 총 11문항이 출제되고, 크게 2가지 Task로 구성된다는 설명이 나옵니다.

3. Task 1 상황 화면

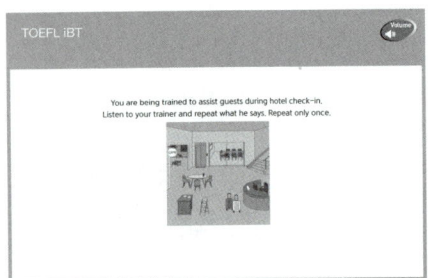

안내하는 상황과 대상을 알려 주는 디렉션 문장과, 안내가 이루어지는 장소를 묘사한 흑백 그림이 제시됩니다.

4. Task 1 문장을 들을 때 나오는 화면

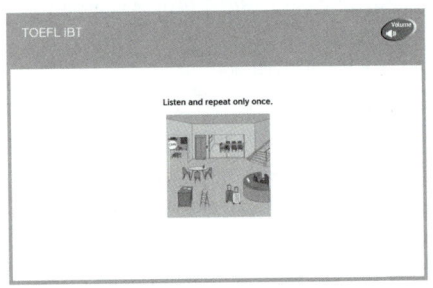

따라 말하는 문장을 들을 때는 화면의 그림에서 들려주는 문장과 관련된 부분에 색이 칠해지고 강조선이 생깁니다.

5. Task 1 문장을 따라 말할 때 나오는 화면

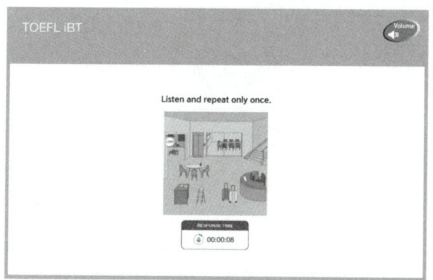

문장을 들려주는 음성이 끝나고 3초의 간격 후, 녹음 시작을 알리는 '삐' 소리가 나고, 화면에는 답변 시간 8~12초의 카운트가 시작됩니다. 답변 시간이 끝나면 자동으로 다음 화면으로 넘어갑니다.

6. Task 2 인터뷰 주제 화면

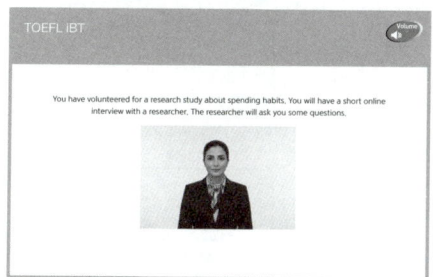

인터뷰 주제를 알려 주는 디렉션 문장과, 인터뷰 진행자의 사진이 제시됩니다.

7. Task 2 질문을 들을 때 나오는 화면

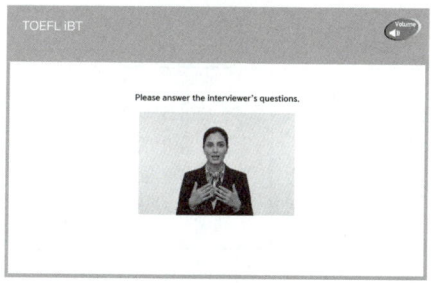

인터뷰 진행자가 질문을 하는 영상이 재생되는 화면입니다. 질문 내용은 화면에 표시되지 않고 영상을 통해서 한 번만 들을 수 있습니다.

8. Task 2 질문에 답변할 때 나오는 화면

질문을 들려주는 영상이 끝나는 즉시 화면에서 답변 시간 45초 카운트가 시작됩니다. 답변 시간이 끝나면 자동으로 다음 화면으로 넘어갑니다.

나만의 학습플랜

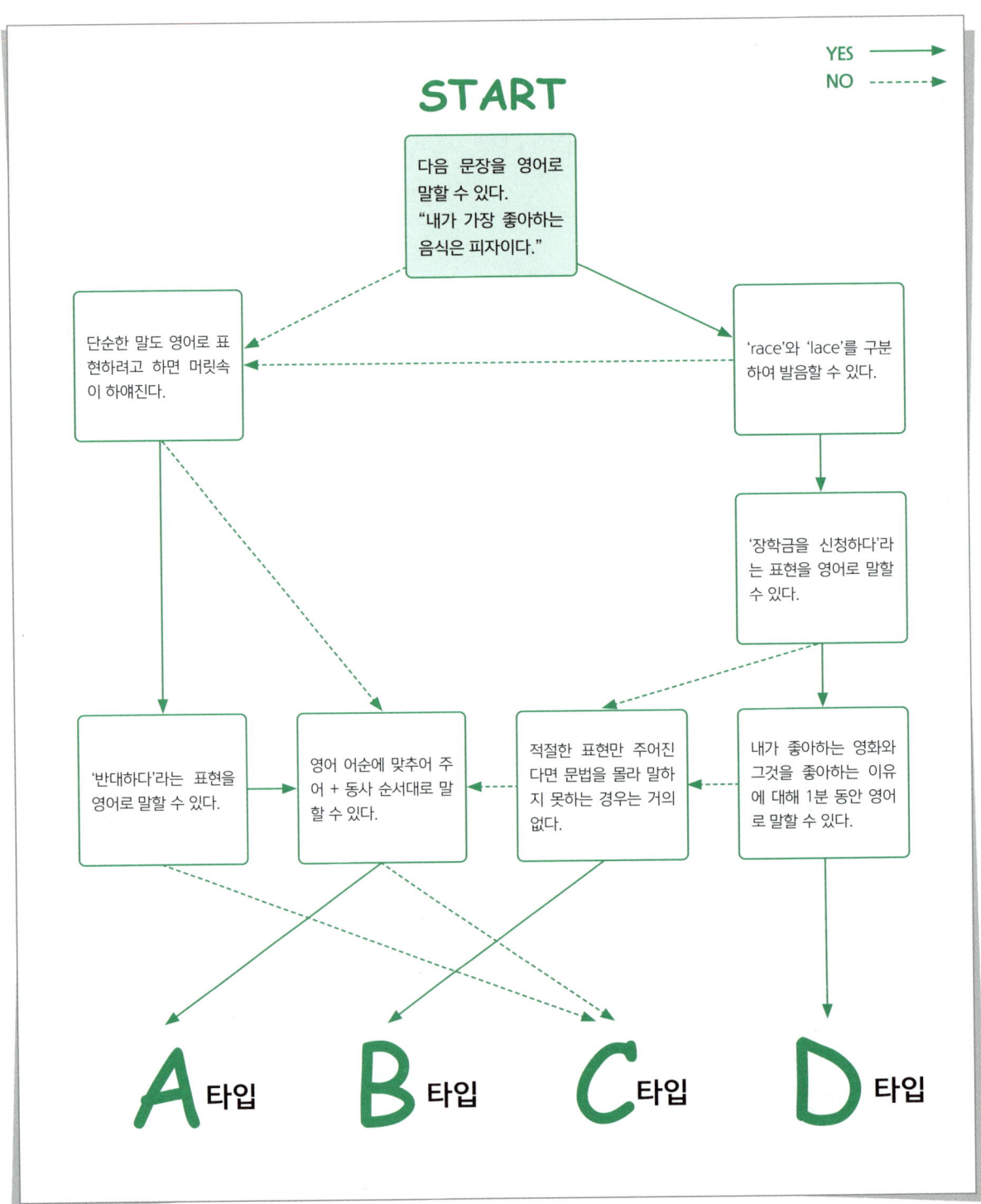

Hackers
Updated TOEFL
Speaking Basic

A 타입 : 영어 말하기의 기본기를 다져야 하는 당신!

기본적인 영어 표현과 문법은 어느 정도 알고 있지만, 이를 말하기로 연결하지는 못하는군요. 영어 말하기를 위한 발음·문법 기본기부터 표현까지 하나씩 재정비해 보세요. 학습플랜에 따라 20일 동안 공부하세요.

20일 학습플랜

1일 차	2일 차	3일 차	4일 차	5일 차
☐ Day 01	☐ Day 02	☐ Day 03	☐ Day 04	☐ Day 05
6일 차	7일 차	8일 차	9일 차	10일 차
☐ Day 06	☐ Day 07	☐ Day 8	☐ Day 09	☐ Day 10
11일 차	12일 차	13일 차	14일 차	15일 차
☐ Day 11	☐ Day 12	☐ Day 13	☐ Day 14	☐ Day 15
16일 차	17일 차	18일 차	19일 차	20일 차
☐ Day 16	☐ Day 17	☐ Day 18	☐ Day 19	☐ Day 20 ☐ Actual Test

*매일 학습이 완료되면 체크(v) 표시합니다.

B 타입 : 표현력을 키워야 하는 당신!

발음과 문법 기본기는 어느 정도 완성되었지만, 아직 표현력이 부족하군요. 다양한 표현을 활용하여 자신의 의견을 자연스럽게 말하는 훈련이 필요합니다. 학습플랜에 따라 15일 동안 공부하세요.

15일 학습플랜

1일 차	2일 차	3일 차	4일 차	5일 차
☐ Day 01 ☐ Day 02	☐ Day 03 ☐ Day 04	☐ Day 05	☐ Day 06	☐ Day 07
6일 차	7일 차	8일 차	9일 차	10일 차
☐ Day 08	☐ Day 09	☐ Day 10	☐ Day 11 ☐ Day 12	☐ Day 13 ☐ Day 14
11일 차	12일 차	13일 차	14일 차	15일 차
☐ Day 15	☐ Day 16 ☐ Day 17	☐ Day 18 ☐ Day 19	☐ Day 20	☐ Actual Test

*매일 학습이 완료되면 체크(v) 표시합니다.

나만의 학습플랜

C 타입 : 차근차근 **영어 문장에 대한 이해**부터 시작해야 하는 당신!

발음이나 문법 등 영어의 모든 것이 낯선 상황이군요. 학습플랜에 따라 20일 동안 차근차근 공부하고, 10일 동안 같은 내용을 다시 한번 복습하는 것이 좋겠습니다.

30일 학습플랜

1일 차	2일 차	3일 차	4일 차	5일 차
☐ Day 01	☐ Day 02	☐ Day 03	☐ Day 04	☐ Day 05
6일 차	**7일 차**	**8일 차**	**9일 차**	**10일 차**
☐ Day 06	☐ Day 07	☐ Day 8	☐ Day 09	☐ Day 10
11일 차	**12일 차**	**13일 차**	**14일 차**	**15일 차**
☐ Day 11	☐ Day 12	☐ Day 13	☐ Day 14	☐ Day 15
16일 차	**17일 차**	**18일 차**	**19일 차**	**20일 차**
☐ Day 16	☐ Day 17	☐ Day 18	☐ Day 19	☐ Day 20 ☐ Actual Test
21일 차	**22일 차**	**23일 차**	**24일 차**	**25일 차**
☐ Day 01 복습 ☐ Day 02 복습	☐ Day 03 복습 ☐ Day 04 복습	☐ Day 05 복습 ☐ Day 06 복습	☐ Day 07 복습 ☐ Day 08 복습	☐ Day 09 복습 ☐ Day 10 복습
26일 차	**27일 차**	**28일 차**	**29일 차**	**30일 차**
☐ Day 11 복습 ☐ Day 12 복습	☐ Day 13 복습 ☐ Day 14 복습	☐ Day 15 복습 ☐ Day 16 복습	☐ Day 17 복습 ☐ Day 18 복습	☐ Day 19 복습 ☐ Day 20 복습 ☐ Actual Test 복습

*매일 학습이 완료되면 체크(v) 표시합니다.

D 타입 : **TOEFL 스피킹 실전 감각**을 익혀야 하는 당신!

발음부터 표현까지 기본기를 상당히 갖추었군요. 이제 토플 스피킹 문제 유형을 익히고 실전 감각만 키우면 바로 시험에 도전해도 되겠네요. 학습플랜에 따라 10일 만에 끝내세요.

10일 학습플랜

1일 차	2일 차	3일 차	4일 차	5일 차
☐ Day 01 ☐ Day 02 ☐ Day 03	☐ Day 04 ☐ Day 05	☐ Day 06 ☐ Day 07 ☐ Day 08	☐ Day 09 ☐ Day 10	☐ Day 11 ☐ Day 12
6일 차	**7일 차**	**8일 차**	**9일 차**	**10일 차**
☐ Day 13 ☐ Day 14	☐ Day 15 ☐ Day 16	☐ Day 17 ☐ Day 18	☐ Day 19 ☐ Day 20	☐ Actual Test

*매일 학습이 완료되면 체크(v) 표시합니다.

교재 학습 TIP

1. 매일 제시되는 본문 내용을 충분히 학습한 뒤, Check-up과 Daily Test를 풀고 자신이 취약한 부분이 무엇인지 체크해 보세요. 부족한 부분은 본문을 참고하여 복습하세요.

2. 문제를 풀 때에는 글로 답을 쓰려고 하지 말고, 문제를 보고 바로 말하는 연습을 하는 것이 좋습니다. 이러한 연습을 통해 실제 시험에서 순발력 있게 대처하는 능력을 기를 수 있습니다.

3. Actual Test를 풀 때에는 앞에서 학습한 모든 내용을 종합하여 실전처럼 풀어 보세요.

4. 교재에서 학습하는 문제에 대한 자신의 답안을 휴대폰 등을 활용하여 녹음해 보고, 모범 답안 MP3의 원어민 발음과 비교하여 개선할 점이 없는지 확인해보는 것도 좋습니다.

5. 스터디 학습을 할 때에는 본문의 내용을 각자 학습해온 뒤, 한 사람씩 돌아가면서 답을 말하는 연습을 해보세요. 말하기를 할 때 실수하는 부분들은 서로 피드백을 교환하며 고쳐나가도록 합니다.

무료 토플자료·유학정보 제공

goHackers.com

Hackers
Updated TOEFL
Speaking Basic

스피킹을 위한
기본기 다지기

Day 01 영어 단어 정확하게 발음하기
Day 02 리듬 살려 영어 문장 말하기
Day 03 알맞은 동사 써서 말하기
Day 04 동사의 모양 바꾸어 말하기
Day 05 접속사 사용하여 긴 문장 말하기

Day 01 영어 단어 정확하게 발음하기

음성 바로 듣기

스피킹에서 가장 중요한 것은 정확히 발음하여 의미를 제대로 전달하는 것입니다. 실수하거나 헷갈리기 쉬운 발음부터 올바른 강세 표현과 연음까지 익혀, 낯선 영어 발음을 정확하게 구사하는 방법을 익혀 봅시다.

Course 1 실수하기 쉬운 자음 정확하게 발음하기

🎧 D01_1

We fixed the **light** in the community center. 우리는 커뮤니티 센터의 전등을 고쳤다.
It was the **right** thing to do for safety. 그것은 안전을 위해 해야 할 올바른 일이었다.

'light'의 [l]과 'right'의 [r]는 발음이 유사한 자음이므로, 말할 때 실수하기 쉽습니다. 이처럼 발음이 유사한 자음들을 제대로 발음하는 방법을 배우고 연습해 볼까요?

[l] vs. [r]
[l]은 혀끝을 앞니 뒤에 댔다가 떼며 우리말의 '(을)ㄹ'와 비슷하게 소리를 내며, [r]은 혀를 입천장에 닿지 않도록 둥글게 말면서 우리말의 '(우)ㄹ'와 비슷하게 소리를 낸다.

[p] vs. [f]
[p]는 입술을 붙였다가 떼며 우리말의 'ㅍ'와 비슷하게 소리를 내며, [f]는 윗니를 아랫입술에 댄 채 우리말의 'ㅍ'와 'ㅎ'의 중간처럼 소리를 낸다.

[b] vs. [v]
[b]는 두 입술을 붙였다가 떼며 우리말의 'ㅂ'와 비슷하게 소리를 내며, [v]는 윗니를 아랫입술에 댄 채 목을 울리며 우리말의 'ㅂ'와 'ㅎ'의 중간처럼 소리를 낸다.

[d] vs. [ð]
[d]는 혀끝을 앞니 위에 댔다가 떼며 우리말의 'ㄷ'와 비슷하게 소리를 내며, [ð]는 혀를 윗니와 아랫니 사이에 넣었다가 끌어당기며 우리말의 'ㄷ'보다 강하게 소리를 낸다.

음성을 들으며 다음 단어들을 소리 내어 따라 해보세요.

[l] vs. [r]				[p] vs. [f]			
low	[(을)로우]	[loʊ]	낮은	copy	[카피]	[kápi]	복사하다
row	[(우)로우]	[roʊ]	줄, 열	coffee	[커f피]	[kɔ́:fi]	커피
lift	[(을)리프트]	[lift]	들어 올리다	pull	[풀]	[pʊl]	잡아당기다
rift	[(우)리프트]	[rift]	균열	full	[f풀]	[fʊl]	가득 찬

[b] vs. [v]				[d] vs. [ð]			
ban	[배앤]	[bæn]	금지하다	day	[데이]	[dei]	하루, 날
van	[v배앤]	[væn]	밴, 승합차	they	[ð데이]	[ðei]	그들
best	[베스트]	[bɛst]	최고의	dare	[데얼]	[dɛər]	감히 ~하다
vest	[v베스트]	[vɛst]	조끼	there	[ð데얼]	[ðɛər]	그곳

✓ Check-up 🎧 D01_2

🎧 다음 단어를 듣고, 알맞은 단어를 골라 보세요. 답을 확인한 후, 자음에 유의하여 큰 소리로 말해 보세요.
(음성은 두 번 들려줍니다.)

01 ⓐ o_pen   ⓑ o_ften

02 ⓐ _bail   ⓑ _veil

03 ⓐ _den   ⓑ _then

04 ⓐ _fine   ⓑ _pine

05 ⓐ a_rrive   ⓑ a_live

06 ⓐ co_llect   ⓑ co_rrect

07 ⓐ _pan   ⓑ _fan

08 ⓐ _boat   ⓑ _vote

09 ⓐ ba_d   ⓑ ba_the

10 ⓐ _wrong   ⓑ _long

🎧 다음 문장을 듣고, 빈칸을 채운 후 큰 소리로 말해 보세요. (음성은 두 번 들려줍니다.)

11 Please stay off the _____ near the _____ wall.

12 The _____ with the wooden _____ is very fragile.

13 When I was _____, my heart _____ increased.

14 If you need help, you can find the student _____ over _____.

15 I feel that _____ for a _____ career through part-time jobs is very practical.

정답 p.278

Course ❷ 실수하기 쉬운 모음 정확하게 발음하기

🎧 D01_3

The whole class met together. 반 전체가 함께 모였다.
We gathered in the main hall. 우리는 대강당에 모였다.

'whole'의 [ou]와 'hall'의 [ɔ]는 발음이 유사한 모음이므로, 말할 때 실수하기 쉽습니다. 이와 같이 발음이 유사한 모음들을 제대로 발음하는 방법을 배우고 연습해 볼까요?

[æ] vs. [ɛ]
[æ]는 우리말의 '애'와 비슷하게 입을 위아래, 양옆으로 활짝 열고 강하고 길게 소리를 내며, [ɛ]은 우리말의 '에'와 비슷하게 입을 살짝만 벌리고 턱을 거의 움직이지 않은 채 짧고 약하게 소리를 낸다.

[ou] vs. [ɔ]
[ou]는 입술과 입안을 모두 둥글게 만들고, 우리말의 '오'에서 시작해 '우' 소리로 마무리하며, [ɔ]는 입안을 둥글게 만들고 턱을 아래로 떨어뜨린 채, 우리말의 '오'와 '아'의 중간 소리를 만든다.

[uː] vs. [ʊ]
[uː]는 우리말의 '우'와 비슷하게 입술을 둥글게 모아 앞으로 내밀며 길게 소리를 내며, [ʊ]는 입술을 둥글게 만들되 긴장을 풀고 짧게 우리말의 '우'와 '으'의 중간처럼 소리를 낸다.

[iː] vs. [i]
[iː]는 입술을 양옆으로 크게 당기면서 우리말의 '이'를 길게 발음하듯 소리 내며, [i]는 혀와 입술에 힘을 빼고 우리말의 '이'와 '어'의 중간 소리를 낸다.

음성을 들으며 다음 단어들을 소리 내어 따라 해보세요.

[æ] vs. [ɛ]

sand	[새앤ㄷ]	[sænd]	모래
send	[센ㄷ]	[sɛnd]	보내다
past	[패애스트]	[pæst]	과거
pest	[페스트]	[pɛst]	해충

[ou] vs. [ɔ]

boat	[보우ㅌ]	[boʊt]	배
bought	[버ㅌ]	[bɔːt]	구매된
coat	[코우ㅌ]	[koʊt]	코트
caught	[커ㅌ]	[kɔːt]	붙잡힌

[uː] vs. [ʊ]

food	[f푸우ㄷ]	[fuːd]	음식
foot	[f프ㅌ]	[fʊt]	발
fool	[f푸우어ㄹ]	[fuːl]	바보
full	[f플]	[fʊl]	가득 찬

[iː] vs. [i]

leave	[(을)리이v브]	[liːv]	떠나다
live	[(을)리v브]	[liv]	살다
seat	[씨이ㅌ]	[siːt]	자리, 좌석
sit	[씨ㅌ]	[sit]	앉다

✓ Check-up 🎧 D01_4

🎧 다음 단어를 듣고, 밑줄 친 부분이 다르게 소리 나는 단어 하나를 골라 보세요. 답을 확인한 후, 모음에 유의하여 큰 소리로 말해 보세요. (음성은 두 번 들려줍니다.)

01	ⓐ part<u>i</u>cular	ⓑ ach<u>ie</u>ve	ⓒ b<u>i</u>n	ⓓ d<u>i</u>fferent
02	ⓐ tr<u>a</u>vel	ⓑ pr<u>a</u>ctice	ⓒ <u>e</u>nergy	ⓓ c<u>a</u>mpus
03	ⓐ l<u>oo</u>k	ⓑ gr<u>ou</u>p	ⓒ s<u>o</u>lution	ⓓ b<u>oo</u>st
04	ⓐ d<u>au</u>ghter	ⓑ w<u>a</u>lk	ⓒ ph<u>o</u>ne	ⓓ abr<u>oa</u>d
05	ⓐ tr<u>i</u>p	ⓑ <u>i</u>ncome	ⓒ s<u>y</u>mbol	ⓓ un<u>i</u>que
06	ⓐ wind<u>o</u>w	ⓑ <u>o</u>pen	ⓒ h<u>o</u>tel	ⓓ auth<u>o</u>r
07	ⓐ <u>i</u>nterest	ⓑ t<u>e</u>am	ⓒ pol<u>i</u>ce	ⓓ <u>ei</u>ther
08	ⓐ bl<u>e</u>ss	ⓑ sp<u>e</u>nd	ⓒ d<u>a</u>nce	ⓓ n<u>e</u>xt
09	ⓐ r<u>u</u>de	ⓑ p<u>u</u>sh	ⓒ sch<u>oo</u>l	ⓓ j<u>u</u>ice
10	ⓐ app<u>ea</u>l	ⓑ h<u>i</u>story	ⓒ agr<u>ee</u>	ⓓ sc<u>e</u>ne

🎧 다음 문장을 듣고, 빈칸을 채운 후 큰 소리로 말해 보세요. (음성은 두 번 들려줍니다.)

11 Please _____ to see the free concert.

12 The process has both positive and _____.

13 I _____ to live in the neighborhood.

14 He _____ for his mother as a present.

15 I _____ who break the rules should be punished.

정답 p.278

Day 01 영어 단어 정확하게 발음하기 25

Course 3 단어 강세 살려서 발음하기

Tennis and football are my favorite sports. 테니스와 축구는 내가 가장 좋아하는 스포츠이다.
I am planning to play tennis **tomorrow**. 나는 내일 테니스를 칠 계획이다.

tennis는 [**테니스**]가 아니라 [**테**너ㅅ]로 'te'를 가장 강하게 발음해야 하며, tomorrow는 [**투마로우**]가 아니라 [터**마**r러우] 처럼 발음해야 합니다. 이는 각각의 음절마다 모두 동일하게 강세를 주어 말하는 한국말과는 달리, 영어로 말할 때에는 강하게 말하는 음절과 그렇지 않은 음절을 확실하게 구별하여 말해야 하기 때문입니다. 강세를 확실히 표현하는 것만으로도 영어 발음이 크게 향상되는 것을 느낄 수 있습니다. 자, 이제 영어 단어의 강세를 살려 말하는 법을 배우고 연습해 볼까요?

강세 규칙

- 2음절 이상의 단어에는 강하게 읽어야 하는 음절과 그렇지 않은 음절이 있으므로, 구별하여 발음해야 한다.
- 같은 단어가 동사도 되고 명사도 될 때, 강세가 각각 다른 곳에 올 수 있다. 이때, 동사로 쓰일 경우 주로 뒤 음절에 강세를 주고, 명사로 쓰일 경우 주로 앞 음절에 강세를 준다. 그리고 이 강세의 위치에 따라 전체 발음도 달라진다.
- 한 단어 안에서 음절에 강세가 없을 때, 힘이 완전히 빠진 약한 [ə]로 발음한다. 이때 한국어 '으' 또는 '어'에 가깝게 소리 낸다. 특히, 첫음절에 [ə]가 있을 때는 훨씬 더 약하게 소리 낸다.
- 단어에 ee가 있을 경우 항상 ee에 강세를 준다.

음성을 들으며 다음 단어들을 소리 내어 따라 해보세요.

2음절 이상 단어의 강세	level	[(을)**레**v버어ㄹ]	[lévəl]	수평, 수준
	report	[리**퍼**어r트]	[ripɔ́:rt]	보고서; 보고하다
	average	[**애**애v버릿쥐]	[ǽvəridʒ]	평균
품사에 따라 달라지는 강세	subject	[썹**젝**트]	[səbdʒékt]	복종(종속)시키다
	subject	[**썹**쥑트]	[sʌ́bdʒikt]	주제
	record	[(우)리**커**어r드]	[rikɔ́:rd]	기록하다
	record	[(우)**레**커r드]	[rékərd]	기록
[ə]가 있는 단어의 강세	together	[터**게**ð더r]	[təgéðər]	같이, 함께
	about	[(어)**바**웃트]	[əbáut]	~에 관하여
	political	[펄**리**리커ㄹ]	[pəlítikəl]	정치의, 정치적인
ee로 끝나는 단어의 강세	guarantee	[(으)개r런**티**이]	[gæ̀rəntíː]	보증; 보증하다
	engineer	[엔쥐**니**어r]	[èndʒiníər]	기술자
	pioneer	[파이어**니**어r]	[pàiəníər]	개척자; 개척하다

✓ Check-up 🎧 D01_6

🎧 다음 단어를 듣고, 알맞은 강세를 골라 보세요. 강세는 밑줄로 표시되어 있어요. 답을 확인한 후 큰 소리로 말해 보세요. (음성은 두 번 들려줍니다.)

01 ⓐ <u>o</u>bject   ⓑ obj<u>e</u>ct

02 ⓐ pl<u>e</u>asant   ⓑ pleas<u>a</u>nt

03 ⓐ <u>a</u>ddress   ⓑ addr<u>e</u>ss

04 ⓐ tr<u>a</u>inee   ⓑ train<u>ee</u>

05 ⓐ <u>a</u>mount   ⓑ am<u>ou</u>nt

06 ⓐ <u>i</u>ncrease   ⓑ incr<u>e</u>ase

07 ⓐ <u>e</u>mployee   ⓑ empl<u>o</u>yee   ⓒ employ<u>ee</u>

08 ⓐ <u>u</u>nderstand   ⓑ und<u>e</u>rstand   ⓒ underst<u>a</u>nd

09 ⓐ <u>a</u>ttendee   ⓑ att<u>e</u>ndee   ⓒ attend<u>ee</u>

10 ⓐ r<u>e</u>gister   ⓑ reg<u>i</u>ster   ⓒ regist<u>e</u>r

🎧 다음 문장을 듣고, 빈칸을 채운 후 큰 소리로 말해 보세요. (음성은 두 번 들려줍니다.)

11 You _____ your student ID at the front desk.

12 Please _____ carefully before signing it.

13 If you need _____, visit the help desk.

14 I find math to be a very _____.

15 A college degree _____ future success.

정답 p.278

Course 4 연음 정확하게 발음하기

He **made up** his mind to start exercising. 그는 운동을 시작하기로 결심했다.
I bet you **this is** his last chance to lose weight. 나는 이번이 그가 살을 뺄 수 있는 마지막 기회라고 장담한다.

영어를 말할 때에는 전혀 새로운 소리가 탄생한다! 그 이유는 바로 연음에 있습니다. 연음이란 두 개의 단어가 이어지면서 나는 소리입니다. 우리말은 단어와 단어 사이를 주로 띄어서 말하지만, 영어는 띄어져 있는 단어들이라도 하나의 단어처럼 연결해서 말하는 것이 더 자연스럽습니다. 따라서 this is는 '디스 이즈'가 아니라 this의 s와 is의 i를 자연스럽게 연결해서 '디시즈'라고 말하고, made up은 '메이드 업'이 아니라 '메이r럽'이라고 말합니다. 자, 이제 이러한 영어의 연음에 대해 자세히 배우고 연습해 볼까요?

연음 규칙
- 자음과 모음이 이어서 나오는 경우 자음의 소리를 그대로 모음에 연결하여 발음한다.
- [t, s, p, d, k, g, l, r, f] 등과 같이 혀끝의 위치가 같거나 유사한 자음이 이어서 나오는 경우 앞 자음 소리가 탈락되고 뒤 자음 소리만 발음한다.
- [t], [d]+[모음]의 경우에는 주로 [r]+[모음]으로 발음하고, [t]+[y]의 경우에는 [tʃ]+[모음], [d]+[y]의 경우에는 [dʒ]+[모음]으로 발음한다.

음성을 들으며 다음 단어들을 소리 내어 따라 해보세요.

자음과 모음이 이어서 나오는 경우	take off	[테이꺼어f]	[téikɔːf]	이륙하다
	pick up	[피껍]	[píkʌp]	줍다, 집어 올리다
	ask of	[애애스꺼v]	[ǽskʌv]	~을 부탁하다
	keep up	[키이뻡]	[kíːpʌp]	유지하다
	drop in	[쥬r라뻰]	[drápin]	잠깐 들르다
	come on	[커먼]	[kʌ́mɑn]	다가오다
같거나 유사한 자음이 이어서 나오는 경우	hot tea	[하 티이]	[hát tíː]	뜨거운 차
	round trip	[(우)라운 츄r립]	[ráund tríp]	왕복 여행
	used to	[유우ㅅ 투우]	[júːst túː]	~하곤 했다
	all right	[어어 r라잇]	[ɔ́ːl ráit]	이상 없는, 괜찮은
[t], [d] 다음에 모음 또는 [y]가 오는 경우	get along	[게럴러엉]	[gétəlɔːŋ]	잘 지내다, 살아가다
	add up	[애애r럽]	[ǽdʌp]	합하다
	beat you	[비잇츄우]	[bíːtjuː]	너를 이기다
	did you	[디쥬우]	[dídʒuː]	~했나요?

✓ Check-up 🎧 D01_8

🎧 다음 구를 듣고, 받아 적은 후 큰 소리로 말해 보세요. (음성은 두 번 들려줍니다.)

01 _____

02 _____

03 _____

04 _____

05 _____

06 _____

07 _____

08 _____

09 _____

10 _____

🎧 다음 문장을 듣고, 빈칸을 채운 후 큰 소리로 말해 보세요. (음성은 두 번 들려줍니다.)

11 You can _____ the study rooms over there at the help desk.

12 When you _____, please show your ID.

13 I always _____ online before cooking something new.

14 You have to reserve a room _____ to use the study area.

15 I almost _____ money when I traveled abroad last year.

정답 p.279

Daily Test

🎧 D01_9

🎧 다음 문장을 듣고, 빈칸에 알맞은 단어를 골라 보세요. 답을 확인한 후 큰 소리로 말해 보세요.
(음성은 두 번 들려줍니다.)

01 I used to _____ basketball until the gym closed.
ⓐ play   ⓑ pray   ⓒ clay

02 The art museum has a special _____ this weekend.
ⓐ sew   ⓑ show   ⓒ so

03 _____ your reservation first.
ⓐ Let us check   ⓑ Let it check   ⓒ Let's change

04 You _____ application form here.
ⓐ can get in   ⓑ can get on   ⓒ can get an

🎧 다음 문장을 듣고, 강세가 알맞게 표시된 단어를 골라 보세요. 답을 확인한 후 큰 소리로 말해 보세요.
(음성은 두 번 들려줍니다.)

05 _____ to a big city, the countryside is safer.
ⓐ Compared   ⓑ Compared

06 I admire people who _____ new ways to solve social problems.
ⓐ pioneer   ⓑ pioneer   ⓒ pioneer

07 The museum is very _____ on weekends.
ⓐ popular   ⓑ popular   ⓒ popular

08 We _____ a visit to the career office if you need job advice.
ⓐ recommend   ⓑ recommend   ⓒ recommend

간단한 질문과 그에 대한 답변이 이어집니다. 답변을 듣고 빈칸을 채운 후 큰 소리로 말해 보세요.
(음성은 두 번 들려줍니다.)

09 Would you rather live in a dorm or in your own house?

🎤 I'd rather _____.

10 Do you like to cook at home or eat out at restaurants?

🎤 I love _____ meals.

11 What do you think is the most essential personality trait of a teacher?

🎤 An effective instructor _____ but understanding.

12 Why do you think public parks are helpful for city residents?

🎤 Public parks _____ and are peaceful spaces.

13 What is more important when looking for work, grades or talent?

🎤 I believe _____ to getting a job than good grades.

14 What is the most valuable gift you have ever received?

🎤 My bicycle is _____ because my brother gave it to me.

15 How do you relieve anxiety when you are nervous?

🎤 I take slow, deep breaths and _____.

Day 02 리듬 살려 영어 문장 말하기

음성 바로 듣기

영어는 리듬의 언어입니다. 특정한 부분에서 끊어 말하고, 강조해야 할 부분을 강하게 말하면 자연스럽게 소리의 리듬이 생겨납니다. 이를 자유자재로 구사할 수 있다면 훨씬 더 명료하게 자신의 의사를 전달할 수 있습니다.

Course ① 주어 뒤 또는 목적어 앞에서 끊어 말하기

🎧 D02_1

Preparing for a group presentation / requires cooperation. 그룹 발표를 준비하는 것은 협동심을 요구한다.
I think / **I should cooperate with my classmates**. 나는 내가 반 친구들과 협동해야 한다고 생각한다.

쉬지 않고 말하는 것이 능사는 아니다?! 영어로 말할 때, 자신의 의견을 정확히 전달하기 위해서는 의미 단위를 기준으로 끊어서 말해야 합니다. 아무 곳에서 끊어 말하거나 같은 의미 단위 안에서 끊어 말하면, 듣는 상대방이 쉽게 이해하지 못하게 됩니다. 자, 이제 의미 단위 중 주어와 목적어 단위를 기준으로 끊어 말하기를 배우고 연습해 볼까요?

주어 뒤 또는 목적어 앞에서 끊어 말하는 법

- 주어나 목적어는 문장 내에서 하나의 의미 단위가 될 수 있다.
- 한 문장 내에서 주어가 비교적 길면 주어 뒤에서 끊어 말한다.
  한 문장 내에서 목적어가 비교적 길면 목적어 앞에서 끊어 말한다.
- 'Preparing for a group presentation requires cooperation.'에서는 긴 주어 'Preparing for a group presentation' 뒤에서 끊어 말한다.
  'I think I should cooperate with my classmates.'에서는 긴 목적어 'I should cooperate with my classmates' 앞에서 끊어 말한다.

음성을 들으며 다음 단어들을 소리 내어 따라 해보세요.

긴 주어 뒤	**Renovating the dorms** / will cost a lot. 기숙사를 수리하는 것은 비용이 많이 들 것이다. **My family and I** / love hiking. 나의 가족과 나는 하이킹을 좋아한다.
긴 목적어 앞	I understand / **the importance of my new assignment**. 나는 새로운 과제의 중요성을 이해한다. I heard / **that planting more trees can reduce air pollution**. 나는 더 많은 나무를 심는 것이 대기 오염을 줄일 수 있다고 들었다.

✓ Check-up 🎧 D02_2

🎧 다음 문장을 듣고, 빈칸을 채운 후 끊어 말하기에 유의하여 큰 소리로 말해 보세요. (음성은 두 번 들려줍니다.)

01 Students with old computers / _____ new ones.

02 Please check / the list of upcoming events _____.

03 One solution I would like to offer / is _____.

04 I know / that _____ people become more independent.

05 My opinion is / that learning English _____.

06 Providing more computers / will be _____ to the students.

07 The report _____ / had several errors.

08 The kitchen staff _____ / prepares delicious meals.

09 Working at the restaurant / _____ for my tuition.

10 I'm not sure about / _____.

11 We provide students with / _____.

12 I believe / that _____.

13 _____ about course registration and class schedules / is at the help desk.

정답 p.280

Course ❷ 구와 절 단위로 끊어 말하기

🎧 D02_3

She can't focus on studying / due to her part-time job. 그녀는 아르바이트 때문에 공부에 집중할 수 없다.
If I were in her position, / I would study more. 내가 만약 그녀의 입장이라면, 나는 더 공부하겠다.

구와 절도 끊어 말하기를 위한 기준이 될 수 있다?! 주어와 목적어 의미 단위를 기준으로 한 끊어 말하기 이외에도, 문장 내에서 구나 절 단위로 끊어 읽을 수 있습니다. 여러 개의 구나 절로 이루어진 문장일수록 길이가 길며, 이때 끊어 말하기를 통해 정보를 명확하게 전달할 수 있습니다. 자, 이제 의미 단위 중 구와 절 단위를 기준으로 한 끊어 말하기를 배우고 연습해 볼까요?

구와 절 단위로 끊어 말하는 법
- 구와 절도 하나의 의미 단위를 이룬다.
- 구 또는 절 앞에서 끊어 말한다.
- 'She can't focus on studying due to her part-time job.'에서는 전치사구 'due to her part-time job' 앞에서 끊어 말한다.
- 'If I were in her position, I would study more.'에서는 주절 'I would study more.' 앞에서 끊어 말한다.

음성을 들으며 다음 문장들을 소리 내어 따라 해보세요.

I like learning languages / such as French and Chinese.
나는 프랑스어나 중국어와 같은 언어를 배우는 것을 좋아한다.

Place your bag / under the table.
가방을 탁자 아래에 두세요.

I have a friend / studying economics.
나는 경제학을 공부하는 친구가 한 명 있다.

If you need extra help, / please ask the staff on duty.
추가 도움이 필요하다면 근무 중인 직원에게 문의하세요.

I wanted to go to the concert, / but tickets were sold out.
나는 콘서트에 가고 싶었지만, 표가 매진이었다.

The cost seems reasonable / when we consider the usefulness of the product.
상품의 유용함을 고려했을 때 그 가격은 합당해 보인다.

✓ Check-up 🎧 D02_4

🎧 다음 문장을 듣고, 빈칸을 채운 후 끊어 말하기에 유의하여 큰 소리로 말해 보세요. (음성은 두 번 들려줍니다.)

01 From my perspective, / _____ is important.

02 You can ask questions / _____.

03 According to research, / many people have _____.

04 In other words, / _____ is unhealthy.

05 First of all, / it was the result of _____.

06 I spent all day at the library, / _____.

07 My brother _____ / when it comes to physics.

08 _____, / big cities offer more entertainment options.

09 Most of the time, / I like to study _____.

10 If I _____ to study anything, / I would study history.

11 Laundry machines are located / _____.

12 If you are hungry, / the cafeteria offers _____ every day.

13 You _____ / on the shelves in the back.

정답 p.281

Course ❸ 강약을 살려 말하기 🎧 D02_5

> **I signed up** for a **psychology class**. 나는 심리학 수업을 신청했다.
> **I really liked** the **course**. 나는 그 과목을 정말 좋아했다.

유창하게 영어를 말하는 또 한 가지 방법은 하고 싶은 말만 강조해서 말하는 것입니다. 자연스러운 영어를 구사하기 위해서 화자는 주된 내용을 전달하는 내용어를 강조해야 하며, 문법적인 요소인 기능어를 약하게 말하는 것이 좋습니다. 그리고 이를 통해 자연스러운 리듬이 생겨나게 되지요. 자, 이제 강약을 살려 말하는 법을 배우고 연습해 볼까요?

강약을 살려 말하는 법

- 화자가 생각하는 가장 중요한 정보나 내용을 담고 있는 내용어를 강조한다. 따라서 문장의 내용어인 명사, 동사, 형용사, 부사 등을 강조하며, 또 특별히 강조하고 싶은 내용이 있을 때 이를 강조할 수 있다.
- 문법적인 요소와 품사 등은 약하게 말한다. 따라서 be동사, 조동사, 전치사, 대명사, 관사 등은 약하게 말한다.
- 'I signed up for a psychology class.'에서 동사 'signed up'과 명사 'psychology class'를 강조하여 말하고, 대명사 'I', 전치사 'for', 관사 'a'는 약하게 말한다.
- 'I really liked the course.'에서 부사 'really'와 동사 'liked', 명사 'course'를 강조하여 말하고, 대명사 'I'와 관사 'the'는 약하게 말한다.

음성을 들으며 다음 단어들을 소리 내어 따라 해보세요.

I would **rather rest** at **home**. 나는 차라리 집에서 쉬겠다.
That's because I **need** to **rest**. 그것은 내가 쉬어야 하기 때문이다.
I don't **agree** with the **new tuition policy**. 나는 새로운 등록금 정책에 동의하지 않는다.
You can **wait** in the **lounge** until a **nurse calls** you. 간호사가 부를 때까지 대기실에서 기다리면 된다.
Living in a **dorm** is **very convenient**. 기숙사에 사는 것은 매우 편리하다.
I **prefer casual** to **formal clothes**. 나는 격식을 갖춘 옷보다 캐주얼한 옷을 선호한다.
For **larger packages**, **place** them on the **scale** before **mailing**. 큰 소포의 경우, 발송 전에 저울 위에 올리세요.

✓ Check-up 🎧 D02_6

🎧 다음 문장을 듣고, 빈칸을 채운 후 강조하여 말해야 할 부분과 약하게 말해야 할 부분에 유의하여 큰 소리로 말해 보세요. (음성은 두 번 들려줍니다.)

01 Parents are children's _____.

02 You can _____ at the snack bar.

03 _____, students should pay their own tuition.

04 I am for the new plan because it'll _____.

05 Traveling in Europe is one of _____.

06 He _____ in Mexico as part of the cultural exchange program.

07 I was _____ for a week because I caught the flu.

08 I didn't take the subway _____ as it was very crowded.

09 Please stop by the deli to _____.

10 _____ in the bin beside the staircase.

11 You should check the notice board for updates _____.

12 Reducing water pollution in every city is _____.

13 You can enjoy many activities here, such as _____.

정답 p.281

Daily Test

🎧 D02_7

🎧 다음 문장을 듣고, 빈칸을 채운 후 강조하여 말해야 할 부분과 끊어서 말해야 할 부분에 유의하여 큰 소리로 말해 보세요. (음성은 두 번 들려줍니다.)

01 What I liked about the class / was the _____ with others.

02 Exercising in the morning / is _____ to boost metabolism.

03 Some people say / that _____ are not helpful.

04 The computer lab by the lecture hall / will _____ 10 p.m.

05 I realized / that I had _____ to do.

06 I _____ / since it improves communication.

07 We have decided / _____ for the library.

08 I had to work / because _____.

간단한 질문과 그에 대한 답변을 듣고, 빈칸을 채운 후 강조하여 말해야 할 부분과 끊어서 말해야 할 부분에 유의하여 큰 소리로 말해 보세요. (음성은 두 번 들려줍니다.)

09 Do you agree that online classes are useful?

🎤 I agree that online classes are useful / because I _____ anytime at home.

10 Do you agree or disagree with the policy of banning plagiarism?

🎤 I _____ / since it encourages honesty.

11 Where do you like to travel and why?

🎤 I would like to travel to Africa / because of its _____.

12 What is one benefit of using technology in schools?

🎤 One benefit of using technology / is that it _____.

13 Do you prefer studying in the morning or at night?

🎤 Studying in the morning _____ / works better for me.

14 Do you prefer living in a city or in the countryside?

🎤 I prefer living in a city / because it offers _____.

15 What is one way to make new friends at school?

🎤 One good way to make new friends at school / is to join clubs _____.

정답 p.282

Day 03 알맞은 동사 써서 말하기

음성 바로 듣기

문장의 핵심인 동사를 제대로 쓰는 것은 자신의 의사를 정확하게 표현하는 데 큰 도움이 됩니다. 동사에 따라 달라지는 문장의 패턴, 시제와 주어에 따라 알맞은 동사를 쓰는 법, 그리고 다양한 조동사를 문맥에 맞게 쓰는 법까지 익혀 자유자재로 구사해 봅시다.

Course ① 영어의 5가지 패턴으로 말하기 🎧 D03_1

The price of meal tickets rose. 식권의 가격이 올랐다.
Meal tickets became expensive. 식권이 비싸졌다.

모든 영어 문장은 아무리 짧거나, 아무리 길어도 5가지 패턴 안에서 구성됩니다. 이 패턴을 결정하는 것은 동사이지요. 예를 들어, '~되다'라는 뜻의 동사 'become'은 보어를 필요로 하는 동사이므로 [주어 + 동사 + 보어]로 구성되는 문장, 'Meal tickets became expensive.'를 만들게 됩니다. 이처럼 [주어 + 동사]를 기본 뼈대로 하고, 동사가 좋아하는 패턴을 선택하는 것이 영어 말하기의 기본이 되지요. 자, 이제 영어의 5가지 패턴으로 말하는 것을 배우고 연습해 볼까요?

패턴 1	'주어는 ~한다'를 말할 때에는 패턴 1 [주어 + 동사]를 이용하며, 이 패턴을 선택하는 동사로는 go, come, rise, stay 등이 있습니다. **Many people come to the park.** 많은 사람들이 공원에 온다.
패턴 2	'주어는 ~이다'를 말할 때에는 패턴 2 [주어 + 동사 + 보어]를 이용하며, 이 패턴을 선택하는 동사로는 become, look, sound, smell, seem 등이 있습니다. **Her brother is a soccer player.** 그녀의 남동생은 축구 선수이다.
패턴 3	'주어는 ~을 -하다'를 말할 때에는 패턴 3 [주어 + 동사 + 목적어]를 이용하며, 이 패턴을 선택하는 동사로는 discuss, describe, mention, solve, explain, enter 등이 있습니다. **The staff will explain the safety guidelines.** 직원이 안전 수칙을 설명할 것이다.
패턴 4	'주어는 ~에게 …을 -하다'를 말할 때에는 패턴 4 [주어 + 동사 + 간접목적어 + 직접목적어]를 이용하며, 이 패턴을 선택하는 동사로는 give, send, show, buy, tell, teach 등이 있습니다. **My mother bought me a laptop.** 나의 어머니는 나에게 노트북 컴퓨터를 사주셨다.
패턴 5	'주어는 ~을 -하게 하다'를 말할 때에는 패턴 5 [주어 + 동사 + 목적어 + 보어]를 이용하며, 이 패턴을 선택하는 동사로는 make, have, find, consider, let, see 등이 있습니다. **I find biology difficult.** 나는 생물학이 어렵다고 생각한다.

✓ Check-up

🎧 우리말을 보고 주어진 표현을 알맞게 배열한 후, 문장을 말해 보세요. 이때 영어의 5가지 패턴에 유의하세요.

01 서점은 길 아래쪽에 있다.
(is / down the street)
The bookstore _____.

02 우리의 주말 과학 워크숍은 매우 인기 있다.
(very popular / is)
Our weekend science workshop _____.

03 교내 매장에서 미술용품을 살 수 있다.
(can buy / art supplies)
You _____ at the campus store.

04 나는 사무실 근무보다 재택근무를 선호한다.
(remote work / prefer)
I _____ over in-office work.

05 그녀는 나에게 깜짝 선물을 주었다.
(gave / a surprise gift / me)
She _____.

06 아버지는 나에게 중국어를 가르쳐 주셨다.
(me / Chinese / taught)
My father _____.

07 나는 자원봉사를 중요한 활동이라고 여긴다.
(consider / an important activity / volunteering)
I _____.

정답 p.283

Course ❷ 올바른 시제 사용하여 말하기

🎧 D03_3

She goes to college. 그녀는 대학에 다닌다.
She is going to the college now. 그녀는 지금 대학에 가고 있다.

영어의 시제를 정확히 이해하면, 동사의 형태만 바꾸어 다양한 의미를 전달할 수 있습니다. 그러나 만약 동사의 시제를 잘못 표현하게 되면 듣는 사람이 내가 하는 말을 전혀 다른 뜻으로 이해할 수도 있겠지요. '그녀는 대학에 다닌다.(She goes to college.)'라는 내용을 'She is going to the college.'라고 말해버리면, 듣는 사람은 분명 '그녀는 대학 쪽으로 가고 있다.'라고 이해할 것입니다. 자, 이제 이러한 실수를 하지 않도록 동사의 시제를 올바르게 사용하는 법을 배우고 연습해 볼까요?

~한다/이다 [현재]	일정하게 반복되는 상황이나 사실은 현재형 동사인 [동사(+ s/es)]로 말합니다. **He takes** chemistry classes. 그는 화학 수업을 듣는다.	
~하고 있다/ ~하는 중이다 [현재진행]	진행되는 동작이나 상황은 [be동사 + -ing]로 말합니다. **He is taking** a chemistry class. 그는 화학 수업을 듣고 있는 중이다.	
~했다/~이었다 [과거]	이미 끝난 동작이나 상황은 동사의 과거형인 [동사 + ed 또는 불규칙 동사의 과거형]으로 말합니다. **He took** a chemistry class last semester. 그는 지난 학기에 화학 수업을 들었다.	
~해오고 있다/ ~한 적이 있다 [현재완료]	과거에 시작되어 현재까지 계속되고 있거나 현재까지 영향을 미치고 있는 상황은 [have/has + 동사의 과거분사형]으로 말합니다. **He has taken** a chemistry class before. 그는 전에 화학 수업을 들은 적이 있다.	

✓ Check-up 🎧 D03_4

🎧 초록색으로 주어진 우리말 표현에 유의하여 주어진 동사를 시제에 맞게 바꾸어 말해 보세요.

01 그녀는 아침마다 테니스를 친다. (play)
She _____ tennis in the mornings.

02 나는 어린 시절에 반려동물을 기르는 것을 즐겼다. (enjoy)
I _____ having pets during my childhood.

03 나는 서울에서 5년 동안 살아오고 있다. (live)
I _____ in Seoul for five years.

04 우리는 교내 체육관에 방문할 것을 추천한다. (recommend)
We _____ visiting the campus gym.

05 그는 토론 동아리에 가입하기로 결정했다. (decide)
He _____ to join the debate club.

06 그녀는 기후 변화에 관한 여러 기사를 읽어 왔다. (read)
She _____ several articles about climate change.

07 나는 반 친구들과 영어를 연습했다. (practice)
I _____ English with my classmates.

08 우리 카페는 이번 주에 음료와 샌드위치에 할인을 제공하고 있다. (offer)
Our café _____ a discount on drinks and sandwiches this week.

정답 p.283

Course ❸ 주어의 수에 따른 알맞은 동사로 말하기

🎧 D03_5

My sister **likes** cooking.　내 여동생은 요리하는 것을 좋아한다.
My sister and I **like** cooking together.　내 여동생과 나는 함께 요리하는 것을 좋아한다.

의미는 같아도 모양은 다르게! 영어 동사들은 주어의 수에 따라 자신의 형태를 바꾸게 됩니다. 위에서 보듯이, 우리말은 주어의 수가 달라도 '좋아한다'라는 같은 형태로 말하는 데 반해, 영어는 주어의 수에 따라 'likes'와 'like'로 구별하여 말하고 있지요. 이런 기본적인 규칙들을 잘 지켜 말할 때 영어 말하기의 진정한 강자가 될 수 있다는 점을 잊지 마세요! 자, 이제 주어의 수에 따라 동사의 형태를 바꾸어 말하기를 배우고 연습해 볼까요?

단수 동사로 말해야 할 때	주어가 3인칭 단수일 때에는 단수 동사로 말합니다. 따라서 주어가 단수 명사, 동명사구, 명사절, every + 명사, each + 명사 등일 때에는 단수 동사로 말해야 합니다. **The reading area is to the left.** 열람 구역은 왼쪽에 있다. **Reading books helps you to gain knowledge.** 책을 읽는 것은 당신이 지식을 얻을 수 있도록 돕는다. **What you see in a museum teaches you a lot.** 당신이 박물관에서 보는 것은 당신에게 많은 것을 가르쳐 준다. **Every freshman lives in a dorm.** 모든 신입생은 기숙사에 산다.
복수 동사로 말해야 할 때	주어가 복수일 때에는 복수 동사로 말합니다. 따라서 주어가 복수 명사, 명사 and 명사, both/many/several + 명사 등일 때에는 복수 동사로 말해야 합니다. **The computers are in the back.** 컴퓨터들은 뒤쪽에 있다. **My friends and I have to cooperate to win the competition.** 내 친구들과 나는 대회에서 이기기 위해 협동해야 한다. **Both elevators are out of service.** 두 엘리베이터 모두 운행하지 않는다.

✓ Check-up 🎧 D03_6

🎧 주어와 동사의 수 일치에 유의하여 초록색으로 주어진 우리말 표현을 영어로 바꾸어 말해 보세요.

01 우리는 건강한 점심 메뉴를 제공한다. (provide)
We _____ healthy lunch options.

02 각 방은 다른 전망을 가지고 있다. (have)
Each room _____ a different view.

03 내 친구와 나는 도서관에서 많은 시간을 보낸다. (spend)
My friend and I _____ a lot of time at the library.

04 내 대학은 조교 아르바이트 일자리를 제공한다. (offer)
My college _____ part-time teacher assistant jobs.

05 사무실들은 현재 보수 공사 중이다. (be)
The offices _____ currently under renovation.

06 투어는 정원 방문을 포함한다. (include)
The tour _____ a visit to the garden.

07 축구를 하는 것은 내가 가장 좋아하는 취미이다. (be)
Playing soccer _____ my favorite hobby.

08 내 남동생과 나는 둘 다 교환학생 프로그램에 지원하기를 원한다. (want)
Both my brother and I _____ to apply for the exchange student program.

정답 p.283

Course 4 다양한 조동사로 말하기

🎧 D03_7

> You **should** bring your own laptop. 당신은 당신의 노트북을 가져와야 한다.
> You **can** bring your own laptop. 당신은 당신의 노트북을 가져올 수 있다.

동사를 도와준다는 뜻을 가진 조동사! 위에서 보듯이 should, can과 같은 조동사를 이용하여 'You bring your own laptop.(당신은 당신의 노트북을 가져온다.)'라는 기본 문장을 다양한 의미로 바꾸어 전달할 수 있습니다. 자, 이제 차근차근 한 가지씩 조동사를 표현하는 법을 배우고 연습해 볼까요?

~하겠다 [would]	의지를 나타낼 때에는 [would + 동사원형]으로 말합니다. I **would travel** around Eastern Europe. 나는 동유럽을 여행하겠다.
~해야 한다 [should]	기대, 제안, 조언을 말할 때에는 [should + 동사원형]으로 말합니다. I **should apply** for a scholarship. 나는 장학금을 신청해야 한다.
~할 수도 있다 [could]	가능성을 말할 때에는 [could + 동사원형]으로 말합니다. You **could ask** the guide for more details. 당신은 가이드에게 더 자세한 내용을 물어볼 수도 있다.
~할 것이다 [will/be going to]	미래의 일을 말할 때에는 [will/be going to + 동사원형]으로 말합니다. We **will meet** in the lobby. 우리는 로비에서 만날 것입니다. My friend **is going to study abroad** next year. 내 친구는 내년에 유학할 것이다. *will은 단순히 미래에 일어날 일을 말할 때 주로 쓰이고, be going to는 계획되고 예정된 일을 말할 때 주로 쓰입니다.
~할 수 있다 [can/be able to]	능력이나 허락을 말할 때에는 [can/be able to + 동사원형]으로 말합니다. I **can / am able to adjust** to other cultures quickly. 나는 다른 문화에 빨리 적응할 수 있다. Students **can / are able to use** the parking lot. 학생들은 주차장을 이용할 수 있다.

✓ Check-up 🎧 D03_8

🎧 초록색으로 주어진 우리말 표현에 유의하여 밑줄 친 부분에 알맞은 조동사를 채워 말해 보세요.

01 나는 캠퍼스에서 멀리 떨어진 아파트로 이사하겠다.
I _____ move to an apartment far from the campus.

02 나는 친구들과 함께라면 여행을 더 즐길 수도 있다.
I _____ enjoy the trip more with friends.

03 사람들은 인터넷 서핑을 하는 데 시간을 덜 소비해야 한다.
People _____ spend less time surfing the Internet.

04 우리 대학은 온라인 등록을 허용할 것이다.
Our university _____ allow online registration.

05 나는 일과 공부를 둘 다 감당할 수 있다.
I _____ handle both work and study.

06 돈을 절약해 주기 때문에 나는 운전하는 대신 버스를 타겠다.
I _____ take the bus instead of driving because it saves money.

07 여기에서, 당신의 과제를 위해 프린터를 사용할 수 있다.
Here, you _____ use the printers for your projects.

08 내가 우선 소규모 그룹 앞에서 발표한다면 나는 자신감을 얻을 수도 있다.
I _____ gain confidence if I presented in front of a small group first.

정답 p.284

Daily Test

🎧 D03_9

🎧 우리말을 보고 주어진 표현을 알맞게 배열한 후, 문장을 말해 보세요. 이때 영어의 5가지 패턴에 유의하세요.

01 당신은 저기에서 참고 도서 목록을 확인할 수 있다.
can check / you / the list of reference books
_____ over there.

02 대학은 이번 학기에 등록 절차를 개선할 것이다.
its registration procedures / will improve / the university
_____ this semester.

03 부모님이 내가 어릴 때 좋은 공부 습관을 가르쳐 주셨다.
good study habits / me / taught / my parents
_____ when I was young.

04 나는 책을 읽는 것이 스트레스를 줄이는 효과적인 방법이라고 생각한다.
find / I / an effective way to reduce stress / reading books
_____ .

05 과학책들은 도서관 2층에 있다.
are / on the second floor of the library / the science books
_____ .

🎧 초록색으로 주어진 우리말 표현을 영어로 바꾸어 말해 보세요.

06 경험을 통해 배우는 것은 지식을 얻는 최고의 방법이다.
Learning by experience _____ to gain knowledge.

07 나의 가족과 나는 주말마다 외식하는 것을 즐긴다.
My family and I _____ on weekends.

08 나는 마감 기한 내에 보고서를 제출할 수 있다.
I _____ by the deadline.

09 우리는 그룹 토론을 위해 이 공간을 사용한다.
We _____ for group discussions.

간단한 질문과 그에 대한 짧은 답변이 이어집니다. 우리말 답변을 영어로 바꾸어 말해 보세요.

10 Can you tell me about your recent summer vacation?

나는 플로리다에 갔다.

🎤 _____.

* 플로리다 (미국 남동부 끝에 있는 주) Florida

11 What do you think of desk jobs?

나는 대부분의 사무직들은 지루하고 건강에 좋지 않다고 생각한다.

🎤 _____.

* 사무직 desk jobs   * 지루한 boring   * 건강에 좋지 않은 unhealthy

12 What would you do to learn on your own?

나는 많은 책과 학술지를 읽겠다.

🎤 _____.

* 많은 책을 읽다 read a lot of books   * 학술지 academic journals

13 What do you think encourages creativity in children?

호기심은 아이들이 새로운 생각을 탐구하도록 장려한다.

🎤 _____.

* 호기심 curiosity   * 장려하다 encourage   * 새로운 생각을 탐구하다 explore new ideas

14 What do you believe is the biggest challenge for students today?

나는 시험에 대한 스트레스가 학생들에게 가장 큰 어려움이라고 생각한다.

🎤 _____.

* 시험에 대한 스트레스 stress from exams   * 어려움, 도전 challenge

정답 p.284

Day 04 동사의 모양 바꾸어 말하기

음성 바로 듣기

요리조리 모양을 바꿀 수 있는 동사! 영어 동사의 다양한 활용법을 알아 두면 내가 말할 수 있는 표현이 더욱더 풍부해집니다. 동사의 모양을 바꾸어 다양한 내용을 전달하는 방법을 익혀 봅시다.

Course ❶ 동명사와 부정사의 명사적 용법 말하기　🎧 D04_1

I finished **applying** for several internships. 나는 여러 인턴십에 지원하는 것을 마쳤다.
I decided **to apply** for an internship. 나는 인턴십에 지원하기로 결정했다.

'인턴십에 지원하는 것' 또는 '인턴십에 지원하기'와 같은 말을 영어로 해보고 싶다고요? 이는 동사의 형태를 간단히 변화시키는 것만으로 가능합니다. '지원하다'라는 뜻을 가진 동사 apply를 applying 또는 to apply로 바꿔 말하면 '지원하기'라는 의미가 되어 명사 역할을 할 수 있게 되지요. 자, 이제 동사를 명사의 의미로 바꾸어 말하는 법을 배우고 연습해 볼까요?

~하는 것/~하기

동명사 또는 부정사의 형태로 '~하는 것/~하기'를 말할 수 있습니다.

Studying a new language / To study a new language is fun.
새로운 언어를 공부하는 것은 재미있다.

My dream is **helping other people / to help other people**.
내 꿈은 다른 사람들을 돕는 것이다.

＊주어로 쓰일 때에는 흔히 부정사보다 동명사로 말합니다.

동사에 따라 동명사 목적어로 말할지 부정사 목적어로 말할지가 결정됩니다.

· 동명사 목적어를 취하는 동사 : 중단, 꺼림, 부인, 피함 등의 의미를 지닌 동사
  stop, consider, mind, give up, avoid, quit, enjoy, finish 등

Please avoid **making** loud noises in the hallway.
복도에서 큰 소음을 내는 것을 삼가 주세요.

· 부정사 목적어를 취하는 동사 : 결심, 계획, 의도, 기대 등의 의미를 지닌 동사
  decide, expect, mean, hope, want, afford, prepare 등

She expects **to get** a good grade in math.
그녀는 수학 과목에서 좋은 성적을 받기를 기대한다.

＊love, hate, like, start, begin 등과 같은 동사는 동명사와 부정사 목적어를 둘 다 쓸 수 있습니다.

I hate **eating out / to eat out**.
나는 외식하는 것을 싫어한다.

✓ Check-up

🎧 초록색으로 주어진 우리말 표현을 영어로 바꾸어 문장을 말해 보세요.

01 책을 읽는 것은 내 취미 중 하나이다.
_____ books is one of my hobbies.

02 나는 학급 견학을 가는 것을 즐긴다.
I enjoy _____ on class field trips.

03 나의 계획은 다음 주에 콘서트를 보는 것이다.
My plan is _____ a concert next week.

04 나는 프로젝트를 더 일찍 끝낼 것으로 예상했다.
I expected _____ the project earlier.

05 좋은 아침밥을 먹는 것은 나에게 중요하다.
_____ a good breakfast is important to me.

06 나의 제안은 버스를 타는 것이다.
My suggestion is _____ the bus.

07 운동하기 전에 스트레칭하는 것은 항상 중요하다.
_____ before exercising is always important.

08 수업에 참여하기를 원한다면, 온라인으로 일정을 확인하세요.
If you want _____ a class, check the schedule online.

09 도서관에서 이야기를 하는 것은 다른 학생들을 방해한다.
_____ in the library disturbs other students.

정답 p.285

Course ❷ 부정사의 형용사적 • 부사적 용법 말하기

🎧 D04_3

Here is a form to fill out for registration. 여기에 등록을 위해 작성해야 할 양식이 있다.

Please complete this form to register. 등록하려면 이 양식을 작성해 주세요.

동사가 낳은 팔방미인 부정사! 단순히 명사 역할만 할 수 있는 것이 아니었군요! '작성해야 할 양식'이라는 말을 하고 싶을 때, 명사 form 뒤에 부정사 to fill out만 더해준 'form to fill out'이라는 표현으로 쉽게 말할 수 있습니다. 이 다재다능한 부정사를 이용해 명사나 동사, 혹은 문장 전체 등을 꾸며주는 내용을 말할 수 있답니다. 자, 이제 부정사의 형용사적 용법과 부사적 용법을 배우고 연습해 볼까요?

~할, ~해야 할 [형용사적 용법]	'~할 명사, ~해야 할 명사'를 말할 때에는 [명사 + 부정사]로 말합니다. 이때, 영어의 어순은 우리말과 반대입니다. ex) 참석할 회의 → a meeting + to attend 　　　　　　　　　회의　　　참석할 **He doesn't have time to exercise.** 그는 운동할 시간이 없다. **There are a lot of issues to talk about.** 이야기할 쟁점들이 많이 있다.
~하기 위해 [부사적 용법]	'~하기 위해'를 말할 때에는 부정사를 사용합니다. 이때, in order to를 쓰기도 합니다. **I often go to parks to hang out with my friends.** 나는 친구들과 어울리기 위해 종종 공원에 간다. **She takes the subway in order to avoid the rush hour traffic.** 그녀는 혼잡 시간대의 교통 체증을 피하기 위해 지하철을 탄다.

tip

'~을 하지 않기 위해'를 말할 때에는 부정사 앞에 not을 붙여 말하거나, 'in order not to'를 써서 말합니다.

ex) 수업에 빠지지 않기 위해 나는 스케줄을 재조정해야 한다.
→ I should rearrange my schedule **(in order) not to** miss the class.

✓ Check-up

🎧 우리말을 보고 부정사에 유의하여 다음을 알맞게 배열해 문장을 말해 보세요.

01 나는 달성해야 할 목표가 있다.
(I / to reach / have / a goal)

_____.

02 당신은 읽어야 할 긴 도서 목록을 확인할 수 있다.
(you / to read / can check / a long list of books)

_____.

03 책을 빌리기 위해서는 학생증을 보여주세요.
(please / to borrow books / show your student ID)

_____.

04 나는 학생들에게 자신의 의견을 표현할 기회가 필요하다고 생각한다.
(I / need a chance / believe / to express / students / their own opinions)

_____.

05 나는 학생들이 스트레스를 피하려면 꾸준히 공부해야 한다고 생각한다.
(to avoid / think / I / should study regularly / students / stress)

_____.

06 우리는 개인 물품을 보관할 수 있는 사물함을 보유하고 있다.
(we / to store / have lockers / personal items)

_____.

07 그는 집을 장만하기 위해 수입의 10퍼센트를 저축한다.
(to buy a house / 10 percent of his income / he / saves)

_____.

정답 p.285

Course ❸ 분사 말하기

🎧 D04_5

My coworkers gave me encouraging advice. 내 동료들은 나에게 고무적인 조언을 해 주었다.
I was encouraged by my coworkers' advice. 나는 동료들의 조언에 용기를 얻었다.

동사에 꼬리가 붙으면 형용사가 된다고? encourage라는 동사에 -ing라는 꼬리만 더하면 '고무적인'이라는 뜻의 분사 encouraging이 되지요. 이 encouraging으로 명사 advice를 꾸며줄 수 있으니 동사가 형용사 역할을 할 수 있게 됩니다. 자, 이제 동사의 또 다른 변신, 분사를 이용해서 말하기를 배우고 연습해 볼까요?

~하는/~한 [현재분사]	'~하는/~한'을 말할 때에는 현재분사(동사 + -ing)를 써서 말합니다. **We offer many amazing classes.** 우리는 멋진 수업들을 많이 제공한다. **I listened to the staff speaking.** 나는 직원이 말하는 것을 들었다. **The lecture was interesting.** 그 강의는 흥미로웠다. **The results of the survey are surprising.** 설문조사의 결과는 놀랍다.
~된/~당한 [과거분사]	'~된/~당한'을 말할 때에는 과거분사(동사 + -ed 또는 불규칙 동사의 과거분사형)를 써서 말합니다. **Please return the borrowed books on time.** 빌린 책들을 제때 반납해 주세요. **She feels tired every day because she has lots of homework.** 그녀는 숙제가 많기 때문에 매일 피곤하다. **He is interested in the lecture.** 그는 그 강의에 흥미가 있다. **I was surprised at the high cost of living in the city.** 나는 도시의 높은 생활비에 놀랐다.

✓ Check-up 🎧 D04_6

🎧 초록색으로 주어진 우리말 표현에 유의하여 알맞은 분사를 골라 문장을 말해 보세요.

01 내 생각에는, 역사 수업은 지루하다.
In my opinion, history class is (boring / bored).

02 나는 지하철 지연에 짜증이 났다.
I was (annoying / annoyed) by the delays on the subway.

03 나는 그 결과에 실망했다.
I was (disappointing / disappointed) with the result.

04 교내의 부서진 벤치들은 교체될 것이다.
(Breaking / Broken) benches on campus will be replaced.

05 나는 내 남동생이 농구를 하는 것을 보았다.
I saw my brother (playing / played) basketball.

06 다른 문화에 대해 배우는 것은 즐겁다.
It is (pleasing / pleased) to learn about different cultures.

07 연습 중에 코치가 나를 격려해 주신 후에 나는 의욕이 생겼다.
I felt (motivating / motivated) after my coach encouraged me during practice.

08 판매원들이 좌석 구역 근처에서 신선한 음료를 팔고 있다.
Vendors are selling (refreshing / refreshed) drinks near the seating area.

09 새로운 나라로 여행하는 것은 나에게 항상 신나는 경험이다.
Traveling to new countries is always an (exciting / excited) experience for me.

정답 p.285

Daily Test

🎧 D04_7

🎧 초록색으로 주어진 우리말 표현에 유의하여 주어진 동사를 알맞게 바꾸어 문장을 말해 보세요.

01 서울에는 방문할 곳들이 많다. (visit)

There are many places _____ in Seoul.

02 음악을 듣는 것은 내 기분을 더 낫게 한다. (listen)

_____ to music makes me feel better.

03 나는 건강을 유지하기 위해 아침 일찍 조깅을 한다. (stay)

I jog early in the morning _____.

04 나는 공원에서 걷는 것이 가장 좋은 운동이라고 생각한다. (walk)

I consider _____ the best exercise.

05 나는 요리하는 법을 배우고 싶은데, 이는 그것이 유용한 생활 기술이기 때문이다. (learn)

I _____ how to cook because it is a useful life skill.

06 복사된 소책자들은 도서관에서 이용할 수 있다. (photocopy)

_____ are available at the library.

07 제한된 구역에 들어가지 마세요. (restrict)

Please do not enter the _____.

08 지하철 노선도가 헷갈렸어서, 나는 다른 사람에게 도움을 요청했다. (confuse)

The subway map _____, so I asked someone for help.

09 나는 등록금을 내기 위해 아르바이트를 구했다. (pay)

I got a part-time job _____.

10 나는 오늘 밤에 그 책을 읽는 것을 끝낼 것으로 예상한다. (finish)

I expect _____ reading the book tonight.

간단한 질문과 그에 대한 짧은 답변이 이어집니다. 우리말 답변을 영어로 바꾸어 말해 보세요.

11 Do you prefer to work for a company or run your own business?

나는 경험을 쌓기 위해 회사에서 일하고 싶다.

_____.

* 경험을 쌓다 gain experience   * 회사에서 일하다 work for a company

12 What do you think is the most important skill a person should have?

나는 가장 중요한 기술이 명확하게 의사소통하는 능력이라고 생각한다.

_____.

* 기술 skill   * 의사소통하다 communicate

13 Describe the ideal job you would like to have.

나는 나의 창의력을 이용할 수 있게 해 주는 직업을 원한다.

_____.

* 창의력 creativity   * ~할 수 있게 하다 allow

14 What do you usually do when you feel stressed from studying or working?

나는 공원에서 짧게 산책하는 것을 매우 좋아한다.

_____.

* 짧게 산책하다 take a short walk

15 What is the most important thing you have done?

돈을 기부한 것이 내가 한 일 중 가장 중요한 일이었다.

_____.

* 돈을 기부하다 donate money

정답 p.286

Day 05 접속사 사용하여 긴 문장 말하기

음성 바로 듣기

책에 대해서 이야기할 때, 내가 읽은 책, 그가 쓴 책 등과 같이 더 많은 정보를 함께 말하고 싶다면, 접속사의 도움으로 관계절을 만들어서 말할 수 있습니다. 접속사를 사용한 절을 자유자재로 구사하는 법을 익혀 봅시다.

Course ❶ 등위·상관 접속사 말하기   🎧 D05_1

The course requires **a test and an essay**. 그 수업은 시험과 에세이를 요구합니다.
The course requires **a test or an essay**. 그 수업은 시험 또는 에세이를 요구합니다.

'시험과 에세이', '시험 또는 에세이'와 같은 내용을 말하는 것만큼 쉬운 것이 또 있을까요? and 또는 or 등의 접속사만 알고 있다면 'a test and an essay', 'a test or an essay'와 같이 자연스럽게 말할 수 있죠. 자, 이제 이러한 접속사들을 배우고 연습해 볼까요?

A와 B	'A와 B'는 [A and B]의 구조로 말합니다. I enjoy **swimming and running**. 나는 수영과 달리기를 즐긴다.
A 또는 B	'A 또는 B'는 [A or B]의 구조로 말합니다. You can choose **coffee or tea**. 당신은 커피 또는 차를 선택할 수 있다.
A와 B 모두	'A와 B 모두'는 [both A and B]의 구조로 말합니다. He studies **both French and Spanish**. 그는 프랑스어와 스페인어 모두 공부한다.
A 또는 B 둘 중 하나	'A 또는 B 둘 중 하나'는 [either A or B]의 구조로 말합니다. Students should study **either French or Spanish**. 학생들은 프랑스어 또는 스페인어 둘 중 하나를 공부해야 한다.
A뿐만 아니라 B도	'A뿐만 아니라 B도'는 [not only A but also B]의 구조로 말합니다. Music is **not only fun but relaxing**. 음악은 재미있을 뿐만 아니라 편안하게도 해 준다.

tip
등위·상관 접속사로 연결된 [A]와 [B]의 품사는 통일시켜야 하며, 동등한 의미 관계를 형성해야 합니다.
ex) smart and nicely (×) → **smart and nice** [품사의 통일]
　　swimming or sports (×) → **swimming and running** [동등한 의미 관계]

✓ Check-up 🎧 D05_2

🎧 초록색으로 주어진 우리말 표현을 영어로 바꾸어 문장을 말해 보세요.

01 내가 가장 좋아하는 취미는 독서와 자전거 타기이다.
My favorite hobbies are reading _____ bicycling.

02 인쇄된 안내 책자 또는 디지털 지도를 원하나요?
Would you like a printed guide _____ a digital map?

03 충전소에서 휴대폰과 노트북을 충전할 수 있다.
You can charge phones _____ laptops at the charging station.

04 이 수업은 초급자와 고급 학습자 모두에게 유용하다.
This class is useful for _____ beginners _____ advanced learners.

05 당신은 카드 또는 현금 둘 중 하나로 결제할 수 있다.
You can pay _____ by card _____ in cash.

06 컴퓨터실에는 학생들이 사용할 수 있는 프린터와 스캐너가 있다.
The computer lab has printers _____ scanners for student use.

07 나는 소설과 시 모두에 관심이 있다.
I am interested in _____ novels _____ poetry.

08 아침 식사로, 나는 주로 시리얼 또는 버터를 바른 토스트를 먹는다.
For breakfast, I usually have cereal _____ buttered toast.

09 나는 겨울 방학 동안 프랑스와 이탈리아 모두 가볼 계획이다.
I am planning to go to _____ France _____ Italy during my winter vacation.

10 기숙사에 사는 것은 편리할 뿐만 아니라 싸기도 하다.
Living in a dormitory is _____ convenient _____ cheap.

정답 p.286

Course ❷ 명사절 말하기

🎧 D05_3

The important thing is **that the experience was memorable.** 중요한 것은 그 경험이 인상적이었다는 것이다.
I remember **who was with me.** 나는 누가 나와 함께 있었는지 기억한다.

접속사만 있으면 문장 속 역할이 바뀐다?! '그 경험이 인상적이었다는 것'이라는 표현을 말하기 위해서는 '그 경험이 인상적이었다'라는 뜻의 'the experience was memorable'과 '~는 것'을 표현해 주는 접속사 that이 필요합니다. 자, 이제 접속사를 이용해서 명사절을 표현하는 법을 배우고 연습해 볼까요?

~하는 것/ ~하는지	'~하는 것'을 말할 때에는 [that + 주어 + 동사]의 구조로 말합니다. **She agrees that spending time with family strengthens relationships.** 그녀는 가족과 함께 시간을 보내는 것이 관계를 강화한다는 것에 동의한다. [누가/언제/무엇을/어디서/어떻게/왜 ~하는 것/~하는지]를 말할 때에는 [의문사(who/when/what/where/how/why) + (주어) + 동사]의 구조로 말합니다. **He can explain how technology supports students in class.** 그는 기술이 수업 시간에 학생들을 어떻게 도와주는지 설명할 수 있다. ＊종속절의 주어가 주절의 주어와 동일할 경우에는 [의문사(who/when/what/where/how/why) + to 부정사]로 간단하게 말하기도 합니다. **I have to decide what I will do. → I have to decide what to do.** 나는 무엇을 할지 결정해야 한다.

tip

what과 who를 명사절의 주어 역할로 쓰게 되면, 바로 뒤에 동사를 말해야 합니다.

ex) I know **what helps me stay focused.**

'~하는 것'이라는 명사절을 말할 때에는 what과 that을 둘 다 사용할 수 있지만, what의 경우에는 그 자체가 '것'이라는 명사 기능을 할 수 있기 때문에 what 다음에는 주어나 목적어, 보어 중 하나가 빠진 불완전한 문장을 말해야 합니다. 반면, that은 접속사 역할만을 하기 때문에 that 다음에는 완전한 문장을 말해야 합니다.

ex) I know what **she did last semester.** → 목적어가 빠진 불완전한 문장
　　I strongly agree that **learning art improves creativity.** → 완전한 문장

✓ Check-up 🎧 D05_4

🎧 초록색으로 주어진 우리말 표현을 영어로 바꾸어 문장을 말해 보세요.

01 언제 수업이 시작하는지 확인하세요.
Please check _____ will begin.

02 그녀는 어디서 세미나가 개최되는지 잊어버렸다.
She forgot _____ will be held.

03 나는 일기를 쓰는 것이 자기 성찰을 향상시킨다는 것에 강하게 동의한다.
I strongly agree _____ keeping a journal improves self-reflection.

04 캠퍼스에 셔틀버스가 있다는 것은 이점이다.
_____ the campus has a shuttle bus is a plus.

05 나는 일과 삶을 어떻게 균형 맞출지 알아내야 한다.
I need to figure out _____ work and life.

06 나는 내 미래 목표를 위해 무엇에 집중할지 결정해야 한다.
I must decide _____ for my future goals.

07 나는 재활용이 환경을 보호한다는 것에 동의한다.
I agree _____.

08 그는 왜 그가 그렇게 낮은 성적을 받았는지 이해하지 못했다.
He did not understand _____ such a low grade.

09 식판이 반납되어야 한다는 것을 기억해 주세요.
Please remember _____ trays must be returned.

10 직원에게 가장 가까운 프린터가 어디에 있는지 물어보세요.
Ask the staff _____.

정답 p.286

Course ❸ 형용사절 말하기

Students who read a lot usually learn faster. 책을 많이 읽는 학생들이 보통 더 빨리 배운다.
I wrote a report on **the book that I read**. 나는 내가 읽은 책에 관한 보고서를 썼다.

영어에서는 중요한 것을 먼저 말하고 부가적인 정보를 뒤에 말합니다. '책을 많이 읽는 학생들'이라고 말하고 싶을 때에는 '학생들(Students)'을 먼저 말하고 '책을 많이 읽는다(read a lot)'를 뒤에서 말하죠. 이때 이 둘 사이를 관계대명사 who로 연결해 주지요. 자, 이제 다양한 형용사절을 자유롭게 쓸 수 있는 법을 배우고 연습해 볼까요?

~하는 –	'~하는 –'을 말할 때에는 [명사 + 관계대명사 + (주어) + 동사] 또는 [명사 + 관계부사 + 주어 + 동사]의 구조로 말합니다. 관계대명사에는 who, whom, whose, which, that이 있고, 관계부사에는 when, where, why, how가 있습니다. I respect **leaders who listen carefully to their team members**. 나는 팀원들의 말을 주의 깊게 듣는 지도자들을 존경한다. **Mobile phones which were once expensive** are now cheap. 한때 비쌌던 휴대폰이 지금은 저렴하다. I like going to **parks where I can relax**. 나는 내가 쉴 수 있는 공원에 가는 것을 좋아한다. *관계대명사 다음에는 주어나 목적어가 빠진 불완전한 절이 오고, 관계부사 다음에는 완전한 절이 옵니다.

> **tip**
> 목적격 관계대명사와 관계부사는 생략해서 말할 수도 있습니다!
> ex) He is taking **the class that she recommended**. → He is taking **the class she recommended**.
>   I explained **the reason why I left early**. → I explained **the reason I left early**.

✓ Check-up

관계대명사와 관계부사를 이용하여 초록색으로 주어진 우리말 표현을 영어로 바꾸어 문장을 말해 보세요.

01 나는 내가 나의 가장 친한 친구를 만났던 날을 기억한다.
I remember _____ my best friend.

02 그녀는 베스트셀러가 된 책을 읽었다.
She read _____ a bestseller.

03 내가 영어를 공부하는 한 가지 이유는 더 많은 사람들과 소통하기 위해서이다.
_____ I study English is to communicate with more people.

04 나는 좋은 서점을 가지고 있는 쇼핑몰에 가는 것을 좋아한다.
I love going to _____ a great bookstore.

05 2층으로 이어지는 계단을 이용해 주세요.
Please use _____ the second floor.

06 나는 아름다운 풍경을 가지고 있는 공원을 산책하는 것을 좋아한다.
I like taking a walk in _____ beautiful scenery.

07 우리는 신입생들이 도서관에 대해 배우는 데 도움을 주는 투어를 제공한다.
We offer _____ new students learn about the library.

08 이곳은 회의들이 보통 열리는 방이다.
This is the room _____.

Course ④ 부사절 말하기

🎧 D05_7

I got good grades because I studied hard. 열심히 공부했기 때문에 나는 좋은 성적을 받았다.
Although I studied hard, I didn't get good grades. 비록 열심히 공부했지만, 나는 좋은 성적을 받지 못했다.

다양한 부사절을 이용하여 주절의 의미를 보완하고 수식해주는 내용을 말할 수 있습니다. '나는 열심히 공부했기 때문에'를 영어로 말해 본다면, '나는 열심히 공부했다'라는 뜻의 'I studied hard' 앞에 '~하기 때문에'라는 뜻의 접속사 because를 붙여 표현할 수 있습니다. 자, 이제 여러 가지 내용을 전달할 때 유용하게 쓸 수 있는 부사절에 대해 배우고 연습해 볼까요?

~하기 때문에	'~하기 때문에'는 [because/since + 주어 + 동사]의 구조로 말합니다. **I had to study in the dorm because the library was closed.** 도서관이 문을 닫았기 때문에 나는 기숙사에서 공부해야 했다.
비록 ~지만	'비록 ~지만'은 [although + 주어 + 동사]의 구조로 말합니다. **Although smartphones can be distracting,** they make communication easier. 비록 스마트폰은 정신을 산만하게 할 수 있지만, 의사소통을 더 쉽게 만든다.
만일 ~라면	'만일 ~라면'은 [if + 주어 + 동사]의 구조로 말합니다. **If I get the scholarship,** my parents will be proud of me. 만일 내가 장학금을 받는다면, 부모님은 나를 자랑스러워할 것이다.
~할 때/~할 때마다	'~할 때/~할 때마다'는 [when/whenever + 주어 + 동사]의 구조로 말합니다. **I enjoy it most when I spend time outdoors.** 나는 내가 야외에서 시간을 보낼 때 가장 즐겁다. **I feel more connected to nature whenever I go hiking in the mountains.** 내가 산에 하이킹을 갈 때마다 나는 자연과 더 연결된 느낌이 든다.

✓ Check-up 🎧 D05_8

🎧 초록색으로 주어진 우리말 표현을 영어로 바꾸어 문장을 말해 보세요.

01 나는 수업을 이해하지 못했기 때문에 좌절했다.
I was frustrated _____ the lesson.

02 러닝머신을 사용할 때, 알맞은 운동화를 착용하세요.
_____, wear proper running shoes.

03 비록 시험이 어려웠지만, 나는 매우 잘 봤다.
_____, I did very well.

04 주차장이 꽉 찼기 때문에, 캠퍼스 밖에 주차하세요.
_____ is full, please park off campus.

05 나는 시험을 볼 때마다, 긴장한다.
_____ a test, I get nervous.

06 비록 온라인 수업이 편리하지만, 나는 대면 학습이 낫다고 생각한다.
_____, I think face-to-face learning is better.

07 만약 질문이 있다면, 로비에 있는 안내 데스크를 방문하세요.
_____, visit the information desk in the lobby.

08 나는 책을 읽는 것을 즐기는데 그것이 내가 나의 일상 스트레스에서 벗어나게 해주기 때문이다.
I enjoy reading books _____ to escape from my daily stress.

Daily Test

🎧 D05_9

🎧 초록색으로 주어진 우리말 표현을 영어로 바꾸어 문장을 말해 보세요.

01 만약 지도가 필요하다면, 입구 근처에서 하나 가져가세요.
_____, pick one up near the entrance.

02 이것은 당신이 당신의 다리를 운동하게 해 주는 기구이다.
This is the machine _____.

03 나는 학생들이 과외 활동에 참여해야 한다는 것에 동의한다.
I agree _____ in extracurricular activities.

04 나는 내 용돈이 충분하지 않기 때문에 아르바이트를 구했다.
I got a part-time job _____.

05 카운터에서 당신의 여권과 티켓을 준비해 두세요.
Please have _____ ready at the counter.

06 나는 도움이 필요한 사람들을 도울 수 있게 해준 봉사 프로그램에 참여했다.
I joined a _____ me to help people in need.

07 새로운 건물에는 컴퓨터실뿐만 아니라, 강의실도 있다.
The new building has _____.

08 이것들이 내가 집보다 도서관에서 공부하는 것을 선호하는 이유이다.
These are _____ I prefer studying in the library rather than at home.

09 그녀의 다리가 부러졌기 때문에, 그녀는 몇 주 동안 침대에 있어야 했다.
_____, she had to stay in bed for weeks.

10 나는 영화를 보는 것과 책을 읽는 것 모두 좋아한다.
I like _____.

간단한 질문과 그에 대한 답변이 이어집니다. 우리말 답변을 영어로 바꾸어 말해 보세요.

11 What is a habit you find hard to break?

나는 너무 늦게 자고 피곤한 채로 일어난다.

🎤 _____ .

* 일어나다 wake up

12 Where do you enjoy going to relax?

나는 내가 커피를 마시며 쉴 수 있는 카페에 가는 것을 즐긴다.

🎤 _____ .

* 커피를 마시다 sip coffee   * 쉬다 relax

13 What are you going to do during the summer?

나는 여행을 가는 것과 인턴으로 일하는 것 둘 중 하나를 할 것이다.

🎤 _____ .

* 여행을 가다 go on a trip   * 인턴으로 일하다 work as an intern

14 What are your reasons for getting a higher education?

나의 주된 이유는 내가 심리학에 관심이 있다는 것이다.

🎤 _____ .

* 주된 이유 main reason   * 심리학 psychology

15 Could you describe your hometown for me?

내 고향은 한국에서 최고의 사과들이 재배되는 곳이다.

🎤 _____ .

* 고향 hometown   * 재배되다 be grown

정답 p.287

무료 토플자료·유학정보 제공

goHackers.com

Hackers
Updated TOEFL
Speaking Basic

스피킹을 위한
필수 표현 익히기

Day 06 유형별 표현: 위치·규정·제안·제공
Day 07 유형별 표현: 나의 입장과 이유
Day 08 유형별 표현: 구체적 근거와 요약
Day 09 주제별 표현: 일상생활 관련
Day 10 주제별 표현: 사회 분야 관련

Day 06 유형별 표현: 위치·규정·제안·제공

시설, 행사, 방법 및 절차를 안내하는 상황에서 자주 쓰이는 표현들을 익혀 두면, 처음 듣는 문장이라도 쉽게 이해하고 따라 말할 수 있습니다. 위치, 규정, 제안, 제공 사항 등을 안내하는 다양한 표현들을 예문과 함께 익혀 봅시다.

Course 1 위치 말하기

🎧 D06_1

'도서관은 오른쪽에 있습니다'라는 문장에서, '오른쪽에'라는 표현은 'to the right'으로 나타낼 수 있습니다. 이처럼 위치를 말할 때 쓰이는 표현을 익혀 두면, 위치를 안내하는 문장을 더 쉽게 기억하고 따라 말할 수 있습니다.

1 further down ~
~을 따라 더 나아가면

The bookstore is **further down** the road.
서점은 길을 따라 더 나아가면 있습니다.

2 just off ~
~ 바로 옆에

There is a waiting room **just off** the registration area.
등록 구역 바로 옆에 대기실이 있습니다.

3 throughout the area
구역 전체에 걸쳐

Volunteers are stationed **throughout the area** to assist visitors.
방문객을 돕기 위해 자원봉사자들이 구역 전체에 걸쳐 배치되어 있습니다.

4 on the first [second] floor
1층[2층]에

The computer lab is **on the second floor** of this building.
컴퓨터실은 이 건물의 2층에 있습니다.

5 to the right [left]
오른쪽에 [왼쪽에]

Shirts, jackets, and hats are **to the right**.
셔츠, 재킷, 그리고 모자는 오른쪽에 있습니다.

The gym is **to the left**.
체육관은 왼쪽에 있습니다.

6 in the front [back]
앞쪽에 [뒤쪽에]

The stage is **in the front**.
무대는 앞쪽에 있습니다.

You can find the lockers **in the back**.
사물함은 뒤쪽에서 찾을 수 있습니다.

7 over here [there]
여기에 [저기에]

Over here is where you can borrow sports equipment.
여기가 운동 장비를 빌릴 수 있는 곳입니다.

The vending machines are **over there**.
자판기는 저기에 있습니다.

8 located next to the entrance
입구 옆에 위치해 있는

Our information desk is **located next to the entrance**.
안내 데스크는 입구 옆에 위치해 있습니다.

9 near the information desk
안내 데스크 근처에

Maps are available **near the information desk**.
지도는 안내 데스크 근처에서 받을 수 있습니다.

10 on the bulletin board
게시판에

The weekly schedule is **on the bulletin board**.
주간 일정은 게시판에 있습니다.

✓ Check-up 🎧 D06_2

🎧 앞에서 배운 표현을 활용한 문장을 듣고, 들은 내용을 그대로 따라 말해 보세요. (문장은 두 번 들려줍니다.)

01 The cafeteria is _____ of the library.
식당은 도서관 왼쪽에 있습니다.

02 There is a small park _____.
길을 따라 더 나아가면 작은 공원이 있습니다.

03 The science lab is _____.
과학실은 1층에 있습니다.

04 Go check the monthly schedule posted _____.
게시판에 게시된 월간 일정을 가서 확인하세요.

05 You can sign up for the workshop _____.
워크숍 신청은 여기에서 하실 수 있습니다.

06 Trash bins are set up _____ to keep it clean.
    깨끗하게 유지하기 위해 쓰레기통이 구역 전체에 걸쳐 배치되어 있습니다.

07 Our gift shop is _____.
    기념품 가게는 입구 옆에 위치해 있습니다.

08 There is a reception desk _____.
    앞쪽에 접수 데스크가 있습니다.

09 A private meeting room is located _____ the conference hall.
    개인 회의실은 컨퍼런스 홀 바로 옆에 위치해 있습니다.

10 The first-aid station is _____.
    응급처치소는 안내 데스크 근처에 있습니다.

정답 p.289

Course ❷ 규정 말하기

'전시된 물건을 손으로 만지는 것을 피하세요'라는 문장에서, '~하는 것을 피하다'라는 표현은 'avoid ~ing'로 나타낼 수 있습니다. 이처럼 금지나 지시 사항과 같은 규정을 말할 때 쓰이는 표현을 익혀 두면, 규정을 안내하는 문장을 더 쉽게 기억하고 따라 말할 수 있습니다.

▶ 금지 사항을 말할 때 쓸 수 있는 표현

1 avoid ~ing
~하는 것을 피하다

You should **avoid making** phone calls in the library.
당신은 도서관에서 전화 통화하는 것을 피해야 합니다.

2 please do not ~
~하지 마세요

Please do not touch the artworks on display in the gallery.
미술관 안에 전시되어 있는 작품들을 만지지 마세요.
* on display 전시되어 있는

3 be not allowed
허용되지 않다

Visitors **are not allowed** to enter this area.
방문객들은 이 구역에 들어가는 것이 허용되지 않습니다.

4 have firm rules about ~
~에 대해 엄격한 규정이 있다

We **have firm rules about** dress code.
우리는 복장 규정에 대해 엄격한 규정이 있습니다.

5 remember not to + 동사원형
~해서는 안 된다는 것을 기억하다

Remember not to eat or drink in the library.
도서관에서는 음식을 먹거나 음료를 마시면 안 된다는 것을 기억하세요.

▶ 지시 사항을 말할 때 쓸 수 있는 표현

6 be sure to + 동사원형
반드시 ~하다

Be sure to write your name on the attendance sheet.
출석부에 반드시 이름을 적으세요.
* attendance sheet 출석부

7 seek assistance from the staff
직원에게 도움을 요청하다

If you lose an item, **seek assistance from the staff**.
물건을 잃어버리면, 직원에게 도움을 요청하세요.

8 report an issue
문제를 보고하다

To **report an issue**, complete this form.
문제를 보고하기 위해서는, 이 양식을 작성해 주세요.

9 follow the instructions
지시 사항을 잘 지키다

Make sure to **follow the instructions** of the teacher.
선생님의 지시 사항을 반드시 잘 지키세요.

10 fill out a registration form
신청서를 작성하다

Don't forget to **fill out a registration form** for the event.
행사를 위해 등록 신청서를 작성하는 것을 잊지 마세요.

11 Keep in mind that~
~을 명심하다

Keep in mind that all personal items must be stored in lockers.
모든 개인 물품은 사물함에 보관되어야 한다는 점을 명심하세요.

✓ Check-up 🎧 D06_4

🎧 앞에서 배운 표현을 활용한 문장을 듣고, 들은 내용을 그대로 따라 말해 보세요. (문장은 두 번 들려줍니다.)

01 _____ feed the animals.
동물들에게 먹이를 주지 마세요.

02 We _____ returning books on time.
저희는 책을 제때 반납하는 것에 대해 엄격한 규정이 있습니다.

03 Visitors must _____ the exhibits.
방문객은 전시물을 만지는 것을 피해야 합니다.

04 _____ leave your belongings unattended.
소지품을 방치해서는 안 된다는 것을 기억하세요.

05 If you find broken equipment, _____ at the help desk.
고장 난 장비를 발견하면, 안내데스크에 그 문제를 보고하세요.

06 Make sure to _____ when using the machine.
기계를 사용할 때는 지시 사항을 잘 지키세요.

07 To join the club, simply _____.
동아리에 가입하려면, 신청서를 작성하기만 하면 됩니다.

08 Pets _____ in the dormitory.
기숙사에는 반려동물이 허용되지 않습니다.

09 _____ comply with the safety guidelines.
반드시 안전 지침을 준수하세요.

10 _____ if an emergency occurs.
긴급 상황이 발생하면 직원에게 도움을 요청하세요.

정답 p.289

Course ❸ 제안 및 제공 사항 말하기

🎧 D06_5

'운동을 시작하기 전에 몸을 풀 것을 추천합니다'라는 문장에서, '~할 것을 추천하다'라는 표현은 'recommend ~ing'로 나타낼 수 있습니다. 이처럼 제안이나 제공하는 사항을 말할 때 쓰이는 표현을 익혀 두면, 제안 및 제공 사항을 안내하는 문장을 더 쉽게 기억하고 따라 말할 수 있습니다.

▶ 제안 사항을 말할 때 쓸 수 있는 표현

1 recommend ~ing
~할 것을 추천하다

We **recommend visiting** the souvenir shop to buy small gifts.
작은 선물을 사기 위해 기념품 가게에 방문할 것을 추천합니다.
* souvenir shop 기념품 가게

2 check the schedule
일정을 확인하다

Check the schedule for the next bus on the screen.
화면에서 다음 버스 일정을 확인하세요.

3 take a moment to + 동사원형
~하는 데 시간을 할애하다

Please **take a moment to** look around the exhibition hall.
전시장을 둘러보는 데 시간을 할애하세요.
* exhibition hall 전시장

4 It's a good idea to + 동사원형
~하는 것은 좋은 생각이다

It's a good idea to explore the campus on your first day.
첫날에 캠퍼스를 둘러보는 것은 좋은 생각입니다.

5 pick up a pamphlet
소책자를 가져가다

Pick up a pamphlet at the entrance of the aquarium.
수족관 입구에서 소책자를 가져가세요.

▶ 제공 사항을 말할 때 쓸 수 있는 표현

6 provide ~ at no charge
무료로 ~을 제공하다

The hotel **provides** breakfast **at no charge** for all guests.
호텔은 모든 투숙객에게 조식을 무료로 제공합니다.

7 hold popular classes
인기 있는 수업을 진행하다

The gym **holds popular classes** every evening.
체육관은 매일 저녁 인기 있는 수업을 제공합니다.

8 be equipped with ~
~이 갖추어져 있다

The new conference hall **is equipped with** a modern sound system.
새 회의장은 최신 음향 시스템이 갖추어져 있습니다.
* conference hall 회의장

9 offer access to ~
~에 대한 접근을 제공하다

The student center **offers access to** club rooms and meeting spaces.
학생회관은 동아리실과 회의실에 대한 접근을 제공합니다.

10 be available for ~
~에 사용할 수 있다

The facility **is available for** community programs.
그 시설은 지역 프로그램에 사용할 수 있습니다.

11 be open to ~
~에게 개방되어 있다

The lounge, located on the first floor, **is open to** all students.
일층에 위치해 있는 라운지는 모든 학생에게 개방되어 있습니다.

Check-up 🎧 D06_6

🎧 앞에서 배운 표현을 활용한 문장을 듣고, 들은 내용을 그대로 따라 말해 보세요. (문장은 두 번 들려줍니다.)

01 Please _____ campus tours on the board near the lobby.
캠퍼스 투어에 대한 일정을 로비 근처 게시판에서 확인하세요.

02 The computer lab _____ online research.
컴퓨터실은 온라인 연구에 사용할 수 있습니다.

03 Our fitness center _____ modern equipment and personal training programs.
저희 헬스장은 최신식 운동 기구와 개인 트레이닝 프로그램에 대한 접근을 제공합니다.

04 We _____ to the science center to explore interactive exhibits.
체험 전시를 살펴보기 위해 과학관에 가실 것을 추천드립니다.

05 _____ reserve a study room in advance during the exam period.
시험 기간에 스터디룸을 미리 예약하는 것은 좋은 생각입니다.

06 Please _____ complete the short survey after the presentation.
발표 후 짧은 설문을 작성하는 데 시간을 할애하세요.

07 _____ with a map of the hiking trails over there.
저기에서 등산로 지도가 있는 소책자를 가져가세요.

08 The museum _____ audio guides _____ on weekends.
박물관은 주말에 무료로 오디오 가이드를 제공합니다.

09 The community center _____ for seniors.
커뮤니티 센터는 노인을 위한 인기 수업들을 진행합니다.

10 The kitchen _____ ovens and cooking utensils.
주방에는 오븐과 조리 도구가 갖추어져 있습니다.

정답 p.289

Daily Test

🎧 D06_7

🎧 앞에서 배운 표현을 활용한 문장을 듣고, 들은 내용을 그대로 따라 말해 보세요. (문장은 두 번 들려줍니다.)

01 _____.
티켓 부스가 저기에 있습니다.

02 _____.
공원에서 동물들에게 먹이를 주는 것을 피해 주세요.

03 _____.
당신은 그 구역 전체에 걸쳐 분리수거함을 찾을 수 있습니다.

04 _____.
당신의 예약 내용을 확인하는 데 시간을 할애해 주세요.

05 _____.
택시 승차장은 호텔의 앞쪽에 있습니다.

06 _____.
고객센터는 쇼핑몰의 2층에 있습니다.

07 _____.

행사 중에 복도를 막아서는 안된다는 것을 기억하세요.

08 _____.

저희 호텔은 공항 이동 서비스를 무료로 제공합니다.

09 _____.

실험실은 화학 물질을 다루는 것에 대해 엄격한 규칙이 있습니다.

10 _____.

유리 벽에 기대지 마세요.

11 _____.

유모차 대여소는 입구 옆에 위치해 있습니다.

12 _____.

당신은 안내 데스크 근처에서 분실물 보관함을 찾을 수 있습니다.

정답 p.290

Day 07 유형별 표현: 나의 입장과 이유

음성 바로 듣기

선택, 찬반, 의견 등을 묻는 질문에 설득력 있게 답변하려면 자신의 입장과 그에 대한 이유를 함께 제시하는 것이 중요합니다. 나의 입장과 이유를 말할 때 유용하게 쓸 수 있는 표현들을 예문과 함께 익혀 봅시다.

Course 1 선택과 찬반 말하기 🎧 D07_1

'나는 바다보다 산을 선호한다'라고 말할 때, '나는 B보다 A를 선호한다'라는 표현은 'I prefer A to [over] B'로 나타낼 수 있습니다. 이처럼 나의 선택이나 찬반을 말할 때 사용할 수 있는 표현들을 익혀 두면 나의 입장을 말할 때 유용하게 쓸 수 있습니다.

▶ 한 가지를 선택하여 말할 때 쓸 수 있는 표현

1 나는 B보다 A를 선호한다
I prefer A to [over] B

나는 데스크톱 컴퓨터보다 노트북을 선호한다.
I prefer a laptop **to** a desktop.

2 나는 -하는 것보다 ~하는 것을 선호한다
I prefer [like] to ~ rather than to -

나는 운전하는 것보다 버스 타는 것을 선호한다.
I prefer to take the bus **rather than to** drive.

3 A가 B보다 더 중요하다
A is more important than B

팀워크가 개인의 노력보다 더 중요하다.
Teamwork **is more important than** individual effort.
* 개인의 individual

4 -하는 것보다 ~이 낫다
It is better to ~ than to -

직접 식사를 준비하는 것보다 외식하는 것이 낫다.
It is better to eat out **than to** prepare your own meals.
*직접 식사를 준비하다 prepare one's own meals

5 나는 -하는 것보다 ~하는 것을 선택하겠다
I would choose to ~ rather than to –

나는 밤에 공부하는 것보다 아침에 공부하는 것을 선택하겠다.
I would choose to study in the morning **rather than to** study at night.

▶ 찬성이나 반대를 표현할 때 쓸 수 있는 표현

6 나는 ~에 찬성한다
I agree with 명사(구) / I agree that ~

나는 무료 공공 와이파이를 제공한다는 생각에 찬성한다.
I agree with the idea of providing free public Wi-Fi.

나는 대학이 더 많은 자금을 모금해야 한다는 데에 동의한다.
I agree that the university should raise more funds.

7 나는 ~에 반대한다
I disagree with 명사(구) / I disagree that ~

나는 숙제를 금지해야 한다는 의견에 반대한다.
I disagree with the opinion that homework should be banned.

나는 사람들이 언제나 유행을 따라야 한다는 말에 동의하지 않는다.
I disagree that people should always follow popular trends.

8 나는 ~이라는 생각을 좋아한다(좋아하지 않는다)
I (don't) like the idea of ~

나는 미래를 위해 돈을 저축한다는 생각을 좋아한다
I like the idea of saving money for the future.

나는 소셜 미디어에 너무 많은 시간을 쓴다는 생각을 좋아하지 않는다.
I don't like the idea of spending too much time on social media.

9 나는 ~에 찬성한다
I am in favor of ~

나는 화석 연료 대신 재생 에너지를 사용하는 것에 찬성한다.
I am in favor of using renewable energy instead of fossil fuels.

10 나는 A가 좋은 아이디어라고 생각한다(생각하지 않는다)
I (don't) think A is a good idea

나는 도시에 더 많은 공원을 짓는 것이 좋은 아이디어라고 생각한다.
I think building more parks in the city **is a good idea**.

나는 수업 중에 휴대폰을 사용하는 것이 좋은 아이디어라고 생각하지 않는다.
I don't think using your phone during class **is a good idea**.

✓ Check-up 🎧 D07_2

🎧 초록색으로 주어진 우리말 표현을 영어로 바꾸어 문장을 말해 보세요.

01 그는 신문사에서 일한다는 생각을 좋아한다.
He _____ working for a newspaper.

02 나는 유연한 근무 시간제에 찬성한다.
I _____ flexible working hours.

03 나는 음악을 듣는 것보다 책을 읽는 것을 선호한다.
I _____ read a book _____ listen to music.

04 책에서 사실들을 찾아보는 것보다 인터넷을 사용하는 것이 낫다.
_____ look up facts in books.

05 나는 캠퍼스가 모든 방문객들에게 개방되어야 한다는 것에 찬성한다.
I _____ the campus should be open to all visitors.

06 나는 패스트푸드보다 집에서 만든 음식을 선호한다.
I _____ home-cooked food _____ fast food.

07 그녀는 학생들이 아르바이트를 해서는 안 된다는 것에 반대한다.
She _____ students should not do part-time work.

08 그녀는 그 계획이 좋은 아이디어라고 생각하지 않는다.
She _____ the plan _____.

09 나는 캠퍼스 밖에 사는 것보다 기숙사에서 사는 것을 선택하겠다.
I _____ live in a dormitory _____ live off campus.

10 나는 건강이 돈보다 더 중요하다고 생각한다.
I think health _____ money.

Course ❷ 의견 말하기　　🎧 D07_3

'나는 휴식이 중요하다고 생각한다'라고 말할 때, '나는 ~라고 생각한다'라는 표현은 'I think [believe, feel] that ~'으로 나타낼 수 있습니다. 이처럼 나의 의견을 말할 때 사용할 수 있는 표현들을 익혀 두면 나의 입장을 말할 때 유용하게 쓸 수 있습니다.

1 나는 ~라고 생각한다
I think [believe, feel] that ~

나는 학생들이 신체 활동을 할 시간이 더 필요하다고 생각한다.
I think that students should have more time for physical activity.

* 신체의 physical

2 내 생각에는
In my opinion

내 생각에는, 학생들이 학교에서 제2외국어를 배워야 한다.
In my opinion, students should learn a second language at school.

3 내 경우에는
In my case

내 경우에는, 독서가 스트레스를 줄이는 한 가지 방법이다.
In my case, reading books is one way to reduce stress.

4 내 (개인적인) 경험으로 보면
From my (personal) experience

내 개인적인 경험으로 보면, 듣는 동안 필기하는 것이 세부 사항을 기억하는 가장 효과적인 방법이다.
From my personal experience, taking notes while listening is the most effective method to remember details.

* 효과적인 effective

5 개인적으로
Personally

개인적으로, 발표를 한 경험 때문에 나는 더 자신감 있어졌다.
Personally, I became more confident due to my experience giving presentations.

* 발표를 하다 give a presentation

6 내 관점으로는
From my point of view

내 관점으로는, 온라인 학습은 학생들이 자기 속도에 맞춰 공부할 수 있게 한다.
From my point of view, online learning allows students to study at their own pace.

7 내 입장에서는
From my perspective

내 입장에서는, 인턴으로 근무하는 것은 많은 기회를 제공한다.
From my perspective, doing internships offers many opportunities.

8 내가 보기에
As far as I'm concerned

내가 보기에, 친구의 가장 중요한 자질은 정직이다.
As far as I'm concerned, honesty is the most important quality in a friend.
* 정직 honesty

9 ~에 관해서는
When it comes to ~

여행에 관해서는, 나는 역사적인 장소를 방문하는 것을 좋아한다.
When it comes to traveling, I like visiting historical places.
* 역사적인 historical

10 내가 보기에는 ~인 것 같다
It seems to me that ~

내가 보기에는 큰 도시에 사는 것이 더 많은 기회를 제공해 주는 것 같다.
It seems to me that living in a big city provides more opportunities.

✓ Check-up 🎧 D07_4

🎧 초록색으로 주어진 우리말 표현을 영어로 바꾸어 문장을 말해 보세요.

01 나는 교환학생 프로그램이 도움이 된다고 생각한다.
_____ the exchange student program is beneficial.

02 내 생각에는, 대학은 더 큰 강당이 필요하다.
_____, the university needs a bigger auditorium.

03 내 경우에는, 커피 대신 차를 마시는 것을 좋아한다.
_____, I like to drink tea instead of coffee.

04 내 경험으로 보면, 미리 계획하는 것이 실수를 막는다.
_____, planning ahead prevents mistakes.

05 개인적으로, 나는 해변보다 산을 선호한다.
_____, I prefer mountains to beaches.

06 내 관점으로는, 소셜 미디어는 중독성이 있다.
_____, social media is addictive.

07 내 입장에서는, 친구는 가족만큼 중요하다.
_____, friends are as important as family.

08 내가 보기에, 돈은 행복을 살 수 없다.
_____, money can't buy happiness.

09 성공에 관해서는, 나는 재능보다 노력이 더 중요하다고 생각한다.
_____ success, I believe hard work matters more than talent.

10 내가 보기에는 학생들이 더 많은 수면이 필요한 것 같다.
_____ students need more sleep.

정답 p.291

Course ③ 이유 말하기

'그것은 시간을 절약할 수 있기 때문이다'라고 말할 때, '그것은 ~ 때문이다'라는 표현은 'That's because ~'로 나타낼 수 있습니다. 이처럼 이유를 말할 때 사용할 수 있는 표현들을 익혀 두면 나의 입장에 대한 이유를 제시할 때 유용하게 쓸 수 있습니다.

1 그것은 ~ 때문이다
That's because ~

나는 지쳤다. 그것은 내가 어젯밤에 늦게까지 공부했기 때문이다.
I am tired. **That's because** I studied until late last night.

2 그 이유는 ~ 때문이다
The reason is that ~

그 이유는 일기를 쓰는 것이 기억력을 향상시키기 때문이다.
The reason is that keeping a journal improves memory.

3 우선
To begin with

우선, 학교까지 걸어가는 것이 버스를 타는 것보다 건강에 좋다.
To begin with, walking to school is healthier than taking the bus.

4 다음과 같은 이유로
for the following reasons

나는 다음과 같은 이유로 혼자 공부하는 것을 선호한다.
I prefer studying alone **for the following reasons**.

5 한 가지 [또 다른] 이유는 ~ 때문이다
One [Another] reason is that ~

한 가지 이유는 그것이 나를 행복하게 만들기 때문이다.
One reason is that it makes me happy.

6 첫 번째 [두 번째] 이유는 ~ 때문이다
The first [second] reason is that ~

두 번째 이유는 내가 돈을 조금 절약할 수 있기 때문이다.
The second reason is that I can save some money.

7 첫째로
First [First of all]

첫째로, 자동차들은 삶을 더 쉽게 만든다.
First, cars make life easier.

8 둘째로
Second

둘째로, 개별 지도 서비스는 비용이 많이 든다.
Second, the tutoring service costs a lot.

9 또한
Also

또한, 스포츠는 아이들이 리더십 기술을 기르는 데 도움이 된다.
Also, sports help children develop leadership skills.

10 더욱이
Furthermore [What's more]

더욱이, 책은 학생들에게 유용한 조언을 포함하고 있다.
Furthermore, books include useful advice for students.

더욱이, 여행은 다른 문화에 대해 가르쳐 준다.
What's more, traveling teaches you about other cultures.

11 게다가
In addition

게다가, 명확한 목표를 세우는 것은 나에게 동기를 부여해 준다.
In addition, setting clear goals keeps me motivated.

✓ Check-up 🎧 D07_6

🎧 초록색으로 주어진 우리말 표현을 영어로 바꾸어 문장을 말해 보세요.

01 첫째로, 새로운 도서관을 짓는 것은 등록금 인상을 야기할 것이다.
_____, building the new library will cause an increase in tuition.

02 나는 다음과 같은 이유로 학생들이 교복을 입어야 한다고 생각한다.
I believe students should wear school uniforms _____.

03 또 다른 이유는 내가 저녁에 공부할 시간이 없기 때문이다.
_____ I have no time to study in the evenings.

04 그는 결석했다. 그것은 그가 독감에 걸렸기 때문이다.
He is absent. _____ he caught the flu.

05 둘째로, 식당에서 외식하는 것은 많은 돈이 든다.
_____, eating out in restaurants costs a lot of money.

06 그 이유는 지하철이 훨씬 더 빠르기 때문이다.
　　　_____ the subway is much faster.

07 첫 번째 이유는 내가 지난주에 사회학 수업을 빠졌기 때문이다.
　　　_____ I missed my sociology class last week.

08 또한, 나무를 심는 것은 공기를 더 맑게 만든다.
　　　_____, planting trees makes the air fresher.

09 더욱이, 직장은 사람들에게 경제적 안정을 준다.
　　　_____, a job provides people with financial stability.

10 우선, 손 씻기는 질병을 예방한다.
　　　_____, washing your hands prevents illness.

정답 p.291

Daily Test

🎧 D07_7

🎧 앞에서 배운 표현을 활용하여 다음 우리말 문장을 영어로 바꾸어 말해 보세요.

01 나는 반대한다 / 그 의견에

02 첫째로 / 아르바이트는 / 가르쳐준다 / 책임감을
  * 아르바이트 part-time job   * 책임감 responsibility

03 개인적으로 / 나는 생각하지 않는다 / 항상 원격근무를 하는 것이 / 좋은 생각이라고
  * 항상 all the time   * 원격근무를 하다 work remotely

04 교수는 화가 났었다 / 그것은 / 때문이다 / 아무도 읽기를 하지 않았기
  * 읽기를 하다 do the readings

05 내가 보기에는 / 환경을 보호하는 것은 / 모두의 책임이다
  * 환경을 보호하다 protect the environment   * 책임 responsibility

06 둘째로 / 클럽에 가입하는 것은 / 돕는다 / 내가 좀 더 사교적일 수 있도록
  * 클럽에 가입하다 join a club   * 사교적인 sociable

07 나는 찬성한다 / 대학이 제공해야 한다는 것에 / 무료 와이파이를
  * 제공하다 provide   * 무료 와이파이 free Wi-Fi

_____.

08 나는 선호한다 / 집에서 먹는 것을 / 식당에서 식사하는 것보다
  * ~에서 식사하다 dine in

_____.

09 그녀는 생각한다 / 대학이 낮춰야 한다고 / 등록금을
  * 낮추다 reduce   * 등록금 tuition

_____.

10 그 이유는 ~이기 때문이다 / 내가 경험할 수 있다 / 다른 문화들을
  * 경험하다 experience

_____.

11 나는 선택하겠다 / 집에서 공부하는 것을 / 도서관에 가기보다
  * 집에서 공부하다 study at home

_____.

12 내 생각에는 / 학교가 제공해야 한다 / 더 많은 미술 수업을

_____.

정답 p.291

Day 08 유형별 표현: 구체적 근거와 요약

답변을 말할 때에는 이유에 대한 구체적인 근거를 제시하고 전체 내용을 요약하는 문장으로 마무리하면 더욱 설득력 있는 답변이 됩니다. 구체적인 근거와 요약을 말할 때 유용하게 쓸 수 있는 표현들을 예문과 함께 익혀 봅시다.

Course ① 예시와 부연 설명 말하기

'예를 들어, 나는 건강을 위해 야채를 먹는다'라고 말할 때, '예를 들어'라는 표현은 'For example [For instance]'로 나타낼 수 있습니다. 이처럼 예시나 부연 설명을 말할 때 사용할 수 있는 표현들을 익혀 두면, 구체적 근거를 제시할 때 유용하게 쓸 수 있습니다.

▶ 예시를 말할 때 쓸 수 있는 표현

1 예를 들어
For example [For instance]

예를 들어, 나는 체육 수업의 활동들을 좋아한다.
For example, I like the activities in gym classes.

2 내 경험에 따르면
From my experience

내 경험에 따르면, 혼자 여행하는 것은 나 자신에 대해 더 많이 배우게 한다.
From my experience, traveling alone helps me learn more about myself.

3 예를 들어 설명하자면
To illustrate my point

예를 들어 설명하자면, 교수님께서 우리에게 팀워크를 향상시킨 프로젝트를 주셨다.
To illustrate my point, my professor gave us a project that improved our teamwork.

▶ 부연 설명을 말할 때 쓸 수 있는 표현

4 구체적으로
To be specific

구체적으로, 나는 보통 통학할 때 영어 팟캐스트를 듣는다.
To be specific, I usually listen to English podcasts while commuting to school.

5 특히
In particular

특히, 봉사는 책임감을 가르쳐 준다.
In particular, volunteering teaches responsibility.
* 책임감 responsibility

6 ~ 대신에
Instead of ~

다른 사람과 논쟁하는 대신에, 주의 깊게 듣고 그들의 의견을 이해하는 것이 더 낫다.
Instead of arguing with others, it's better to listen carefully and understand their opinions.
* 논쟁하다 argue

7 설명하자면
To explain

설명하자면, 나는 생물에 호기심이 있어서 생물학을 선택했다.
To explain, I chose biology because I am curious about living things.
* 생물학 biology

8 다시 말해서
In other words

다시 말해서, 소셜미디어는 사람들이 더 쉽게 연결되도록 돕는다.
In other words, social media allows people to connect more easily.

9 달리 표현하자면
To put it another way

달리 표현하자면, 교육은 사람들에게 미래를 바꿀 힘을 준다.
To put it another way, education gives people the power to change their future.

10 실제로, 사실은
In fact

실제로, 많은 학생들이 효과적으로 공부하기 위해 스마트폰을 활용한다.
In fact, many students use smartphones to study effectively.

✓ Check-up 🎧 D08_2

🎧 초록색으로 주어진 우리말 표현을 영어로 바꾸어 문장을 말해 보세요.

01 예를 들어, 나는 건강을 유지하기 위해 저녁 식사 후에 보통 산책을 한다.
_____, I usually take a walk after dinner to stay healthy.

02 내 경험에 따르면, 새로운 언어를 배우려면 매일 연습이 필요하다.
_____, learning a new language requires daily practice.

03 예를 들어 설명하자면, 내 사촌은 인턴십 이후에 빠르게 취업했다.
_____, my cousin found a job quickly after his internship.

04 구체적으로, 온라인 쇼핑은 시간과 돈 모두를 절약해 준다.
_____, online shopping saves me both time and money.

05 특히, 수업에서 시각 자료를 사용하는 것은 나의 이해도를 높여 준다.
_____, using visual aids in class improves my understanding.

06 설명하자면, 단순히 시험을 통과하는 것보다 실력을 향상시키는 것이 더 중요하다.
_____, it is more important to improve skills than simply to pass a test.

07 달리 표현하자면, 나는 다른 사람들과 생각을 나누는 것을 좋아한다.
_____, I like sharing ideas with others.

08 다시 말해서, 학생들은 그들이 배우는 것을 연습해야 한다.
_____, students need to practice what they learn.

09 실제로, 잠자기 전 독서는 내가 더 잘 자도록 돕는다.
_____, reading before bed helps me sleep better.

10 노트북에 타이핑하는 대신에 손으로 필기하는 걸 선호한다.
I prefer taking notes by hand _____ typing on a laptop.

Course ❷ 비교 내용과 인과 말하기 🎧 D08_3

'작년과 비교할 때, 내 영어 실력이 많이 늘었다'라고 말할 때, '~과 비교할 때'라는 표현은 'Compared with ~'로 나타낼 수 있습니다. 이처럼 비교나 인과를 말할 때 사용할 수 있는 표현들을 익혀 두면, 구체적 근거를 제시할 때 유용하게 쓸 수 있습니다.

▶ 비교하여 말할 때 쓸 수 있는 표현

1 ~와 비교할 때
Compared with ~

다른 도시들과 비교할 때, 내 고향은 훨씬 더 작고 조용하다.
Compared with other cities, my hometown is much smaller and quieter.

2 비슷하게
Similarly

비슷하게, 내가 사는 도시도 공기 질 문제로 어려움을 겪고 있다.
Similarly, my city struggles with air quality.

3 이처럼, ~이다
Like this, ~

이처럼, 매달 돈을 저축하는 것은 미래를 준비하는 데 도움이 된다.
Like this, saving money each month helps you prepare for the future.

4 ~와는 대조적으로
In contrast to ~

기숙사와는 대조적으로, 캠퍼스 밖의 아파트들은 더 많은 자유를 제공한다.
In contrast to dormitories, off-campus apartments offer more freedom.
  * 캠퍼스 밖의 off-campus

5 반대로
Conversely

반대로, 오랜 시간 일하는 것은 나의 건강을 해칠 수 있다.
Conversely, working long hours may harm my health.

▶ 인과를 말할 때 쓸 수 있는 표현

6 ~ 때문에
Due to ~

비행기는 악천후 때문에 지연되었다.
The flight was delayed **due to** bad weather.

7 그 결과
As a result

나는 열심히 공부했다. 그 결과, 시험에 합격했다.
I studied hard. **As a result**, I passed the test.

8 이것 때문에, ~이다
Because of this, ~

그는 열심히 공부했다. 이것 때문에, 그는 장학금을 받았다.
He studied hard. **Because of this**, he got a scholarship.
* 장학금 scholarship

9 이것은 ~을 초래한다
This results in ~

수면 부족은 집중력을 떨어뜨린다. 이것은 업무 성과 저하를 초래한다.
A lack of sleep reduces focus. **This results in** poor performance at work.

10 이것은 ~으로 이어진다
This leads to ~

잘못된 식단은 면역 체계를 약화시킨다. 이것은 잦은 질병으로 이어진다.
Poor diet weakens the immune system. **This leads to** frequent illness.
* 면역 체계 immune system

✓ Check-up 🎧 D08_4

🎧 초록색으로 주어진 우리말 표현을 영어로 바꾸어 문장을 말해 보세요.

01 그의 반 친구들과 비교할 때, 그는 더 꾸준히 공부한다.
_____ his classmates, he studies more consistently.

02 많은 어른들과는 대조적으로, 아이들은 언어를 빨리 배운다.
_____ many adults, children learn languages quickly.

03 반대로, 운동 부족은 사람들을 약하게 만든다.
_____, a lack of exercise makes people feel weak.

04 참가자 부족 때문에 행사가 취소되었다.
The event was canceled _____ a lack of participants.

05 회사는 기술에 투자했다. 그 결과, 효율이 향상되었다.
The company invested in technology. _____, efficiency improved.

06 선생님이 그 주제를 잘 설명해 주셨다. 이것 때문에, 나는 그것을 명확히 이해했다.
The teacher explained the topic well. _____, I understood it clearly.

07 기술은 수작업의 필요성을 줄인다. 이것은 더 높은 생산성으로 이어진다.
Technology reduces the need for manual work. _____ higher productivity.

08 운동은 신체 건강을 향상시킨다. 비슷하게, 정신 건강도 강화한다.
Exercise improves physical health. _____, it also strengthens mental well-being.

09 이처럼, 매일 연습하는 것은 학생들이 더 탄탄한 실력을 쌓는 데 도움이 된다.
_____, practicing every day can help students build stronger skills.

10 학생들은 과제를 완료하기 위해 종종 늦게까지 깨어 있는다. 이것은 수업 도중 집중력의 저하를 초래한다.
Students often stay up late to finish assignments. _____ lower concentration during class.

정답 p.292

Course ❸ 사실·가정과 요약 말하기 🎧 D08_5

'최근 연구에 따르면, 운동은 기억력을 향상시킨다'라고 말할 때, '최근 연구에 따르면'이라는 표현은 'According to a recent study'로 나타낼 수 있습니다. 이처럼 사실 및 가정을 말하거나 요약할 때 사용할 수 있는 표현들을 익혀 두면, 구체적 근거를 제시하고 답변을 마무리할 때 유용하게 쓸 수 있습니다.

▶ 사실과 가정을 말할 때 쓸 수 있는 표현

1 최근 연구에 따르면
According to a recent study

최근 연구에 따르면, 대기 오염은 심장 질환 위험을 높인다.
According to a recent study, air pollution increases the risk of heart disease.

2 연구는 ~을 보여준다
Research shows that ~

연구는 규칙적인 운동이 우울증 가능성을 낮춘다는 것을 보여준다.
Research shows that regular exercise lowers the chance of depression.
* 우울증 depression

3 그렇지 않으면
Otherwise

그렇지 않으면, 도시와 농촌 지역 간의 격차가 계속 커질 것이다.
Otherwise, the gap between urban and rural areas will keep growing.

4 그런 경우에는
In that case

그런 경우에는, 시간을 절약하기 위해 재택근무를 선호하겠다.
In that case, I would prefer to work from home to save time.

▶ 요약하여 말할 때 쓸 수 있는 표현

5 이러한 이유들 때문에, 나는 ~라고 생각한다
For these reasons, I think that ~

이런 이유들 때문에, 나는 협력이 경쟁보다 중요하다고 생각한다.
For these reasons, I think that teamwork is more important than competition.

6 결론적으로
In conclusion / To conclude

결론적으로, 학생들은 자신이 공부하는 것을 즐길 때 더 잘 배운다.
In conclusion, students learn better when they enjoy what they study.

결론적으로, 학생들은 실용적인 실생활 기술을 배워야 한다.
To conclude, students should learn practical life skills.

* 실용적인 practical

7 종합적으로
Overall

종합적으로, 나는 이 경험이 나를 더 책임감 있는 사람으로 만들었다고 생각한다.
Overall, I think this experience made me a more responsible person.

8 그러므로
Therefore

그러므로, 나는 학교에서 금융 역량을 가르쳐야 한다고 생각한다.
Therefore, I believe schools should teach financial skills.

* 금융의 financial

9 어쨌든, 결국
After all

결국, 진정한 행복은 다른 사람을 돕는 것에서 온다.
After all, true happiness comes from helping others.

10 한마디로
In short

한마디로, 나는 양보다 질을 중요하게 생각한다.
In short, I prefer quality over quantity.

✓ Check-up 🎧 D08_6

🎧 초록색으로 주어진 우리말 표현을 영어로 바꾸어 문장을 말해 보세요.

01 그런 경우에는, 나는 일을 계속하기 전에 휴식을 취할 것이다.
_____, I would take a break before continuing my work.

02 최근 연구에 따르면, 수면을 잘 취하는 사람이 직장에서 더 좋은 성과를 낸다.
_____, people who sleep well perform better at work.

03 이러한 이유들 때문에, 나는 봉사활동이 인격을 성장시킨다고 생각한다.
_____, _____ volunteering builds character.

04 한마디로, 운동은 몸과 마음 모두를 건강하게 한다.
_____, exercise keeps both the body and mind healthy.

05 연구는 독서가 집중력을 향상시킨다는 것을 보여준다.
_____ reading improves concentration.

06 나는 규칙적으로 공부해야 한다. 그렇지 않으면, 배운 것을 잊어버릴 것이다.
I should study regularly. _____, I'll forget what I learned.

07 그러므로, 창의력은 지식만큼이나 중요하다고 생각한다.
_____, I believe creativity is just as important as knowledge.

08 종합적으로, 사람들은 일정을 더 신중히 계획해야 한다.
_____, people should plan their schedules more carefully.

09 결론적으로, 우리는 미래 세대를 위해 자연을 보호해야 한다.
_____, we should protect nature for future generations.

10 결국, 소통은 모든 관계의 핵심이다.
_____, communication is the key to any relationship.

정답 p.292

Daily Test

🎧 D08_7

🎧 앞에서 배운 표현을 활용하여 다음 우리말 문장을 영어로 바꾸어 말해 보세요.

01 연구는 ~라는 것을 보여준다 / 새로운 기술을 배우는 것이 / 유지해 준다 / 당신의 뇌를 / 더 활발하게

02 예를 들어, / 나는 사용했다 / 온라인 영상을 / 개선하기 위해 / 내 발음을
  * 발음 pronunciation

03 구체적으로, / 나는 / 일하고 싶다 / 교육 기술 분야에서
  * 교육 기술 educational technology

04 설명하자면 / 나는 믿는다 / 경험이 / 더 중요하다고 / 이론보다
  * 이론 theory

05 특히 / 나는 좋아한다 / 시간을 보내는 것을 / 나의 가족들과 / 주말에

06 TV 보는 것과 비교할 때 / 책을 읽는 것이 / 더 교육적이다

07 그 결과, / 회사들이 성장할 수 있다 / 더 빠르게

08 과거의 학교들과는 대조적으로, / 요즘의 그곳들은 / 쓴다 / 디지털 도구들을
  * 디지털 도구 digital tool

09 결론적으로 / 여행은 / 최고의 방법이다 / 당신의 사고방식을 넓히는
  * 사고방식을 넓히다 open one's mind

10 실제로, / 제2외국어를 배우는 것은 / 준다 / 당신에게 / 더 많은 취업 기회를
  * 제2외국어 second language   * 취업 기회 job opportunity

11 예를 들어 설명하자면, / 앱을 사용하는 것은 / 정말로 도와주었다 / 나를 / 내 시간을 더 잘 관리하게
  * 시간을 관리하다 manage time

12 종합적으로, / 나는 / 배웠다 / 많은 것을 / 나의 봉사활동 경험에서
  * 봉사활동 경험 volunteer experience

정답 p.293

Day 09 주제별 표현: 일상생활 관련

토플 스피킹에는 교육·생활·여가 등 일상생활과 관련된 주제가 자주 등장합니다. 일상생활과 관련된 이야기를 할 때 유용하게 쓸 수 있는 표현들을 예문과 함께 익혀 봅시다.

Course 1 교육 관련 표현 말하기   🎧 D09_1

'학생들은 의견을 표현하는 법을 배워야 한다'라는 문장을 말할 때, '의견을 표현하다'라는 표현은 'express one's opinions'로 나타낼 수 있습니다. 이러한 표현들을 익혀 두면 교육과 관련된 이야기를 할 때 유용하게 쓸 수 있습니다.

1 의견을 표현하다
express one's opinions

그는 다른 사람들 앞에서 의견을 표현하는 데 능숙하다.
He is good at **expressing his opinions** in front of others.
* 다른 사람들 앞에서 in front of others

2 집단 토론에 참여하다
participate in group discussions

교수는 반 학생들이 집단 토론에 참여하도록 격려했다.
The professor encouraged the class to **participate in group discussions**.
* 격려하다, 장려하다 encourage

3 수업을 듣다
take a course

학생들은 작문 수업을 들을 것이 요구되어야 한다.
Students should be required to **take a** writing **course**.

4 좋은 성적을 받다
get a good grade

그는 프로젝트에서 좋은 성적을 받아서 매우 기뻤다.
He was very happy to **get a good grade** on his project.

5 서로를 돕다
help each other

나와 내 친구는 서로 숙제를 끝내는 것을 도왔다.
My friend and I **helped each other** finish our homework.

6 경험을 통해 지식을 얻다
gain knowledge by experience

경험을 통해 지식을 얻는 것은 가치 있다.
Gaining knowledge by experience is worthwhile.

* 가치 있는 worthwhile

7 ~에게 도와달라고 요청하다
ask somebody for help

나는 사서에게 책을 찾는 것을 도와달라고 요청했다.
I **asked the librarian for help** finding the book.

8 캠퍼스 시설
campus facility

대학은 캠퍼스 시설에 더 많은 돈을 쓸 것이다.
The university will spend more money on **campus facilities**.

9 교환학생 프로그램
exchange program

한 학기 동안 캐나다에서 공부하기 위해 교환학생 프로그램에 참여했다.
I joined an **exchange program** to study in Canada for one semester.

10 유학하다
study abroad

나는 교환학생으로서 유학할 기회가 있었다.
I had a chance to **study abroad** as an exchange student.

* 교환학생 exchange student

✓ Check-up 🎧 D09_2

🎧 초록색으로 주어진 우리말 표현을 영어로 바꾸어 문장을 말해 보세요.

01 당신은 경험을 통해 지식을 얻을 수 있다.
You can _____.

02 교환학생 프로그램은 학생들이 다양한 문화를 경험하게 해 준다.
An _____ allows students to experience different cultures.

03 집단 토론에 참여하는 것은 학습 과정의 중요한 부분이다.
_____ is an important part of the learning process.

04 나는 룸메이트에게 나의 짐을 나르는 것을 도와달라고 요청했다.
I _____ carrying my baggage.

05 우리 대학은 훌륭한 캠퍼스 시설을 가지고 있습니다.
Our university has excellent _____.

06 다른 사람들 앞에서 의견을 표현하는 건 쉽지 않다.
It's not easy to _____ in front of others.

07 많은 한국 학생들은 영어를 배우기 위해 유학하기를 원한다.
Many Korean students wish to _____ to learn English.

08 학생들은 서로 도울 때 더 많은 성취를 할 수 있다.
Students can achieve more when they _____.

09 좋은 성적을 받는 것은 꾸준한 노력이 필요하다.
_____ requires consistent effort.

10 나는 한국사 수업을 듣기로 결정했다.
I decided to _____ on Korean history.

Course 2 생활 관련 표현 말하기

🎧 D09_3

'나는 친구들과 실내 활동을 하는 것을 좋아한다'라는 문장을 말할 때, '실내 활동'이라는 표현은 'indoor activity'로 나타낼 수 있습니다. 이러한 표현들을 익혀 두면 생활과 관련된 이야기를 할 때 유용하게 쓸 수 있습니다.

1 야외 [실내] 활동
outdoor [indoor] activity

나는 야외 활동을 선호하는데 내가 더 활력을 느끼게 해주기 때문이다.
I prefer **outdoor activities** because they make me feel more energetic.

2 외식을 하다
go out to dinner

나의 가족은 종종 외식을 한다.
My family often **goes out to dinner**.

3 휴식을 취하다
take a break

나는 휴식을 취하고 싶었기 때문에 일을 그만두었다.
I quit my job because I wanted to **take a break**.
* 그만두다 quit

4 연락을 유지하다
stay in contact

SNS 덕분에, 요즘은 연락을 유지하기가 쉽다.
Thanks to social media, it's easy to **stay in contact** these days.

5 규칙적으로 운동하다
exercise regularly

규칙적으로 운동하는 것은 정신 건강과 신체 건강 모두를 향상시킬 수 있다.
Exercising regularly can improve both mental and physical health.

6 신체적으로 튼튼한
physically fit

신체적으로 튼튼한 것은 많은 질병을 예방할 수 있다.
Being **physically fit** can prevent many illnesses.

7 자기 절제력을 기르다
develop self-discipline

마라톤 훈련은 자기 절제력을 기르는 훌륭한 방법이다.
Training for a marathon is a great way to **develop self-discipline**.

8 건강을 유지하다
stay healthy

나는 매일 채소를 먹으면서 건강을 유지하려고 한다.
I try to **stay healthy** by eating vegetables every day.

9 균형 잡힌 식단을 따르다
follow a balanced diet

많은 사람들은 바쁜 생활 때문에 균형 잡힌 식단을 따르지 못한다.
Many people fail to **follow a balanced diet** because of their busy lives.

10 정신 건강을 향상시키다
improve mental health

명상은 정신 건강을 향상시키는 최고의 방법 중 하나이다.
Meditation is one of the best ways to **improve mental health**.
* 명상 meditation

✓ Check-up 🎧 D09_4

🎧 초록색으로 주어진 우리말 표현을 영어로 바꾸어 문장을 말해 보세요.

01 매일 운동하는 것은 내가 자기 절제력을 기르는 데 도움이 된다.
Exercising daily helps me _____.

02 멀리 떨어져 살아도, 우리는 연락을 유지한다.
Even though we live far apart, we _____.

03 외식을 자주 하는 것은 돈이 많이 든다.
_____ often costs a lot of money.

04 나는 사람들이 건강을 유지하기 위해 균형 잡힌 식단을 따라야 한다고 생각한다.
I think that people should _____ to stay fit.

05 학생들은 어릴 때부터 규칙적으로 운동하는 법을 배워야 한다.
Students should learn how to _____ from a young age.

06 그것은 겨울에 실내 활동이 더 안전하고 편하기 때문이다.

That's because _____ are safer and more comfortable in winter.

07 예를 들어, 신체적으로 튼튼한 사람들은 더 오래 사는 경향이 있다.

For example, people who are _____ tend to live longer.

08 건강을 유지하는 것은 운동과 좋은 식습관이 모두 필요하다.

_____ requires both exercise and a good diet.

09 Kevin은 매우 열심히 일해 왔기 때문에 휴식을 취할 필요가 있다.

Kevin needs to _____ because he has been working so hard.

10 대학은 학생들의 정신 건강을 향상시킬 프로그램을 제공해야 한다.

Universities should offer programs to _____ students' _____.

Course ❸ 여가 관련 표현 말하기 🎧 D09_5

'나는 해외로 여행 가는 것을 좋아한다'라는 문장을 말할 때, '해외로 여행 가다'라는 표현은 'travel abroad'로 나타낼 수 있습니다. 이러한 표현들을 익혀 두면 여가와 관련된 이야기를 할 때 유용하게 쓸 수 있습니다.

1 해외로 여행 가다
travel abroad

그녀는 해외로 여행 가기 위해 2년 동안 돈을 저축했다.
She saved money for two years to **travel abroad**.

2 좋은 친구들을 사귀다
make good friends

나는 캐나다를 여행했을 때 좋은 친구들을 사귀었다.
I **made good friends** while traveling in Canada.

3 즐거운 경험
a pleasant experience

제주 여행은 즐거운 경험이었다.
My trip to Jeju was **a pleasant experience**.

4 잊지 못할 추억
an unforgettable memory

나는 그 여행에서 생긴 잊지 못할 추억이 많이 있다.
I have many **unforgettable memories** from the trip.

5 내가 가장 좋아하는 취미
my favorite hobby

내가 가장 좋아하는 취미는 기타를 치는 것이다.
My favorite hobby is playing the guitar.

6 여가 활동
leisure activity

보드게임을 하는 것은 가족에게 즐거운 여가 활동이다.
Playing board games is a fun **leisure activity** for families.

7 자유 시간을 보내다
spend free time

나는 보통 자유 시간을 헬스장에서 운동하며 보낸다.
I usually **spend** my **free time** exercising at the gym.

8 스트레스를 줄이다
reduce stress

공부 후 코미디를 보면 스트레스를 줄일 수 있다.
Watching comedies after studying can **reduce stress**.

9 성취감
sense of accomplishment

책 한 권을 완독하는 것은 내게 성취감을 준다.
Finishing a book gives me a **sense of accomplishment**.

10 삶의 압박에서 벗어나다
escape the pressure of life

영화를 봄으로써 잠시 동안 삶의 압박에서 벗어날 수 있다.
You can **escape the pressure of life** for a while by watching a movie.

✓ Check-up 🎧 D09_6

🎧 초록색으로 주어진 우리말 표현을 영어로 바꾸어 문장을 말해 보세요.

01 나는 여름 방학 동안 해외로 여행 가고 싶다.
I'd love to _____ during my summer vacation.

02 스포츠를 통해 좋은 친구들을 사귈 수 있다.
You can _____ through sports.

03 나의 여행 중에 몇 명의 현지인을 만난 것은 즐거운 경험이었다.
Meeting some locals during my trip was _____.

04 파리로의 내 여행은 여전히 잊지 못할 추억으로 남아 있다.
My trip to Paris remains _____.

05 내가 가장 좋아하는 취미는 집에서 새로운 레시피를 시도해 보는 것이다.
_____ is trying new recipes at home.

06 산에서 하이킹을 하는 것은 건강한 여가 활동이다.
Hiking in the mountains is a healthy _____.

07 그는 자유 시간을 컴퓨터 게임을 하며 보낸다.
He _____ his _____ playing computer games.

08 매일 아침 요가를 하는 것은 스트레스를 줄이는 데 도움이 된다.
Doing yoga every morning helps _____.

09 마라톤을 완주했을 때, 나는 성취감을 느꼈다.
When I finished the marathon, I felt a _____.

10 자연 속에서 시간을 보내는 것은 삶의 압박에서 벗어나는 좋은 방법이다.
Spending time in nature is a good way to _____.

정답 p.294

Daily Test

🎧 D09_7

🎧 앞에서 배운 표현을 활용하여 다음 우리말 문장을 영어로 바꾸어 말해 보세요.

01 나는 ~라고 생각한다 / 수업을 듣는 것이 / 당신의 전공 외의 / ~이다 / 유익한
 * 당신의 전공 외의 outside your major   * 유익한 beneficial

_____.

02 개인적으로 / 나는 좋아한다 / 집단 토론에 참여하는 것을

_____.

03 내 생각에는 / 학생들은 배워야 한다 / 그들의 의견을 표현하는 방법을 / 정확히
 * 정확히 clearly

_____.

04 그녀는 / 열심히 공부했다 / 그리고 마침내 / 좋은 성적을 받았다 / 수학에서

_____.

05 내 부모님은 / 항상 권한다 / 나에게 / 규칙적으로 운동할 것을

_____.

06 구체적으로 / 나는 균형 잡힌 식단을 따른다 / 예방하기 위해 / 건강 문제를
 * 예방하다 prevent   * 건강 문제 health problems

_____.

07 운동하는 것은 / 매일 아침에 / 도와준다 / 내가 / 자기 절제력을 기르도록
 * 운동하다 work out

_____.

08 친구들과 시간을 보내는 것은 / 향상시킬 수 있다 / 당신의 정신 건강을

_____.

09 다시 말해서 / 해외로 여행 가는 것은 / 넓힌다 / 인생에 대한 당신의 시야를
 * 넓히다 broaden   * 인생에 대한 시야 perspective on life

_____.

10 나는 ~할 수 있었다 / 좋은 친구를 만들다 / 취미를 공유함으로써
 * ~할 수 있다 be able to

_____.

11 나는 선호한다 / 내 자유 시간을 보내는 것을 / 혼자 / 외출하기보다
 * ~보다 rather than

_____.

12 내 남동생은 / 좋아한다 / 그의 개와 시간을 보내는 것을 / 삶의 압박에서 벗어나기 위해
 * 시간을 보내다 spend time

_____.

정답 p.294

Day 10 주제별 표현: 사회 분야 관련

토플 스피킹에는 진로·기술·환경 등 다양한 사회 분야와 관련된 주제가 자주 등장합니다. 여러 사회 분야와 관련된 이야기를 할 때 유용하게 쓸 수 있는 표현들을 예문과 함께 익혀 봅시다.

Course ❶ 진로 관련 표현 말하기 🎧 D10_1

'재택근무는 부모가 자녀와 더 많은 시간을 보낼 수 있게 한다.'라는 문장을 말할 때, '재택근무'라는 표현은 'remote work'로 나타낼 수 있습니다. 이러한 표현들을 익혀 두면 진로와 관련된 이야기를 할 때 유용하게 쓸 수 있습니다.

1 재택근무
remote work

특히, 재택근무는 사람들이 통근 시간을 줄이게 해 준다.
In particular, **remote work** helps people reduce their commuting time.
* 통근 시간 commuting time

2 탄력근무제
flexible working hours

탄력근무제는 사람들이 일과 개인적인 삶의 균형을 맞추게 해 준다.
Flexible working hours allow people to balance their work and personal life.

3 근무 환경
working environment

편안한 근무 환경은 생산성을 높인다.
A comfortable **working environment** boosts productivity.
* 생산성을 높이다 boost productivity

4 아르바이트를 하다
work a part-time job

예를 들어, 나는 방과 후에 아르바이트를 했었다.
For example, I **worked a part-time job** after school.

5 지도자 역할을 맡다
take a leadership position

그녀는 학생회에서 지도자 역할을 맡기로 했다.
She decided to **take a leadership position** in the student council.
* 학생회 student council

6 의사결정 과정
decision-making process

명확한 의사결정 과정은 혼란을 피하기 위해 필요하다.
A clear **decision-making process** is necessary to avoid confusion.

7 생산성을 높이다
increase productivity

새로운 기술은 많은 산업에서 생산성을 크게 높였다.
New technology has greatly **increased productivity** in many industries.

8 일과 삶의 균형을 관리하다
manage work-life balance

오늘날의 바쁜 세상에서 일과 삶의 균형을 관리하는 것은 중요하다.
It's important to **manage work-life balance** in today's busy world.

9 경력을 쌓다
build a career

나는 인턴십이 경력을 쌓는 훌륭한 방법이라고 생각한다.
I think internships are a great way to **build a career**.

10 팀워크를 촉진하다
promote teamwork

지도자는 경쟁보다는 팀워크를 촉진해야 한다.
Leaders should **promote teamwork** instead of competition.

✓ Check-up 🎧 D10_2

🎧 초록색으로 주어진 우리말 표현을 영어로 바꾸어 문장을 말해 보세요.

01 나는 사무실 근무보다 재택근무가 더 편하다고 생각한다.
I find _____ more comfortable than in-office work.

02 내 여동생은 마케팅 분야에서 경력을 쌓기 위해 열심히 일했다.
My sister worked hard to _____ in marketing.

03 지도자 역할을 맡는 사람들은 책임감이 있어야 한다.
People who _____ must be responsible.

04 탄력근무제를 통해, 직원들은 출퇴근 혼잡을 피할 수 있다.
With _____, employees can avoid rush hour traffic.

05 내 입장에서는, 깔끔한 작업 공간이 생산성을 높인다.
From my perspective, a clean workspace _____.

06 실제로, 많은 노년층은 은퇴 후에 아르바이트를 한다.
In fact, many seniors _____ after retirement.

07 많은 일하는 부모들은 종종 그들의 일과 삶의 균형을 관리하는 데 어려움을 겪는다.
Many working parents often struggle to _____.

08 학교는 그룹 프로젝트를 더 많이 내줌으로써 팀워크를 촉진해야 한다.
Schools should _____ by assigning more group projects.

09 경영진은 근무 환경에 대한 직원들의 의견을 들어야 한다.
Management should listen to workers' opinions about the _____.

10 나는 모든 사람의 의견이 의사결정 과정에서 존중되어야 한다고 생각한다.
I believe everyone's opinion should be respected in the _____.

정답 p.295

Course ❷ 기술 관련 표현 말하기 🎧 D10_3

'많은 산업들이 기술의 진보에 의해 변하고 있다.'라는 문장을 말할 때, '기술의 진보'라는 표현은 'technological advancement'로 나타낼 수 있습니다. 이러한 표현들을 익혀 두면 기술과 관련된 이야기를 할 때 유용하게 쓸 수 있습니다.

1 기술의 진보
technological advancement

기술의 진보는 우리가 소통하는 방식을 변화시켰다.
Technological advancement has changed the way we communicate.

2 최첨단 기술
cutting-edge technology

최첨단 기술은 환경 피해를 줄이는 데 도움이 된다.
Cutting-edge technology helps reduce environmental damage.
* 환경 피해 environmental damage

3 효율성을 개선하다
improve efficiency

시간을 잘 관리하는 것은 어느 직종에서든 효율성을 개선할 수 있다.
Managing time well can **improve efficiency** in any job.

4 인공지능
artificial intelligence

나는 인공지능이 사람들이 생활하는 방식을 바꿨다고 생각한다.
I think **artificial intelligence** has changed the way people live.

5 가상 현실
virtual reality

가상 현실은 사람들이 집을 떠나지 않고도 경험을 할 수 있게 해 준다.
Virtual reality allows people to experience things without leaving home.

6 삶을 더 편리하게 만들다
make life more convenient

스마트폰은 삶을 더 편리하게 만들었다.
Smartphones have **made life more convenient**.

7 전 세계 사람들을 연결하다
connect people worldwide

인터넷은 전 세계 사람들을 즉시 연결해 준다.
The Internet **connects people worldwide** instantly.

* 즉시 instantly

8 인건비를 줄이다
reduce labor costs

실제로, 많은 기업들이 인건비를 줄이기 위해 로봇을 사용한다.
In fact, many companies use robots to **reduce labor costs**.

9 자동화되다
be automated

요즘 많은 일자리가 자동화되기 시작하고 있다.
Many jobs are starting to **be automated** these days.

10 개인 정보를 악용하다
misuse personal data

몇몇 회사들은 마케팅 목적으로 개인 정보를 악용한다.
Some companies **misuse personal data** for marketing purposes.

✅ Check-up 🎧 D10_4

🎧 초록색으로 주어진 우리말 표현을 영어로 바꾸어 문장을 말해 보세요.

01 나는 대부분의 단순 업무가 곧 자동화될 것이라고 생각한다.
I think most simple jobs will soon _____.

02 자율 주행차는 인공지능 활용의 훌륭한 예시이다.
Self-driving cars are a great example of a use of _____.

03 종합적으로, 기술은 삶을 더 편리하게 만든다.
Overall, technology _____.

04 온라인 서비스는 인건비를 줄이는데 이는 기업들이 더 적은 인력을 필요로 하기 때문이다.
Online services _____ because companies need fewer workers.

05 예를 들어, 관광객들은 가상 현실을 이용하여 유명한 명소를 볼 수 있다.
For instance, tourists can use _____ to see famous landmarks.

06 기술의 진보는 더 빠른 정보 공유를 가능하게 한다.
_____ allows faster information sharing.

07 사람들은 웹사이트가 그들의 개인 정보를 악용하게 내버려두지 않도록 주의해야 한다.
People should be careful not to let websites _____.

08 온라인 커뮤니티는 비슷한 목표를 가진 전 세계 사람들을 연결해 준다.
Online communities _____ who have similar goals.

09 내 관점으로는, 자동화는 효율성을 개선하는 가장 좋은 방법 중 하나이다.
From my point of view, automation is one of the best ways to _____.

10 AI는 오늘날 가장 최첨단 기술 중 하나로 여겨진다.
AI is considered one of the most _____ today.

정답 p.295

Course 3 환경 관련 표현 말하기

'사람들은 환경친화적인 제품을 사용해야 한다.'라는 문장을 말할 때, '환경친화적인'이라는 표현은 'environmentally friendly'로 나타낼 수 있습니다. 이러한 표현들을 익혀 두면 환경과 관련된 이야기를 할 때 유용하게 쓸 수 있습니다.

1 환경친화적인
environmentally friendly

환경친화적인 재료를 사용하는 것은 오염을 줄이는 데 중요하다.
Using **environmentally friendly** materials is important to reduce pollution.
* 오염 pollution

2 멸종 위기종
endangered species

많은 멸종 위기종이 산림 파괴로 인해 사라지고 있다.
Many **endangered species** are disappearing due to deforestation.
* 산림 파괴 deforestation

3 재생 에너지
renewable energy

내 생각에는, 재생 에너지가 미래를 위한 최고의 해결책이다.
In my opinion, **renewable energy** is the best solution for the future.

4 온실가스를 배출하다
release greenhouse gases

자동차는 지구 온난화를 일으키는 온실가스를 배출한다.
Cars **release greenhouse gases** that cause global warming.

5 지구 온난화를 악화시키다
worsen global warming

계속되는 화석 연료 사용은 지구 온난화를 악화시킬 것이다.
The continued use of fossil fuels will **worsen global warming**.

6 환경 의식을 높이다
raise environmental awareness

학교는 환경 의식을 높이기 위해 학생들을 교육해야 한다.
Schools should educate students to **raise environmental awareness**.

7 환경을 보호하다
protect the environment

정부는 환경을 보호하기 위한 법을 만들어야 한다.
Governments must create laws to **protect the environment**.

8 천연자원을 보존하다
preserve natural resources

사용하지 않는 불을 끄는 것은 천연자원을 보존하는 데 도움이 될 수 있다.
Turning off lights that are not in use can help **preserve natural resources**.

9 플라스틱 쓰레기를 줄이다
reduce plastic waste

재활용 가능한 병을 사용하는 것은 플라스틱 쓰레기를 줄인다.
Using reusable bottles **reduces plastic waste**.

10 친환경 제품을 사용하다
use eco-friendly products

나는 환경에 기여하기 위해 항상 친환경 제품을 사용하려고 노력한다.
I always try to **use eco-friendly products** to help the environment.

✓ Check-up 🎧 D10_6

🎧 초록색으로 주어진 우리말 표현을 영어로 바꾸어 문장을 말해 보세요.

01 예를 들어, 태양광 패널은 전기를 생산하는 환경친화적인 방법이다.
For instance, a solar panel is an _____ way to produce electricity.

02 대중교통을 이용하는 것은 환경을 보호하는 데 도움이 된다.
Using public transportation helps _____.

03 자동차 배기가스는 지구 온난화를 악화시킨다.
Car exhaust gases _____.

04 나는 언젠가 재생 에너지가 화석연료를 대체할 것이라고 믿는다.
I believe _____ will replace fossil fuels someday.

05 바다의 오염은 바다거북 같은 멸종 위기종에게 해를 끼치고 있다.
Pollution in the ocean is harming _____ like sea turtles.

06 기업들은 생산 과정에서 온실가스를 배출하지 않는 방법을 찾아야 한다.
Companies should find ways not to _____ during production.

07 가정에서 물을 덜 사용함으로써, 사람들은 천연자원을 보존할 수 있다.
By using less water at home, people can _____.

08 불필요한 포장을 피함으로써 플라스틱 쓰레기를 줄일 수 있다.
We can _____ by avoiding unnecessary packaging.

09 플라스틱 재활용 캠페인은 전 세계적으로 환경 의식을 높일 수 있다.
Campaigns to recycle plastic can _____ worldwide.

10 요즘 더 많은 사람들이 친환경 제품을 사용하는 것을 선택하고 있다.
More people are choosing to _____ these days.

정답 p.295

Course 4 문화 관련 표현 말하기

'문화적 다양성을 장려하는 것은 상호 존중을 촉진한다.'라는 문장을 말할 때, '문화적 다양성'이라는 표현은 'cultural diversity'로 나타낼 수 있습니다. 이러한 표현들을 익혀 두면 문화와 관련된 이야기를 할 때 유용하게 쓸 수 있습니다.

1 문화적 다양성
cultural diversity

문화적 다양성은 사람들이 서로 다른 관점을 나눌 수 있게 한다.
Cultural diversity allows people to share different perspectives.

2 전통을 보존하다
preserve traditions

전통을 보존하는 것은 우리의 문화적 정체성을 지키기 위해 중요하다.
It's important to **preserve traditions** to keep our cultural identity.
* 문화적 정체성 cultural identity

3 복장 규정
dress code

여러 문화가 있는 지역들에서 복장 규정은 크게 다르다.
Dress codes vary greatly in regions with different cultures.

4 세계화된 사회
globalized society

기술은 세계화된 사회를 형성하는 데 중요한 역할을 해 왔다.
Technology has played a vital role in creating a **globalized society**.
* 중요한 vital

5 다양한 배경의 사람들
people from different backgrounds

우리 대학에는 다양한 배경의 사람들이 많이 있다.
My university has many **people from different backgrounds**.

6 도덕규범
moral standard

모든 사회는 고유한 도덕규범을 가지고 있다.
Every society has its own **moral standards**.

7 대중 매체
mass media

대중 매체는 정보를 매우 빠르게 퍼뜨릴 수 있다.
Mass media can spread information very quickly.

8 열린 마음을 갖게 되다
become open-minded

학생들은 다른 문화를 배울 때 열린 마음을 갖게 될 수 있다.
Students may **become open-minded** when they study different cultures.

9 새로운 문화에 적응하다
adapt to a new culture

사람들은 언어를 배우면서 새로운 문화에 적응한다.
People **adapt to a new culture** by learning the language.

10 새로운 풍습을 경험하다
experience new customs

사람들은 새로운 풍습을 경험함으로써 문화의 차이를 존중하는 법을 배울 수 있다.
People can learn to appreciate cultural differences by **experiencing new customs**.

* 존중하다, 감사히 여기다 appreciate

✓ Check-up 🎧 D10_8

🎧 초록색으로 주어진 우리말 표현을 영어로 바꾸어 문장을 말해 보세요.

01 복장 규정은 문화적 가치와 사회적 규범을 반영할 수 있다.
_____ can reflect cultural values and social norms.

02 문화적 다양성은 직장에서 더 창의적인 아이디어들로 이어질 수 있다.
_____ can lead to more creative ideas in the workplace.

03 현대 사회에서 사라지기 전에 우리는 전통을 보존해야 한다.
We should _____ before they disappear from modern society.

04 다양한 배경의 사람들을 존중하는 것이 중요하다.
It's important to respect _____.

05 영화와 매체는 때때로 우리의 도덕규범에 영향을 미친다.
Movies and media sometimes influence our _____.

06 기업은 세계화된 사회에서 새로운 트렌드를 따라가야 한다.
Companies must keep up with new trends in a _____.

07 대중 매체는 여론에 큰 영향을 미친다.
_____ has a huge influence on public opinion.

08 나는 사람들이 다양한 사회에서 열린 마음을 갖게 된다고 생각한다.
I think people _____ in a diverse society.

09 유학생들은 종종 새로운 문화에 적응하는 데 어려움을 겪는다.
Students who study abroad often struggle to _____.

10 현지 사람들을 만나는 것이 새로운 풍습을 경험하는 가장 좋은 방법이다.
Meeting local people is the best way to _____.

정답 p.296

Daily Test

🎧 앞에서 배운 표현을 활용하여 다음 우리말 문장을 영어로 바꾸어 말해 보세요.

01 문화적 다양성은 / 풍요롭게 한다 / 우리의 일상을
  * 풍요롭게 하다 enrich

02 나는 / 가지고 다닌다 / 내 물병을 / 플라스틱 쓰레기를 줄이기 위해

03 온라인 뱅킹은 / 만들어 왔다 / 삶을 / 더 편리하게
  * 온라인 뱅킹 online banking

04 당신은 / 환경을 보호할 수 있다 / 나무를 심음으로써

05 학교는 / 역할을 할 수 있다 / 전통을 보존하는 데 있어서
  * 역할을 하다 play a role

06 많은 사람들은 / 개인적인 성장을 경험한다 / 지도자 역할을 맡은 후에
  * 개인적인 성장을 경험하다 experience personal growth

07 탄력근무제는 / ~하게 해 준다 / 근로자들이 / 선택하도록 / 언제 근무를 시작하고 끝낼지를
_____.

08 인공지능은 / 바꾸고 있다 / 사람들이 일하는 방식을
_____.

09 예를 들어 / 나는 새로운 문화에 적응해야 했다 / 내가 해외로 이주했을 때
  * 해외로 이주하다 move overseas
_____.

10 많은 회사들이 / 허용한다 / 직원들에게 / 재택근무를 하는 것을 / 요즘
  * 직원 employee
_____.

11 단순한 업무들을 자동화하는 것은 / 효율성을 크게 개선할 수 있다
  * 단순한 업무들을 자동화하다 automate simple tasks
_____.

12 그는 / 시도하고 있다 / 경력을 쌓는 것을 / 교육 분야에서 / 그의 학위를 취득한 후에
  * 학위를 취득하다 get a degree
_____.

정답 p.296

무료 토플자료·유학정보 제공

goHackers.com

Hackers
Updated TOEFL
Speaking Basic

TASK ①
듣고 따라 말하기
Listen and Repeat

Introduction
Day 11 전략 익히기
Day 12 상황별 공략하기: 시설 안내
Day 13 상황별 공략하기: 행사 안내
Day 14 상황별 공략하기: 방법·절차 안내
Day 15 Task test

Introduction:

Task 1 듣고 따라 말하기(Listen and Repeat)는 화면의 그림을 보며 문장을 듣고 8~12초 동안 따라서 말하는 Task입니다. 문장은 음성으로만 주어지며, 답변은 들은 문장을 똑같이 따라서 말해야 합니다. 총 7문제가 출제됩니다.

시험 미리보기

스피킹 섹션 Direction 화면

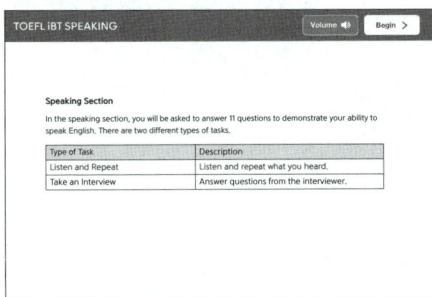

Task 1, 2에 대한 Direction이 한번에 주어집니다.

- **디렉션을 들려주는 시간**: 약 10초
- **디렉션의 내용**: 총 11문항이 출제될 것이며, 두 가지 유형의 과제가 출제된다는 내용
- **디렉션이 나오는 동안 해야 할 일**: Note-taking을 위해 제공되는 펜과 종이를 앞에 두고, 음성을 들을 준비를 합니다. 필요한 경우 음성 볼륨을 조정한 후, 우측 상단의 Begin 버튼을 눌러 시험을 시작합니다.

문제 Direction 화면

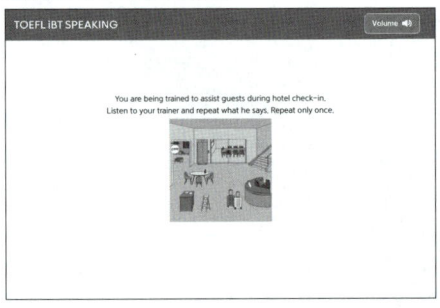

문제가 출제되기 전에 나오는 화면으로, 그림과 그림의 상황을 설명하는 Direction이 제시됩니다.

- **디렉션을 들려주는 시간**: 약 5초
- **디렉션의 내용**: 그림의 장소와 상황을 간략하게 설명하는 내용
- **디렉션이 나오는 동안 해야 할 일**: 디렉션 첫 문장의 끝에서 그림의 상황을 파악할 수 있으므로, 해당 위치만 읽어 상황을 빠르게 파악한 후, 그림 속 대상의 위치, 동작 등을 확인합니다.

문제 풀이 화면

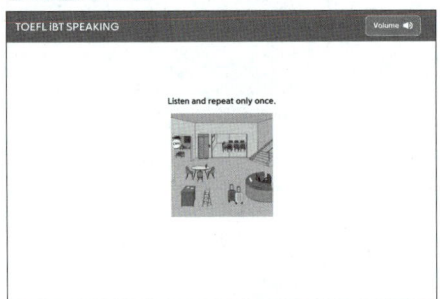

문제가 출제될 때 나오는 화면으로, 그림에 문장과 관련된 부분이 색으로 표시됩니다. 음성이 끝나면 3초 후 신호음과 함께 답변 시간 타이머가 나타납니다.

- **문제를 풀 수 있는 시간**: 8~12초
- **문제를 풀 때 해야 할 일**: 짧은 문장은 단기 기억력을 최대한 활용하여 외우고, 긴 문장은 그림의 단서와 노트테이킹을 활용하여 기억한 후, 그대로 따라 말합니다.
- **문제를 풀고 난 후 해야 할 일**: 문장을 따라 말한 뒤 시간이 남으면 그림을 다시 살펴보고, 이후 문장에 나올 내용을 예상하며 다음 문제를 준비합니다.

■ 풀이 전략

1. 상황과 연관 지어 그림을 미리 확인합니다.

Task 1이 시작되면, 문제 Direction 화면에 그림과 그림의 상황을 설명하는 Direction이 제시됩니다. 디렉션이 음성으로 재생되는 동안 첫 문장의 끝만 빠르게 읽어 상황을 파악하고, 남은 시간은 그림을 확인하는 데 사용합니다. 그림을 미리 확인해 두면 문장이 음성으로만 제시되더라도 보다 쉽게 이해하고 따라 말할 수 있습니다.

2. 그림에 있는 단서와 노트테이킹을 활용하여 기억합니다.

긴 문장은 단기 기억력만으로 외우기 어려우므로, 그림의 단서와 노트테이킹과 같은 보조 수단을 활용합니다. 음성을 들을 때는 그림을 반드시 함께 확인하고, 영어나 한글 중 더 편한 언어로 필요한 정보를 짧은 시간 내에 빠르게 기록합니다.

3. 입 모양으로 따라 말하며 기억을 유지합니다.

문장이 제시된 뒤 이어지는 3초의 공백 동안, 들은 내용을 잊지 않도록 입 모양으로 소리 내듯 따라 말합니다. 단순히 머릿속으로 반복하는 것보다 입을 움직여 연습하는 것이 기억을 유지하는 데 더 효과적입니다.

4. 들은 문장을 흉내 내듯이 따라 말합니다.

문장의 발음과 강세, 리듬을 그대로 흉내 내듯이 따라 말합니다. 문장을 들은 그대로 끊어서 말하면 단어를 빠뜨리거나 구의 순서를 혼동하는 실수를 피할 수 있습니다.

■ 스터디 가이드

1. 그림 상황별로 등장하는 표현에 익숙해집니다.

시설 안내, 행사 안내, 방법 및 절차 안내 등의 상황에서 자주 등장하는 표현을 익혀 두면, 실제 시험에서 음성으로만 제시되는 문장을 더 쉽게 이해하고 자연스럽게 말할 수 있습니다.

2. 기억하기에 가장 도움이 되는 보조 전략을 찾습니다.

긴 문장을 기억하기 위해서는 노트테이킹과 같은 보조 전략을 활용해야 합니다. 여러 노트테이킹 전략을 시도해 보고, 자신에게 가장 효과적인 방법을 찾아 꾸준히 연습하면, 긴 문장도 수월하게 기억할 수 있습니다.

3. 문장을 듣고 따라 말하는 연습을 반복합니다.

다양한 문장을 듣고 따라 말하는 연습을 꾸준히 하면, 발음, 강세, 리듬을 자연스럽게 따라할 수 있게 되고, 기억할 수 있는 문장의 길이도 점차 늘릴 수 있습니다.

Day 11 전략 익히기

음성 바로 듣기

> Task 1 듣고 따라 말하기(Listen and Repeat)는 음성으로만 제시되는 문장을 듣고 그대로 따라 말하는 유형입니다. 문장은 음성으로만 제시되므로, 시험 시간을 효율적으로 활용해 상황과 그림을 빠르게 파악하고, 들은 문장을 기억하여 정확하게 따라 말하는 방법을 익히는 것이 중요합니다.

01: 상황 파악하고 그림 확인하기

화면에 제시된 디렉션을 음성으로 읽어주는 약 5초 동안, 빠르게 상황을 파악한 후 그림을 확인합니다. 그림을 미리 확인해두면 문장이 음성으로만 제시되더라도 쉽게 기억하고 따라 말하는 데 많은 도움이 되므로, 이 시간을 최대한 잘 활용하도록 합니다.

Step 1 상황 파악하기
- 문제 디렉션의 첫 문장 끝에 상황이 제시됩니다. learning to, training to, trained to와 같은 표현을 찾아 그 뒷부분만 빠르게 읽어 상황을 파악합니다.
- 디렉션이 음성으로 재생되는 동안 남는 시간은 화면의 그림을 확인하는 데 사용합니다.

Step 2 상황과 연관 지어 그림 확인하기
- 상황을 파악하고 난 후 그와 관련하여 나올 법한 내용과 연결 지어 그림을 확인합니다.
- 그림을 확인할 때에는 그림 속 대상의 위치, 동작 등을 빠르게 살펴봅니다. 이때, 각 대상을 자세히 관찰할 필요는 없습니다.

상황 파악하고 그림 확인하기의 예

🎧 D11_1

You are being trained to assist guests during hotel check-in. Listen to your trainer and repeat what he says. Repeat only once.

• 상황 파악하기
호텔 체크인 때 손님들을 돕는 상황

당신은 호텔 체크인 때 손님들을 돕는 것을 교육받고 있습니다. 당신의 교육 담당자의 말을 듣고 그대로 따라 말하세요. 한 번만 따라 말하세요.

• 상황과 연관지어 그림 확인하기

위치 안내
① 체크인 데스크 / 오른쪽
⑤ 계단 / 위층
⑥ 카페 / 왼쪽

방문객 이용 안내
② 엘리베이터 / 이용 가능
③ 여행용 캐리어 / 짐 맡기기
⑦ 안내 데스크 / 안내 책자 수령

02: 문장 듣고 기억하기

초반에는 비교적 짧고 쉬운 문장이 출제되고, 뒤로 갈수록 점차 길고 어려운 문장이 출제됩니다. 짧은 문장은 단기 기억력을 활용하여 외우고, 긴 문장을 들을 때에는 그림에 있는 단서와 노트테이킹과 같은 보조 수단까지 활용하여 최대한 정확히 기억합니다.

Step 1 문장 듣기

- 문장은 음성에서 끊어 들려주는 대로 주어, 동사, 목적어를 나누어 듣습니다.
- 음성을 덩어리 단위로, 리듬과 억양까지 주의 깊게 들으면 문장의 흐름을 자연스럽게 따라갈 수 있습니다.

[예] 🎧 D11_2

🎧 We recommend a visit to our cafe on the left to enjoy a complimentary drink.
무료 음료를 즐기기 위해 왼쪽에 있는 저희 카페에 방문할 것을 추천드립니다.

→ We recommend a visit to our café / on the left ↗ / to enjoy a complimentary drink ↘.
위 뤠커맨ㄷ 어 v비짓 투 아워 카f페 / 온 더 레프ㅌ ↗ / 투 인줘이 어 캄플리멘터뤼 드링ㅋ ↘

Step 2 그림에 있는 단서 활용하여 기억하기

- 문장을 듣는 동시에 그림에서 색으로 표시된 부분을 확인하여 그림에 있는 단서를 효과적으로 활용합니다.
- 그림에 글자가 있다면 확실한 단서로 삼고, 문장의 다른 부분을 기억하는 데 더 집중합니다.
- 위치나 방향을 안내하는 문장이 나올 때는 그림에 없던 화살표가 나타날 수 있습니다. 화살표는 해당 문장의 음성을 들려줄 때에만 보이므로, 음성을 들을 때 그림을 반드시 함께 확인합니다.

[예] 🎧 We recommend a visit to our café on the left to enjoy a complimentary drink.
무료 음료를 즐기기 위해 왼쪽에 있는 저희 카페에 방문할 것을 추천드립니다.

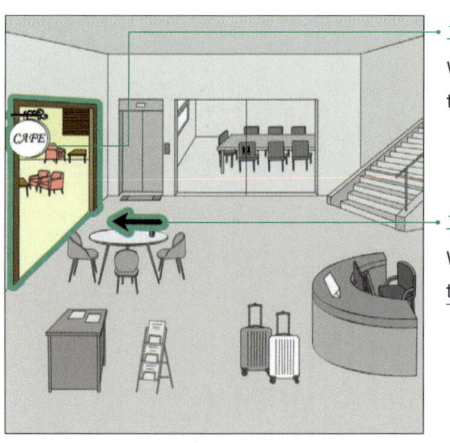

그림에 있는 글자 활용하기
We recommend a visit to our <u>café</u> on the left to enjoy a complimentary drink.

그림에 나타난 화살표 활용하기
We recommend a visit to our café <u>on the left</u> to enjoy a complimentary drink.

Step 3 노트테이킹을 활용하여 기억하기

- 문장을 듣고 따라 말하는 연습을 반복하며, 어느 정도 길이의 문장까지 그대로 기억할 수 있는지 파악하고, 긴 문장은 노트테이킹을 활용하여 기억을 보충합니다.
- 영어든 한글이든 그때그때 편한 언어로 빠르게 노트테이킹을 합니다.
- 효과적으로 기억하기 위해, 아래 노트테이킹 전략 중 나에게 맞는 것을 골라서 사용합니다.

노트테이킹 전략

① 들리는 단어들 위주로 받아 적기
　문장을 처음부터 끝까지 다 적으려 하면 뒤 내용을 놓치기 쉽습니다. 귀에 들어오는 단어만 골라 기록합니다.

② 문장의 중심 내용 적기
　문장의 중심 내용을 적고, 전체 의미를 파악하여 기억합니다.

③ 어려운 표현 받아 적기
　어렵거나 생소한 표현을 들리는 대로 적습니다. 철자가 헷갈리면 들리는 발음을 그대로 적어둡니다.

④ 모든 단어의 첫 글자 적기
　각 단어의 첫 알파벳을 기록해 모든 단어를 놓치지 않고 기억할 수 있도록 대비합니다.

[예] We recommend a visit to our café on the left to enjoy a complimentary drink.
무료 음료를 즐기기 위해 왼쪽에 있는 저희 카페에 방문할 것을 추천드립니다.

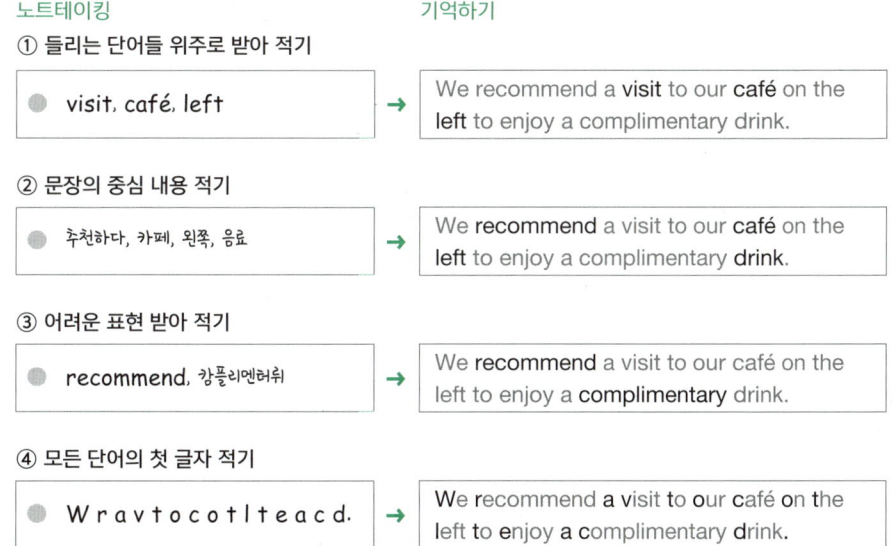

노트테이킹 | 기억하기

① 들리는 단어들 위주로 받아 적기
- visit, café, left → We recommend a **visit** to our **café** on the **left** to enjoy a complimentary drink.

② 문장의 중심 내용 적기
- 추천하다, 카페, 왼쪽, 음료 → We **recommend** a visit to our **café** on the **left** to enjoy a complimentary **drink**.

③ 어려운 표현 받아 적기
- recommend, 캄플리멘터뤼 → We **recommend** a visit to our café on the left to enjoy a **complimentary** drink.

④ 모든 단어의 첫 글자 적기
- W r a v t o c o t l t e a c d. → **W**e **r**ecommend **a** **v**isit **t**o **o**ur **c**afé **o**n **t**he **l**eft **t**o **e**njoy **a** **c**omplimentary **d**rink.

03: 기억한 문장 그대로 따라 말하기

음성이 끝난 뒤 약 3초 후 신호음이 들리면, 기억한 문장을 그대로 따라 말합니다. 기억을 끝까지 잘 유지하여 답변하고, 답변을 마친 후에는 바로 다음 문제에 대비합니다.

Step 1 3초 동안 입으로 반복하기
- 문장이 제시된 뒤의 3초간 공백은 들은 문장을 잊어버리기에 충분한 시간입니다. 따라서 이 시간을 끝까지 활용하여 기억을 유지해야 합니다.
- 신호음이 들릴 때까지 기억한 문장을 입 모양으로 소리 내듯 따라 말하며 답변을 준비합니다.

Step 2 들은 문장 그대로 말하기
- 기억한 문장의 단어 발음과 강세, 전체 리듬을 그대로 흉내 내듯 따라 말합니다.
- 문장을 들은 대로 끊어서 말함으로써 단어를 빠뜨리거나 순서를 혼동하는 실수를 줄입니다.
- 문장을 말하다가 틀리더라도 당황하지 않고 끝까지 마무리합니다. 문장은 한 번만 말하는 것이 더 높은 점수를 얻는 데 유리합니다.
- 문장을 따라 말한 후 시간이 남으면 화면의 그림을 다시 살펴보며 이후 문장에 나올 내용을 예상합니다.

> **tip**
> **말문이 막혔을 땐 어떻게 하나요?**
> 제대로 듣지 못했거나 기억이 나지 않을 때에는, 그림 속 색이 표시된 부분을 보고 떠오르는 단어로 문장을 만들거나 노트테이킹해 둔 단어를 조합해서 문장을 말하여 가능한 한 점수를 챙기는 것을 목표로 합니다.

기억한 문장 그대로 따라 말하기의 예

> You are being trained to assist guests during hotel check-in. Listen to your trainer and repeat what he says. Repeat only once.
>
> 당신은 호텔 체크인 때 손님들을 돕는 것을 교육받고 있습니다. 당신의 교육 담당자의 말을 듣고 그대로 따라 말하세요. 한 번만 따라 말하세요

노트

- visit, café, left, drink

말하기

We recommend a visit to our café on the left to enjoy a complimentary drink.

예제 전체 정답 | 전략을 적용해서 7문장을 따라 말해 보세요.   🎧 D11_3

① Welcome! Let me check your reservation.   환영합니다! 예약을 확인해드리겠습니다.

② Please take the elevator to your room.   엘리베이터를 타고 당신의 방으로 가세요.

③ Our staff will assist with your luggage.   저희 직원이 짐 운반을 도와드릴 것입니다.

④ If needed, you can use the business center located just off the lobby.
필요하신 경우, 로비 바로 옆에 있는 비즈니스 센터를 이용하실 수 있습니다.

⑤ You're welcome to use the fitness center and swimming pool free of charge.
저희 피트니스 센터와 수영장을 무료로 이용하셔도 됩니다.

⑥ We recommend a visit to our café on the left to enjoy a complimentary drink.
무료 음료를 즐기기 위해 왼쪽에 있는 저희 카페에 방문할 것을 추천드립니다.

⑦ To get tourist information about this area, visit the concierge desk for brochures.
이 지역의 관광 정보를 얻으시려면, 안내 책자를 위해 컨시어지 데스크를 방문해 주세요.

Daily Check-up

🎧 D11_4

🎧 문장을 듣고, 들은 내용을 그대로 따라 말해 보세요. (음성은 두 번 들려줍니다.)

01 🎤 There is a _____ on the table.

02 🎤 The outdoor terrace is a perfect place _____.

03 🎤 _____ on a first-come, first-served basis.

04 🎤 Reusable shopping bags _____.

05 🎤 Name badges _____ inside the venue.

06 🎤 The restrooms _____.

07 🎤 _____, you _____ at the side counter.

08 🎤 Show your _____.

09 🎤 Gardeners water _____.

10 🎤 Present _____.

11 🎤 The upcoming games _____.

12 🎤 While _____.

Daily Check-up

그림을 보면서 각 문장을 듣고, 들은 내용을 그대로 따라 말해 보세요. 필요할 경우, 노트테이킹하세요.

13 D11_5

You are training to assist passengers on an airplane. Listen to the speaker and repeat what he says. Repeat only once.

노트

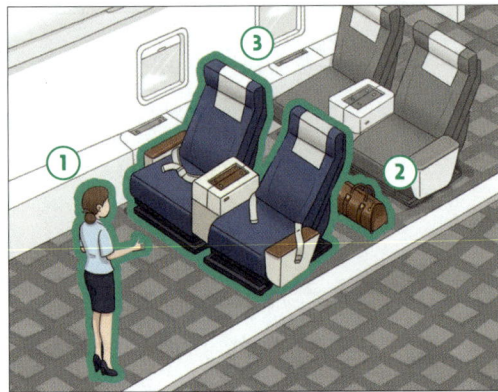

말하기
① Thank you _____.
② You may _____
_____.
③ Please ensure your seat belt _____
_____.

14 D11_6

You are training to assist visitors at an on-campus flea market. Listen to your trainer and repeat what she says. Repeat only once.

노트

말하기
① Secondhand books are sold _____
_____.
② _____ at the food stalls near the library.
③ If you want to learn about other on-campus events, _____
_____.

15 🎧 D11_7

You are being trained to guide new students at the campus basketball court. Listen to the speaker and repeat what he says. Repeat only once.

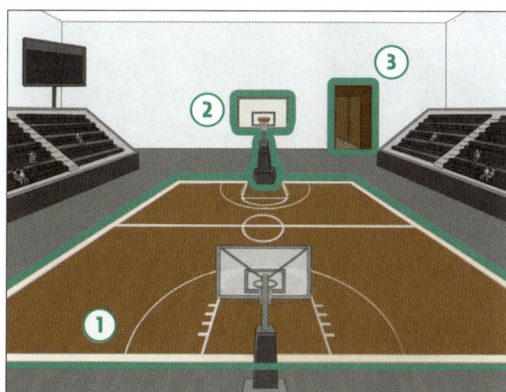

노트
-
-
-

말하기
① _____ to use the court.

② Please do not hang on or _____ _____.

③ Restrooms are located _____ _____.

---

16 🎧 D11_8

You are learning to guide new students in the university cafeteria. Listen to your trainer and repeat what she says. Repeat only once.

노트
-
-
-

말하기
① You can sit _____.

② Select _____ from the buffet area.

③ Please bring your dishes to the stand _____.

정답 p.297

Daily Test

그림을 보면서 각 문장을 듣고, 들은 내용을 그대로 따라 말해 보세요. 필요할 경우, 노트테이킹하세요.

01 D11_9

You are learning to welcome visitors to the community center. Listen to your manager and repeat what she says. Repeat only once.

노트

말하기

① We offer _____ here.

② _____ in the room on the right.

③ Dance, music, and theater classes _____.

④ At our library, you can _____.

⑤ Our café _____ some snacks and take a break.

⑥ The weekly schedule for all programs _____.

⑦ _____, can give you more information.

02

You are training to assist attendees of an outdoor music festival. Listen to the speaker and repeat what he says. Repeat only once.

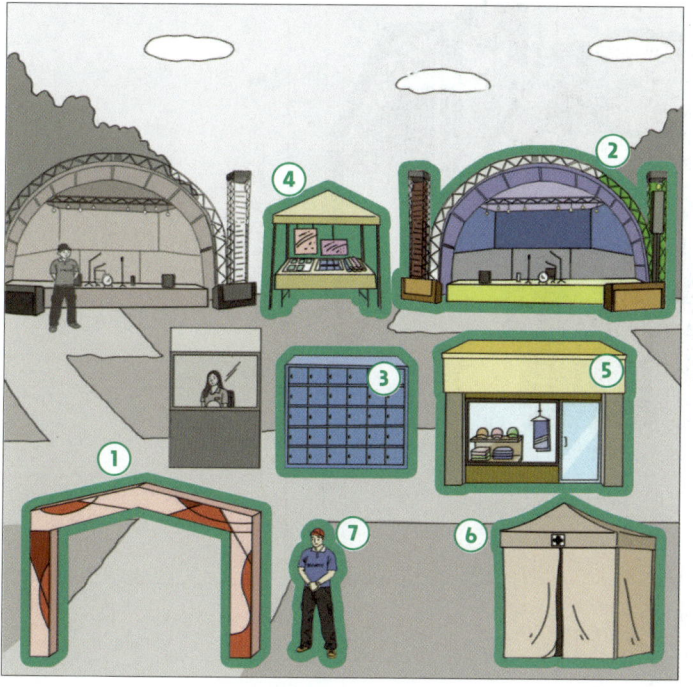

노트

말하기

① Welcome to _____.

② _____ the stage soon.

③ Use the lockers _____.

④ Pick up _____ in the tent between the stages.

⑤ You _____ with the festival's logo at the souvenir shop.

⑥ If _____, please go to the first-aid station near the entrance.

⑦ Be sure to notify one of the security guards _____ _____.

Daily Test

03 🎧 D11_11

You are being trained to guide visitors during a museum tour. Listen to the trainer and repeat what she says. Repeat only once.

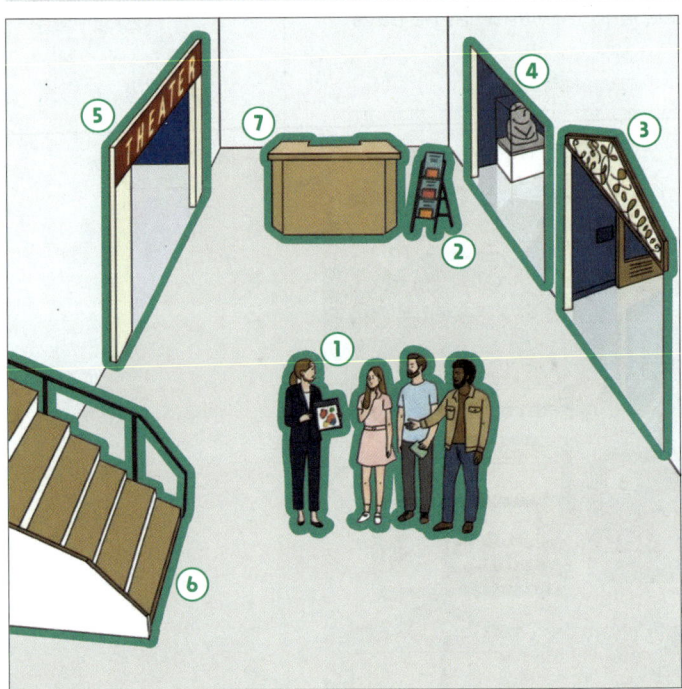

노트 ✏️

말하기 🎤

① Let's _____.

② Please _____ from the stand.

③ We will _____.

④ Next, we will _____.

⑤ The final part of the tour _____ in the theater.

⑥ Before you leave, check out the _____.

⑦ For information about additional tours, _____.

04 🎧 D11_12

You are learning to welcome visitors to a campground. Listen to your manager and repeat what he says. Repeat only once.

노트 ✏️

말하기 🎤

① Welcome! _____.

② Each campsite _____.

③ The campfire area _____.

④ For _____.

⑤ We _____.

⑥ Please _____.

⑦ Before _____
_____.

정답 p.299

Day 12 상황별 공략하기: 시설 안내

도서관, 박물관과 같은 시설을 안내하는 상황에서 자주 등장하는 표현들을 익혀 두면, 시험에서 비슷한 상황이 나왔을 때 문장을 더 쉽게 기억하고 따라 말할 수 있습니다. 시설 안내 상황에서 자주 사용되는 표현과 문장들을 익혀 봅시다.

도서관 (Library) 🎧 D12_1

표현 리스트
- **due date** 반납일
- **self-checkout** 무인 대출
- **computer lab** 컴퓨터실
- **overdue fine / late fee** 연체료
- **quiet zone** 조용히 해야 하는 구역
- **check out a book** 책을 대출하다
- **return borrowed books** 빌린 책을 반납하다
- **renew a book** 책 대출을 연장하다
- **use the catalog system** 자료 검색 시스템을 사용하다

① **Welcome to the library.** 도서관에 오신 것을 환영합니다. [환영 인사]

② **Use the self-checkout machine over there.** 저기에 있는 무인 대출 기계를 사용하세요. [장비 이용 안내]

③ **You need your student ID card to check out books.** 책을 대출하려면 학생증이 있어야 합니다. [조건 안내]

④ **Study rooms for group work are located upstairs.** 그룹 작업을 할 수 있는 스터디룸은 위층에 있습니다. [위치 안내]

⑤ **Computers and printers are available beside the reading area.**
열람 공간 옆에서 컴퓨터와 프린터를 사용할 수 있습니다. [장비 이용 안내]

⑥ **Please be sure to return borrowed books by the due date.**
빌린 책은 반드시 반납 기한까지 반납하시기 바랍니다. [요청 사항 안내]

⑦ **If you need help with research, ask the staff at the reference desk.**
자료 조사에 도움이 필요하면, 참고자료 안내 데스크 직원에게 문의하세요. [도움 요청 방법 안내]

컴퓨터실 (Computer Lab) 🎧 D12_2

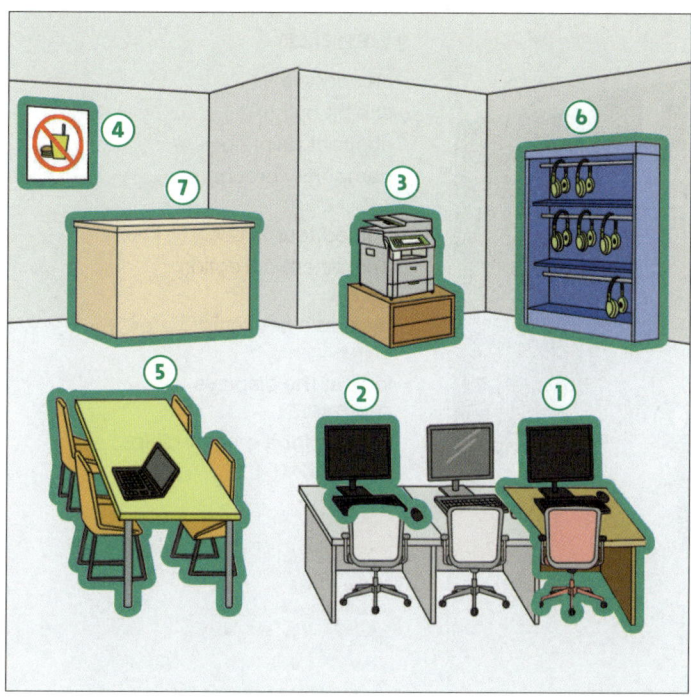

📖 **표현 리스트**

· workstation 작업용 컴퓨터 자리
· student account 학생 계정
· available seat 빈 자리
· Internet connection 인터넷 연결
· charging outlet 충전용 콘센트
· technical support 기술 지원
· copy documents 문서를 복사하다
· log in to a computer 컴퓨터에 로그인하다
· printers are set up 프린터가 설치되어 있다
· restart the computer 컴퓨터를 재부팅하다

① **Feel free to take any available seat.** 빈 자리는 어디든 자유롭게 사용하세요. [자리 이용 안내]

② **Please log in to your student account.** 당신의 학생 계정에 로그인하세요. [방법 안내]

③ **The printer is set up at the back of the room.** 프린터는 방의 뒤쪽에 설치되어 있습니다. [위치 안내]

④ **Eating and drinking are not permitted inside the lab.**
컴퓨터실에서는 음식물이나 음료를 먹는 것이 허용되지 않습니다. [금지 사항 안내]

⑤ **The table over there is for students who bring their own laptop.**
저쪽 테이블은 개인 노트북을 가져온 학생들을 위한 자리입니다. [공간 이용 안내]

⑥ **Headphones are provided in case you want to play audio or video files.**
오디오나 비디오 파일을 재생하고 싶으신 경우에는 헤드폰이 제공됩니다. [제공 사항 안내]

⑦ **If you have any questions, please seek assistance at the help desk.**
궁금한 점이 있으면, 안내 데스크에서 도움을 요청하세요. [도움 요청 방법 안내]

📖 **추가 예문**

· **Do not install personal software on the computer.** 컴퓨터에 개인 소프트웨어를 설치하지 마세요. [금지 사항 안내]

· **Use the scanner near the information desk to copy documents.**
문서를 복사하기 위해 안내 데스크 옆에 있는 스캐너를 이용하세요. [장비 이용 안내]

· **If the screen freezes, try restarting the computer.** 화면이 멈추면, 컴퓨터를 재부팅해 보세요. [방법 안내]

· **Turn off the monitor when you are finished using a computer.** 컴퓨터 사용을 마치면 모니터를 꺼 주세요. [요청 사항 안내]

미술 전시 (Art Gallery) 🎧 D12_3

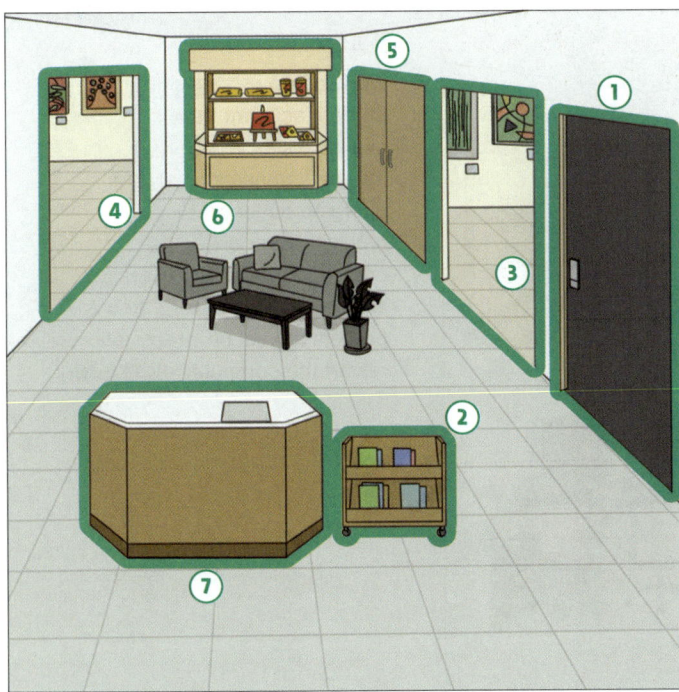

📋 **표현 리스트**

- artwork 미술 작품
- exhibit hall 전시관
- abstract painting 추상화
- pamphlet / brochure 소책자 / 안내책자
- guided tour 가이드 투어
- permanent collection 상설 전시
- pick up a souvenir 기념품을 구입하다
- look at the displays 전시물을 보다
- sign up for a membership 멤버십에 가입하다

① **Thank you for visiting our gallery.** 저희 미술관을 방문해 주셔서 감사합니다. [감사 인사]

② **Please take a pamphlet about our collections.** 저희 소장품들에 대한 소책자를 가져가세요. [제안 사항 안내]

③ **Abstract paintings are displayed in the central hall.** 추상화는 중앙 전시관에 전시되어 있습니다. [제공 사항 안내]

④ **We have a special exhibit of contemporary paintings.**
저희는 현대 회화에 대한 특별 전시를 진행하고 있습니다. [제공 사항 안내]

⑤ **Unfortunately, the eastern wing is closed due to scheduled maintenance.**
안타깝게도, 동쪽 전시관은 예정된 보수 작업으로 문을 닫았습니다. [제한 사항 안내]

⑥ **We recommend a visit to our gift shop to pick up special souvenirs.**
저희의 특별한 기념품들을 구입하기 위해 기념품점을 방문할 것을 추천드립니다. [제안 사항 안내]

⑦ **If you're interested, you can sign up for a membership to join future events.**
관심이 있으시다면, 추후 행사에 참여할 수 있도록 멤버십에 가입하실 수 있습니다. [제안 사항 안내]

📋 **추가 예문**

- **The ceramics exhibit is in the west wing.** 도자기 전시는 서관에서 진행됩니다. [위치 안내]

- **Maps of the gallery are available at the information desk.**
안내 데스크에서 미술관 지도를 받아 가실 수 있습니다. [제공 사항 안내]

- **Please stay behind the rope when viewing the artworks.**
미술 작품들을 관람할 때는 줄 뒤에 있어 주시길 바랍니다. [지시 사항 안내]

- **Check the event board for today's lectures and workshops.**
오늘 열리는 강연과 워크숍에 대해서는 행사 게시판을 확인하세요. [제안 사항 안내]

■ 자전거 대여점 (Bike Rental Shop) 🎧 D12_4

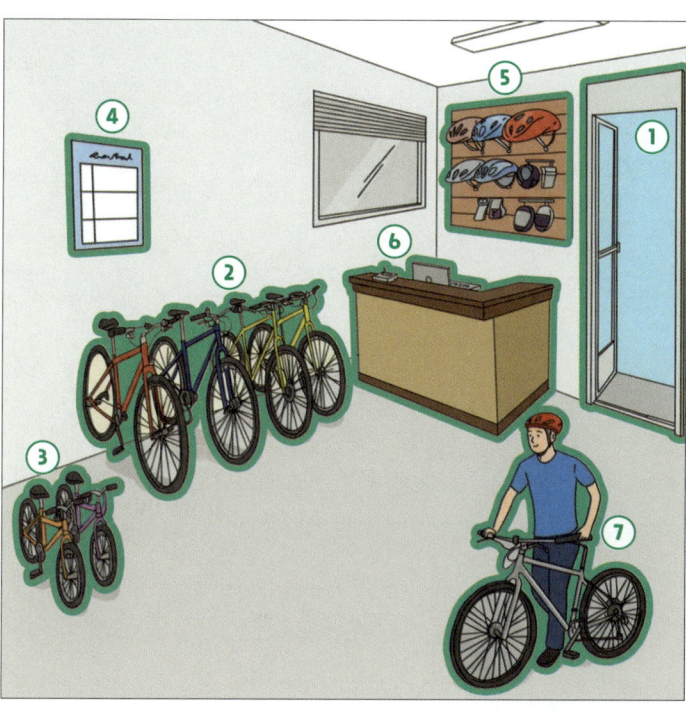

📋 표현 리스트

- **rental fee** 대여 요금
- **extra charge** 추가 요금
- **protective gear** 보호 장비
- **cycling accessory** 자전거 용품
- **rent a bike** 자전거를 빌리다
- **pick up a bike** 자전거를 수령하다
- **check the brakes** 브레이크를 확인하다
- **pay at the counter** 카운터에서 결제하다
- **put on a helmet** 헬멧을 착용하다

① Welcome to our bike rental shop. 저희 자전거 대여점에 오신 것을 환영합니다. [환영 인사]

② We offer a wide selection of bikes to choose from. 저희는 선택할 수 있는 다양한 종류의 자전거를 제공합니다. [제공 사항 안내]

③ Smaller bikes for children are located in that corner. 어린이용 작은 자전거는 저 구석에 위치해 있습니다. [제공 사항 안내]

④ Rental fees for each type of bike are posted on the wall. 자전거의 종류별 요금은 벽면에 게시되어 있습니다. [위치 안내]

⑤ We also provide protective gear and cycling accessories. 저희는 또한 보호 장비와 자전거 용품들을 제공합니다. [제공 사항 안내]

⑥ Please pay at the counter by the window when you are ready. 준비가 되시면 창가 근처 카운터에서 결제해 주세요. [요청 사항 안내]

⑦ For your safety, put on your helmet before riding away from the shop. 당신의 안전을 위해, 자전거를 타고 가게를 떠나기 전에 헬멧을 착용하세요. [제안 사항 안내]

📋 추가 예문

- Late returns may result in additional fees. 늦게 반납하시면 추가 요금이 부과될 수 있습니다. [주의 사항 안내]
- It's a good idea to check the brakes before leaving the shop. 가게를 떠나기 전에 브레이크를 확인하시는 것이 좋습니다. [제안 사항 안내]
- All bikes must be returned in good condition. 모든 자전거는 이상 없는 상태로 반납해 주셔야 합니다. [지시 사항 안내]
- If the bike is damaged, report it to the staff right away. 자전거가 손상되었을 경우, 즉시 직원에게 알려 주세요. [요청 사항 안내]

Daily Check-up

🎧 D12_5

🎧 문장을 듣고, 들은 내용을 그대로 따라 말해 보세요. (음성은 두 번 들려줍니다.)

01 🎤 Are you _____?

02 🎤 You can _____ from this section.

03 🎤 _____ from the shelf.

04 🎤 _____ you to the campus fitness center.

05 🎤 You can _____ at the counter over there.

06 🎤 For orientation details, _____.

07 🎤 _____, but they must be on a leash.

08 🎤 Your belongings _____.

09 🎤 _____ for community gatherings.

10 🎤 For those with heavy luggage, _____.

11 🎤 If _____.

12 🎤 When you _____.

Daily Test

🎧 그림을 보면서 각 문장을 듣고, 들은 내용을 그대로 따라 말해 보세요. 필요할 경우, 노트테이킹하세요.

01 🎧 D12_6

You are being trained to guide new students around the campus sports field. Listen to the speaker and repeat what he says. Repeat only once.

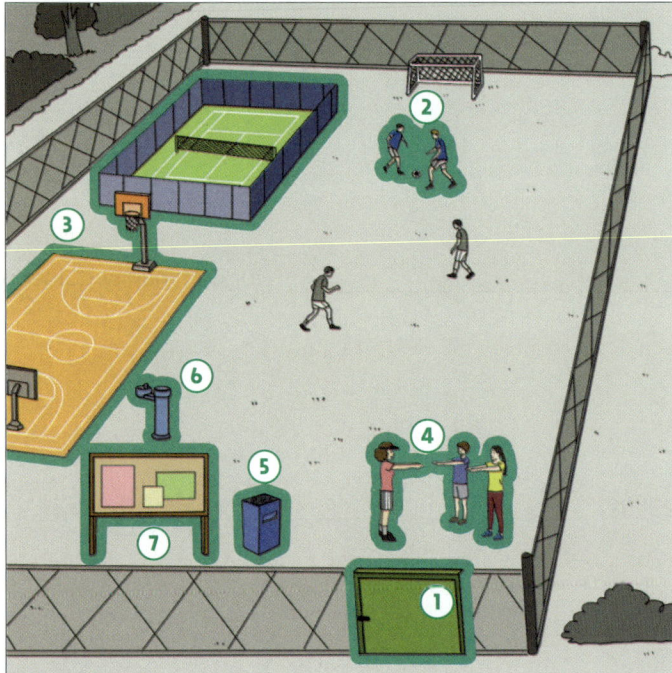

노트 ✏️

말하기 🎤

① Welcome to _____.

② The field is used for _____.

③ The basketball and tennis courts _____.

④ _____, some areas may be unavailable.

⑤ Please make sure to clean up _____.

⑥ For those who feel thirsty, _____ in several spots.

⑦ If you're interested in sports events, _____ _____.

02 🎧 D12_7

You are being trained to guide new students at the university bookstore. Listen to the speaker and repeat what he says. Repeat only once.

노트

말하기 🎤

① _____.

② Students _____.

③ Our staff can _____.

④ Or you can _____.

⑤ School T-shirts and hoodies _____.

⑥ Notebooks, _____.

⑦ To receive a discount, _____.

Daily Test

03 🎧 D12_8

You are being trained to assist visitors at an aquarium. Listen to your manager and repeat what she says. Repeat only once.

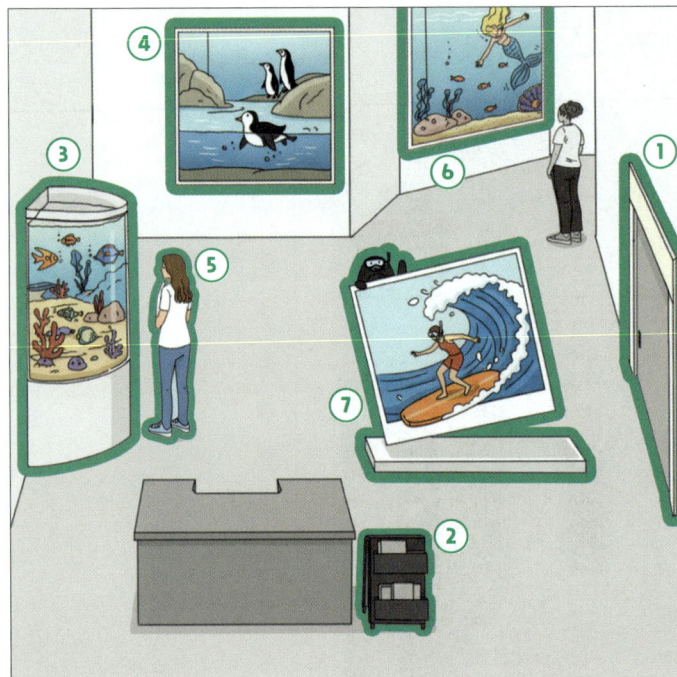

노트

말하기 🎤

① Welcome to _____.

② We provide _____.

③ You will _____.

④ _____ on your way through the aquarium.

⑤ _____ on the glass for the safety of the sea creatures.

⑥ We _____ the underwater show featuring divers in colorful costumes.

⑦ A photo booth is located in the main lobby _____.

04 🎧 D12_9

You are being trained to guide visitors inside an ice rink. Listen to your manager and repeat what she says. Repeat only once.

노트 ✏️

말하기 🎤

① _____.

② Use _____.

③ Tell _____.

④ We _____.

⑤ Remember _____.

⑥ If you're _____
_____.

⑦ When _____
_____.

정답 p.301

Day 13 　상황별 공략하기: 행사 안내

졸업식 행사, 콘서트와 같은 행사를 안내하는 상황에서 자주 등장하는 표현들을 익혀 두면, 시험에서 비슷한 상황이 나왔을 때 문장을 더 쉽게 기억하고 따라 말할 수 있습니다. 행사 안내 상황에서 자주 사용되는 표현과 문장들을 익혀 봅시다.

■ 대학교 오리엔테이션 (University Orientation) 🎧 D13_1

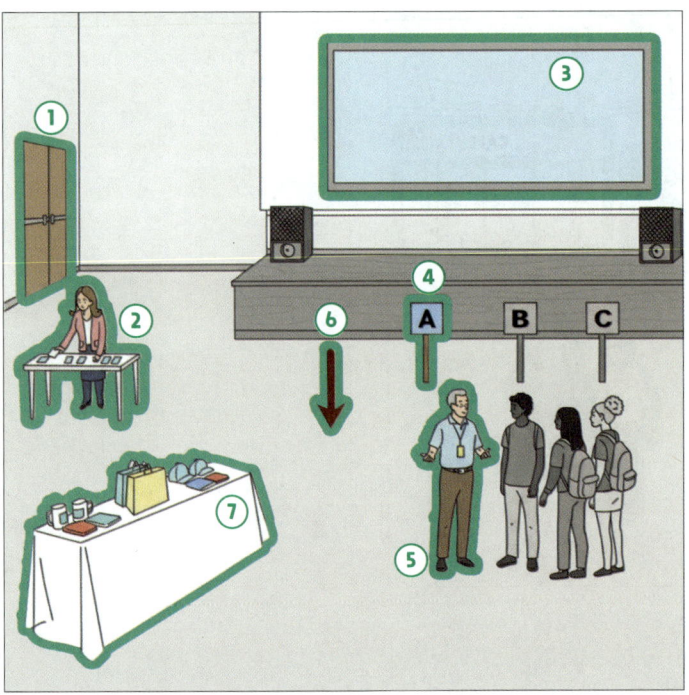

📋 표현 리스트
- welcome packet 환영 자료집
- opening session 개회식
- closing remarks 폐회 인사
- campus map 캠퍼스 지도
- university merchandise 대학 기념품
- get a name tag 이름표를 받다
- meet student leaders 학생 대표들을 만나다
- learn about student clubs 학생 동아리에 대해 알아보다
- join student organizations 학생 단체에 가입하다

① **Welcome to the orientation.** 오리엔테이션에 오신 것을 환영합니다. [환영 인사]

② **Pick up your name tag at the front table.** 앞쪽 테이블에서 이름표를 받아 가세요. [요청 사항 안내]

③ **A welcome video will be shown on the screen.** 화면에서 환영 영상이 상영될 것입니다. [행사 진행 안내]

④ **You will then join your assigned group for a campus tour.**
그다음에는 캠퍼스 투어를 위해 배정된 그룹에 합류할 것입니다. [행사 진행 안내]

⑤ **The guide will answer any questions you have about the university.**
가이드가 대학에 관련해 당신이 가지고 있는 질문들에 답변할 것입니다. [활동 관련 안내]

⑥ **When the tour ends, gather in front of the stage for a question-and-answer session.**
투어가 끝나면, 질의응답 시간을 위해 무대 앞에 모이세요. [요청 사항 안내]

⑦ **Before you leave, don't forget to collect your gift bag filled with university merchandise.**
떠나기 전에, 대학 기념품이 들어 있는 기념품 가방을 받아가는 것을 잊지 마세요. [제공 사항 안내]

졸업식 (Graduation Ceremony) 🎧 D13_2

📋 표현 리스트

· graduation ceremony 졸업식
· university president (대학교) 총장
· honor students 우등 졸업생
· special award 특별상
· take a seat 자리에 앉다
· receive a diploma 졸업장을 받다
· give an opening speech 개회 연설을 하다
· deliver a speech 연설을 하다
· put on a gown 가운을 입다
· throw caps 학사모를 던지다

① The graduation ceremony will begin shortly. 졸업식이 곧 시작될 것입니다. [행사 시작 안내]

② All graduating students should be seated in the front rows. 모든 졸업생들은 앞쪽 줄에 앉아야 합니다. [위치 안내]

③ Family members are asked to sit in the rows near the back. 가족분들은 뒤쪽 줄에 앉을 것을 요청 드립니다. [위치 안내]

④ The university president will start by giving an opening speech.
대학 총장님이 개회 연설을 하는 것으로 시작할 것입니다. [행사 진행 안내]

⑤ Graduates will be called to the stage one by one to receive their diplomas.
졸업생들은 졸업장을 받기 위해 무대 위로 한 명씩 이름이 불릴 것입니다. [행사 진행 안내]

⑥ Following the diploma presentations, a graduating student will deliver a speech.
졸업장 수여 후에는 졸업하는 한 학생이 연설을 할 것입니다. [행사 진행 안내]

⑦ Please silence your cell phones during the ceremony to avoid disturbing the speakers and other guests.
행사 중에는 발표자와 다른 참석자들을 방해하지 않도록 휴대전화를 무음으로 설정해 주세요. [규정 사항 안내]

📋 추가 예문

· All graduates should wear their gowns. 모든 졸업생들은 가운을 착용해야 합니다. [규정 사항 안내]

· The choir will perform a song for the graduates. 합창단이 졸업생들을 위해 노래를 부를 것입니다. [공연 안내]

· At the end, graduates may throw their caps into the air.
마지막에 졸업생들은 학사모를 공중으로 던질 수 있습니다. [행사 진행 안내]

· The dean will present special awards to honor students. 학장은 우등 졸업생들에게 특별상을 수여할 것입니다. [행사 진행 안내]

봉사활동 (Volunteer Work) 🎧 D13_3

📋 **표현 리스트**

· **volunteer** 자원봉사자; 자원봉사하다
· **plastic bag** 비닐봉지
· **cleanup project** 청소 프로젝트
· **charity event** 자선 행사
· **community service** 지역사회 봉사
· **general waste** 일반 쓰레기
· **remove garbage** 쓰레기를 치우다
· **pick up trash** 쓰레기를 줍다
· **collect donations** 기부금을 모으다
· **support local events**
　지역 행사를 지원하다
· **work in small groups**
　소규모 그룹으로 작업하다

① **Thank you for volunteering today.** 오늘 봉사활동을 해 주셔서 감사합니다. [감사 인사]

② **Please sign in at the registration table.** 등록 테이블에서 출석 기록을 해 주세요. [요청 사항 안내]

③ **Gloves, hats, and trash bags are available over there.**
　장갑, 모자, 그리고 쓰레기봉투는 저쪽에서 받을 수 있습니다. [제공 사항 안내]

④ **Trash should be sorted into the recycling and general waste bins.**
　쓰레기는 분리수거함과 일반 쓰레기통에 분리해 버려야 합니다. [규정 사항 안내]

⑤ **Work in small groups to cover different areas of the beach efficiently.**
　해변의 여러 구역을 효율적으로 청소하기 위해 소규모 그룹으로 나누어 작업해 주세요. [요청 사항 안내]

⑥ **If you find any hazardous items, inform a volunteer leader immediately.**
　위험한 물건을 발견하면, 즉시 자원봉사 현장 책임자에게 알려 주세요. [요청 사항 안내]

⑦ **At the end of the cleanup, gather at the picnic table for a group photo.**
　청소 작업이 끝나면, 단체 사진을 찍기 위해 피크닉 테이블에 모여 주세요. [사진 촬영 안내]

📋 **추가 예문**

· **Recycling bins have been placed on the left side of the park.** 분리수거함은 공원 왼쪽에 배치되어 있습니다. [위치 안내]

· **Please work in pairs to pick up trash in the park.** 두 명씩 짝을 지어 공원의 쓰레기를 주워 주세요. [요청 사항 안내]

· **Return your tools to the box when the work is done.** 작업이 끝나면 도구를 상자에 반납하세요. [요청 사항 안내]

· **If you get tired while working, take a short break in the shaded area.**
　작업 중에 피곤해지면, 그늘진 곳에서 잠시 쉬세요. [휴식 안내]

마라톤 (Marathon) 🎧 D13_4

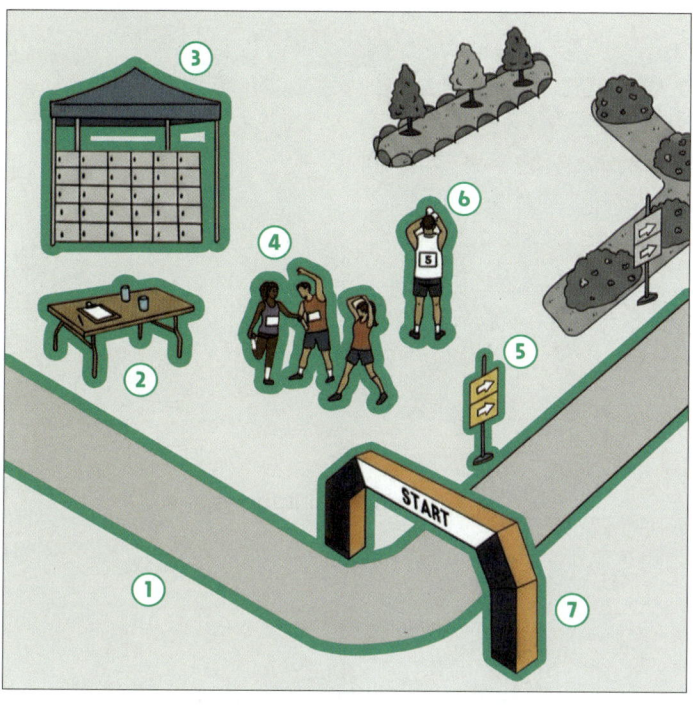

📖 **표현 리스트**

· check in 접수하다
· bib number 참가 번호
· water station 급수대
· prize ceremony 시상식
· warm up 몸을 풀다
· listen to the instructions
  안내 사항을 듣다
· follow the posted signs
  안내 표지판을 따르다
· cross the finish line
  결승선을 통과하다
· pick up a medal 메달을 받아가다

① Welcome to the marathon. 마라톤에 오신 것을 환영합니다. [환영 인사]

② There is a check-in desk over here for you. 이쪽에 당신을 위한 참가자 등록 데스크가 있습니다. [위치 안내]

③ You can drop off your personal items at the tent. 당신의 개인 물품은 천막에 맡길 수 있습니다. [물품 보관 안내]

④ Take some time to warm up before the race begins.
경기가 시작하기 전에 잠시 준비 운동을 하는 데 시간을 할애하세요. [제안 사항 안내]

⑤ Make sure to follow the posted signs along the running course.
달리기 코스를 따라 있는 안내 표지판을 반드시 따라가세요. [규정 사항 안내]

⑥ Remember that your bib number should be clearly visible at all times during the race.
경기 중에는 항상 당신의 참가 번호가 확실히 잘 보여야 한다는 것을 기억하세요. [요청 사항 안내]

⑦ The race is about to start, so please make your way to the starting line and get ready.
곧 경기가 시작되므로, 출발선으로 이동하여 준비해 주세요. [경기 시작 안내]

📖 **추가 예문**

· Keep a safe distance from the other runners to avoid accidents.
  사고를 피하기 위해 다른 주자들과 안전 거리를 유지하세요. [규정 사항 안내]

· Please visit a medical tent if you feel unwell at any point during the race.
  경기 중 언제든 몸이 좋지 않으면 의료 천막에 가세요. [제안 사항 안내]

· After the race, a prize ceremony will take place near the finish line.
  경기 후에는, 결승선 근처에서 시상식이 열릴 것입니다. [행사 일정 안내]

· Remember to pick up your medal at the distribution table after finishing the race.
  경기를 마친 후에는 배부대에서 메달을 받아갈 것을 기억하세요. [요청 사항 안내]

Daily Check-up

🎧 D13_5

🎧 문장을 듣고, 들은 내용을 그대로 따라 말해 보세요. (음성은 두 번 들려줍니다.)

01 🎤 Welcome. You _____ here.

02 🎤 Live performances _____ on the outdoor stage.

03 🎤 _____ describes the artist's inspiration.

04 🎤 Posters of featured films _____.

05 🎤 _____ inside the reading zones.

06 🎤 _____ above the seating area.

07 🎤 Your bag will be checked _____.

08 🎤 _____ for latecomers.

09 🎤 Flower bouquets _____

10 🎤 To _____.

11 🎤 We _____.

12 🎤 _____.

Daily Test

🎧 그림을 보면서 각 문장을 듣고, 들은 내용을 그대로 따라 말해 보세요. 필요할 경우, 노트테이킹하세요.

01 🎧 D13_6

You are learning to welcome visitors to a flower festival. Listen to the speaker and repeat what he says. Repeat only once.

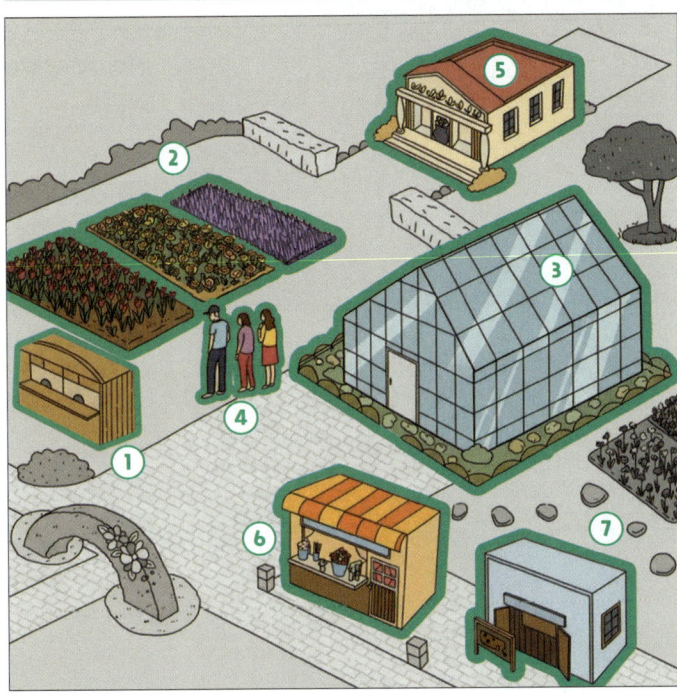

노트

말하기 🎤

① The ticket counter _____.

② Tulip, rose, and lavender fields _____.

③ There are _____ in the greenhouse.

④ Please avoid picking or _____.

⑤ Free gardening workshops _____.

⑥ Potted plants and flower seeds _____ next to the entrance.

⑦ If you _____, stop by the information center.

02 D13_7

You are being trained to guide visitors at a student exhibition. Listen to your trainer and repeat what she says. Repeat only once.

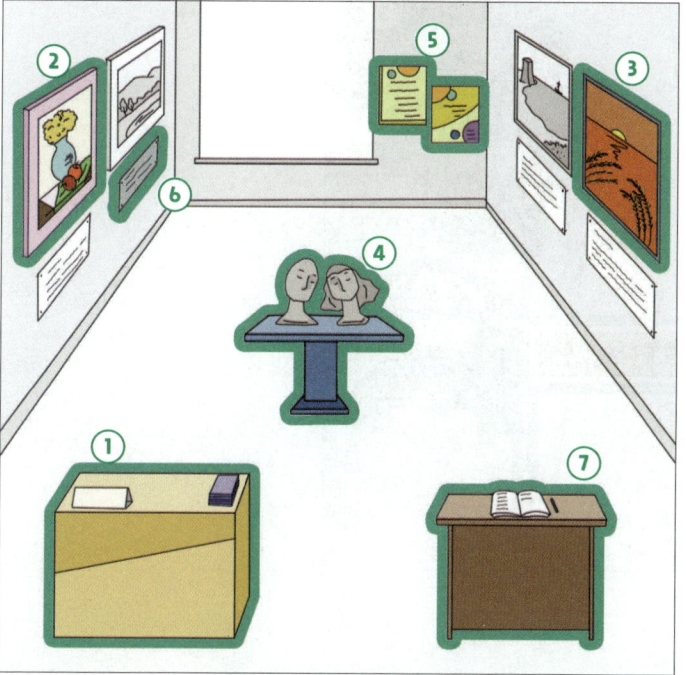

노트

말하기

① _____ at the student projects.

② A few oil paintings _____.

③ _____ on the right side.

④ Sculptures are arranged _____.

⑤ _____ the creative posters and short videos on display.

⑥ The information board below each exhibit _____.

⑦ When you are finished viewing the exhibits, _____ _____ your overall experience in the guestbook.

Daily Test

03 🎧 D13_8

You are being trained to guide visitors at a food festival. Listen to the trainer and repeat what he says. Repeat only once.

노트 ✏️

말하기 🎤

① You can _____.

② _____ along the street.

③ There are tables where _____.

④ _____ of today's dishes.

⑤ Cooking demonstrations _____
_____.

⑥ For _____
_____.

⑦ Before _____
_____.

04 🎧 D13_9

You are learning to help attendees at a concert. Listen to your manager and repeat what she says. Repeat only once.

노트 ✏️

말하기 🎤

① Welcome to _____.

② The _____.

③ Collect _____.

④ You can _____.

⑤ Please _____.

⑥ After _____
   _____.

⑦ For more details _____
   _____.

정답 p.304

Day 14 상황별 공략하기: 방법·절차 안내

과학 실험, 버스터미널 이용과 같이 방법이나 절차를 안내하는 상황에서 자주 등장하는 표현들을 익혀 두면, 시험에서 비슷한 상황이 나왔을 때 문장을 더 쉽게 기억하고 따라 말할 수 있습니다. 방법 및 절차 안내 상황에서 자주 사용되는 표현과 문장들을 익혀 봅시다.

■ 과학 실험 (Science Experiment) 🎧 D14_1

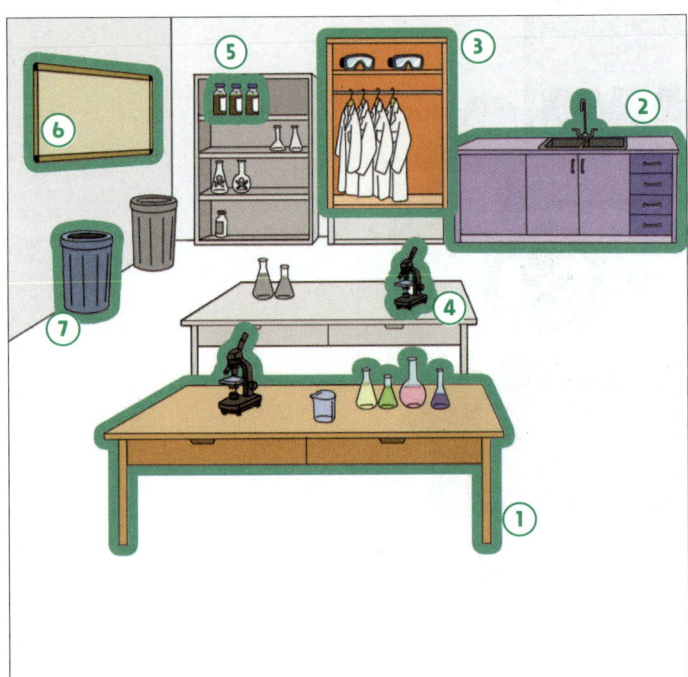

📔 **표현 리스트**
- lab coat 실험복
- safety goggles 보호 안경
- microscopes 현미경
- test tube 시험관
- use the equipment 장비를 사용하다
- work with chemicals 화학 물질을 다루다
- handle with extra care
  각별히 주의해서 다루다
- throw away waste 쓰레기를 버리다
- check the instructions
  지시 사항을 확인하다

---

① Let's get prepared for the experiment. 실험을 준비해 봅시다. [실험 준비 안내]

② Wash your hands at the sink first. 먼저 싱크대에서 손을 씻으세요. [실험 준비 안내]

③ Then get a lab coat and safety goggles from the shelf. 그다음 선반에서 실험복과 보호 안경을 챙기세요. [준비물 안내]

④ You will use the microscopes and other tools on the tables.
당신은 책상 위에 있는 현미경과 다른 도구들을 사용할 것입니다. [장비 이용 안내]

⑤ Make sure to be extra careful when you work with chemicals. 화학 물질을 다룰 때는 특히 조심하세요. [주의 사항 안내]

⑥ Look at the whiteboard to check the instructions for the experiment.
실험에 대한 지시 사항을 확인하기 위해 화이트보드를 보세요. [지시 사항 안내]

⑦ When the experiment is finished, dispose of any waste in the waste container in the corner.
실험이 끝나면, 구석에 있는 쓰레기통에 쓰레기를 버리세요. [지시 사항 안내]

미술 수업 (Art Class) 🎧 D14_2

📖 표현 리스트

· drawing board 그림판
· drying rack 건조대
· assistant teacher 보조 교사
· put on an apron 앞치마를 입다
· set up the easel 이젤을 준비하다
· mix the colors 색을 섞다
· return the supplies 준비물을 반납하다
· squeeze out the paint 물감을 짜다
· wash the brushes 붓을 씻다

① Before we start, clear your tables. 수업을 시작하기 전에, 책상 위를 치우세요. [수업 준비 안내]
② Put on an apron to keep your clothes clean. 옷을 깨끗하게 유지하기 위해 앞치마를 입으세요. [수업 준비 안내]
③ A canvas and a paint palette will be given to you. 캔버스와 물감 팔레트가 당신에게 지급될 것입니다. [제공 물품 안내]
④ You will find brushes to use in the container on your table.
책상 위의 통 안에서 사용할 붓을 찾을 수 있습니다. [제공 물품 안내]
⑤ Once you finish your painting, hang it on the drying rack.
당신의 그림을 완성하면, 그것을 건조대에 걸어두세요. [수업 절차 안내]
⑥ If you need any help, please seek assistance from the assistant teacher.
도움이 필요하면, 보조 교사에게 도움을 요청하세요. [도움 요청 방법 안내]
⑦ Finally, when the class is over, return the supplies to the shelf near the door.
마지막으로, 수업이 끝나면, 문 근처의 선반에 준비물을 반납하세요. [수업 절차 안내]

📖 추가 예문

· Take out your sketchbook and pencils. 당신의 스케치북과 연필을 꺼내세요. [수업 준비 안내]
· Please squeeze out the paint onto your palette. 당신의 팔레트 위에 물감을 짜세요. [수업 준비 안내]
· Use the sink in the back to wash the brushes. 붓을 세척하기 위해 뒤쪽에 있는 싱크대를 이용하세요. [지시 사항 안내]
· Over here is where scissors, glue, and other craft supplies are stored.
이곳은 가위, 풀, 그리고 다른 공예 준비물이 보관되어 있는 곳입니다. [위치 안내]

놀이기구 탑승 (Amusement Ride) 🎧 D14_3

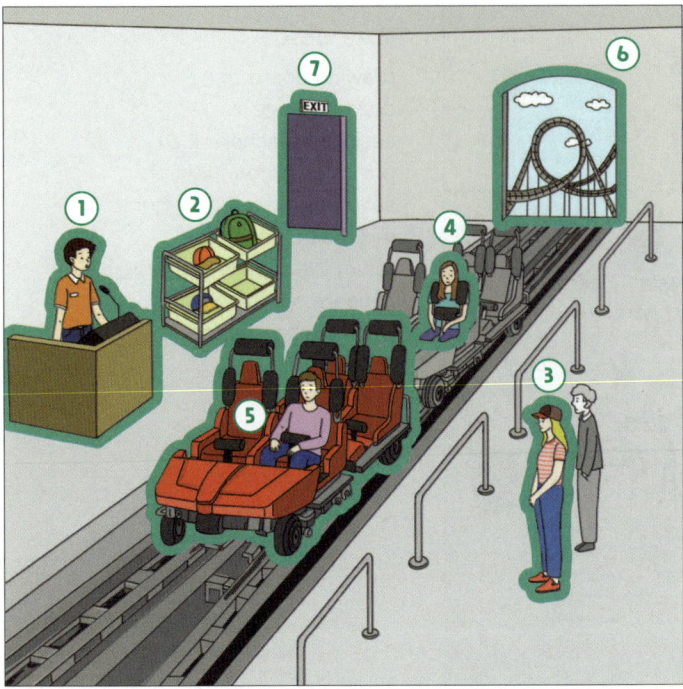

📋 **표현 리스트**

- safety bar 안전바
- storage box 보관함
- waiting line / queue 대기 줄
- aboard the roller coaster 롤러코스터에 탑승한
- on-ride photo (놀이기구) 탑승 중 촬영된 사진
- height requirement 키 제한
- fasten the seatbelt 안전벨트를 매다
- hold on tight 꽉 잡다
- make one's way out 밖으로 나가다

① Welcome to our roller coaster. 저희 롤러코스터에 오신 것을 환영합니다. [환영 인사]

② First, put your personal items in the storage box. 먼저, 당신의 개인 소지품을 보관함에 넣어 주세요. [탑승 준비 안내]

③ Please remove your hat and glasses before boarding. 탑승 전에 모자와 안경을 벗어 주세요. [지시 사항 안내]

④ After sitting down, pull the safety bar toward your lap. 자리에 앉은 후, 안전바를 무릎 쪽으로 당겨 주세요. [탑승 절차 안내]

⑤ We advise that you keep your arms and legs inside the car.
당신의 팔과 다리를 열차 안에 두는 것을 권장합니다. [지시 사항 안내]

⑥ Enjoy the exciting twists and loops as you race along the track.
트랙을 따라 질주하며 짜릿한 회전과 루프를 즐기세요. [제안 사항 안내]

⑦ When the train comes to a stop, make your way out through the gate in the back.
열차가 멈추면, 뒤쪽에 있는 출구를 통해 나가세요. [지시 사항 안내]

📋 **추가 예문**

- Children must be accompanied by an adult. 어린이는 보호자와 함께 탑승해야 합니다. [규정 사항 안내]

- Check out your on-ride photo at the booth near the exit.
출구 근처 부스에서 탑승 중 촬영된 사진을 확인하세요. [제공 사항 안내]

- Remember not to stand up during the ride. 놀이기구를 타는 동안 일어서지 마세요. [주의 사항 안내]

- Do not move until the train stops completely and the safety bar is lifted.
열차가 완전히 멈추고 안전바가 올라갈 때까지 움직이지 마세요. [주의 사항 안내]

버스터미널 이용 (Bus Terminal Use) 🎧 D14_4

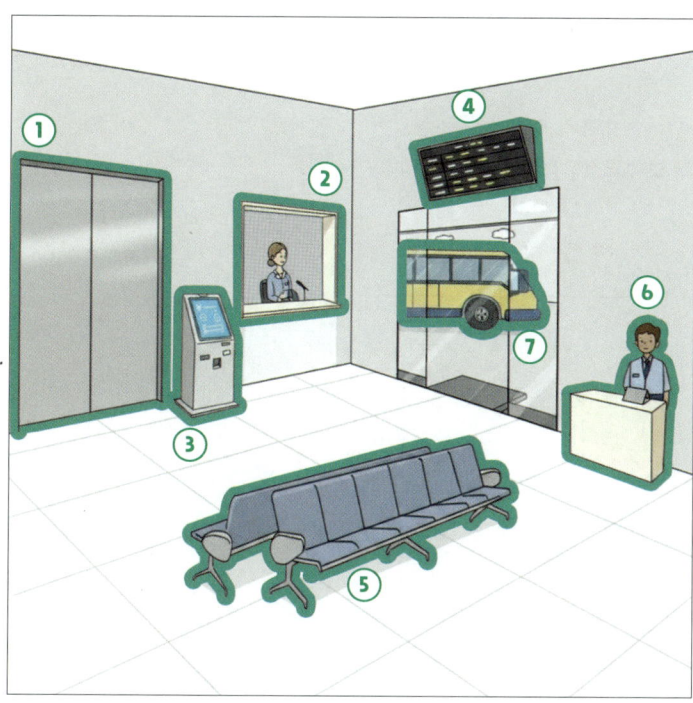

📒 표현 리스트

- destination 목적지
- waiting area 대기공간
- ticket window 매표소
- passenger lounge 승객 대기실
- departure time 출발 시간
- one-way ticket 편도 티켓
- round-trip ticket 왕복 티켓
- buy a ticket 티켓을 구입하다
- select a seat 좌석을 선택하다
- check the display board 전광판을 확인하다

① **Welcome to the city bus terminal.** 시내 버스터미널에 오신 것을 환영합니다. [환영 인사]

② **Tickets can be purchased at the counter.** 티켓은 매표소에서 구매하실 수 있습니다. [티켓 발권 안내]

③ **Or you can print out your online tickets from that machine.**
또는 온라인으로 예매하신 티켓은 저 기계에서 출력하실 수 있습니다. [티켓 수령 안내]

④ **Check the departure board for your bus number and platform.**
출발 안내판에서 버스 번호와 플랫폼을 확인해 주세요. [지시 사항 안내]

⑤ **We recommend waiting for your bus in the waiting area over there.**
저기 대기 공간에서 버스를 기다리시는 것을 권장드립니다. [시설 이용 안내]

⑥ **If you have any questions about the bus schedule, feel free to ask our staff.**
버스 시간표에 관해 질문이 있으면, 저희 직원에게 자유롭게 문의해 주세요. [문의 방법 안내]

⑦ **Please show your ticket to the driver for verification when you get on the bus.**
버스에 탑승하실 때 확인을 위해 운전기사에게 티켓을 보여주세요. [탑승 절차 안내]

📒 추가 예문

- **Select a seat from the list of available options.** 이용 가능한 선택 목록에서 좌석을 선택하세요. [좌석 선택 안내]
- **Indicate whether you want a one-way or a round-trip ticket.**
편도와 왕복 티켓 중 무엇을 원하시는지 말씀해 주세요. [요청 사항 안내]
- **Collect your ticket from the tray below the machine.** 기계 아래 받침대에서 티켓을 가져가세요. [지시 사항 안내]
- **No refunds will be given once the bus has left.** 버스가 떠난 뒤에는 환불받을 수 없습니다. [규정 사항 안내]

Daily Check-up

🎧 D14_5

🎧 문장을 듣고, 들은 내용을 그대로 따라 말해 보세요. (음성은 두 번 들려줍니다.)

01 🎤 Get a wristband _____.

02 🎤 Take a number, and _____.

03 🎤 Next, _____ on the tablet screen.

04 🎤 Please _____ with your contact information.

05 🎤 _____ with a towel after use.

06 🎤 _____ under the printer.

07 🎤 _____ to reach the event rooms upstairs.

08 🎤 You should _____.

09 🎤 Leave _____.

10 🎤 Show _____.

11 🎤 When _____.

12 🎤 Collect _____.

Daily Test

그림을 보면서 각 문장을 듣고, 들은 내용을 그대로 따라 말해 보세요. 필요할 경우, 노트테이킹하세요.

01 D14_6

You are training to guide participants in a safari tour. Listen to your trainer and repeat what she says. Repeat only once.

노트

말하기

① Welcome to _____.

② For zebras and giraffes, _____.

③ _____ on the left.

④ You can also _____.

⑤ Please do not _____.

⑥ Be sure not to use a flash _____.

⑦ When the tour is over, wait _____.

02 D14_7

You are being trained to guide travelers at an airport security checkpoint. Listen to your manager and repeat what he says. Repeat only once.

노트

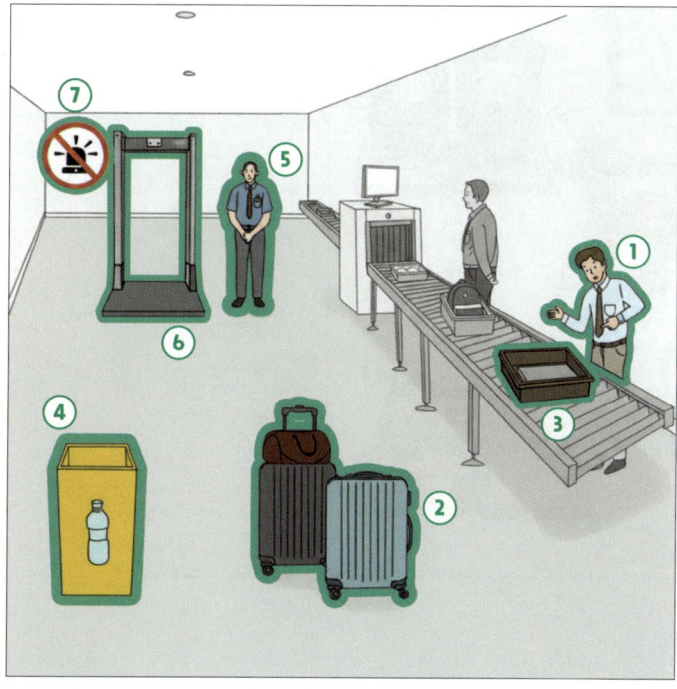

말하기

① Please empty _____.

② _____ on the conveyor belt.

③ Take out your laptop, and _____.

④ Drinks _____, so please throw them away.

⑤ You _____ from the officer before moving forward.

⑥ After passing through the scanner, _____.

⑦ If you hear an alarm, remain calm and _____
_____.

Daily Test

03 🎧 D14_8

You are learning to guide new students at the campus gym. Listen to the speaker and repeat what she says. Repeat only once.

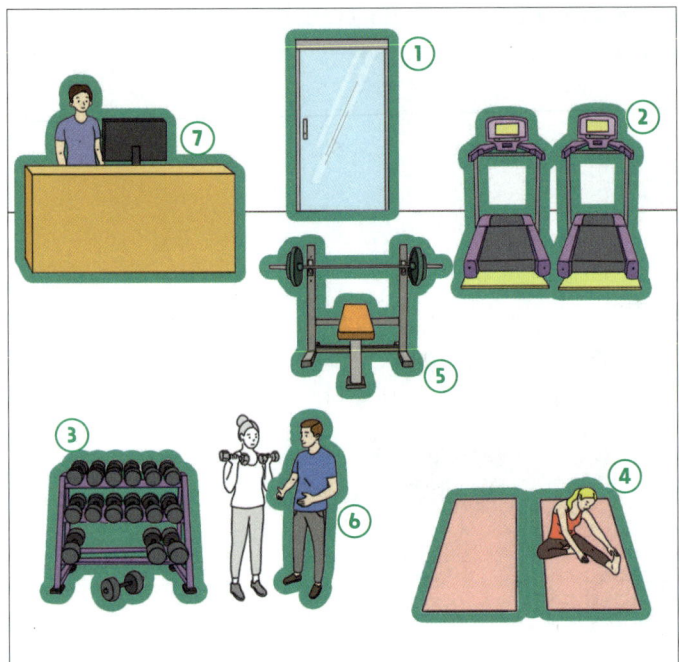

노트 ✏️

말하기 🎤

① This _____.

② Warm up _____.

③ Next, _____ to strengthen your muscles.

④ Finish your workout _____.

⑤ After exercising, wipe the equipment _____

⑥ If you are unsure about the proper form, _____
_____.

⑦ We recommend taking one of our fitness classes, _____
_____.

04 🎧 D14_9

You are learning how to welcome first-time visitors to a swimming pool. Listen to your manager and repeat what she says. Repeat only once.

노트 ✏️

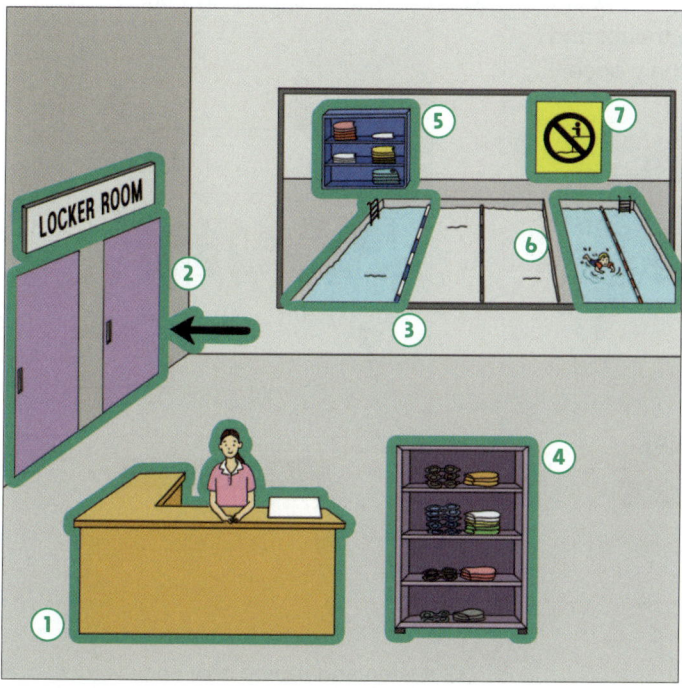

말하기 🎤

① Welcome to _____.

② The _____.

③ Take _____.

④ If _____.

⑤ Beginners _____.

⑥ The _____.

⑦ To _____.

정답 p.306

Day 15 Task Test

[01-07] 🎧 D15_1

TOEFL iBT SPEAKING   Questions 01~03 of 28   Volume 🔊

You are being trained to welcome people to a book launch. Listen to the trainer and repeat what he says. Repeat only once.

01 Listen and repeat only once.

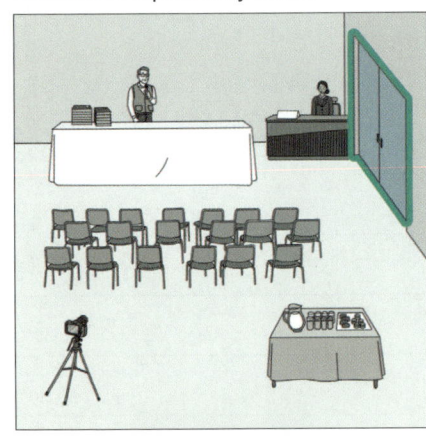

RESPONSE TIME 00:00:08

02 Listen and repeat only once.

RESPONSE TIME 00:00:08

03 Listen and repeat only once.

RESPONSE TIME 00:00:10

04 Listen and repeat only once.

05 Listen and repeat only once.

06 Listen and repeat only once.

07 Listen and repeat only once.

[08-14] D15_2

TOEFL iBT SPEAKING Questions 08~10 of 28 Volume

You are being trained to help visitors at a ski resort. Listen to your manager and repeat what she says. Repeat only once.

09 Listen and repeat only once.

RESPONSE TIME 00:00:08

08 Listen and repeat only once.

RESPONSE TIME 00:00:08

10 Listen and repeat only once.

RESPONSE TIME 00:00:10

TOEFL iBT **SPEAKING** Questions 11~14 of 28

11 Listen and repeat only once.

RESPONSE TIME 00:00:10

12 Listen and repeat only once.

RESPONSE TIME 00:00:10

13 Listen and repeat only once.

RESPONSE TIME 00:00:12

14 Listen and repeat only once.

RESPONSE TIME 00:00:12

[15-21] 🎧 D15_3

TOEFL iBT SPEAKING — Questions 15~17 of 28 — Volume 🔊

You are being trained to guide visitors at an observation deck. Listen to your trainer and repeat what she says. Repeat only once.

15 Listen and repeat only once.

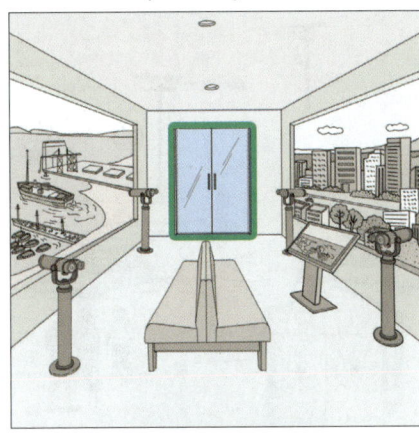

RESPONSE TIME 🎤 00:00:08

16 Listen and repeat only once.

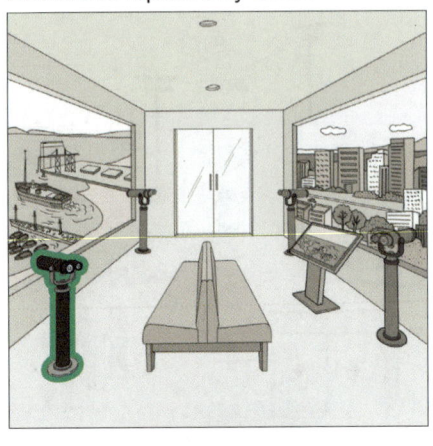

RESPONSE TIME 🎤 00:00:08

17 Listen and repeat only once.

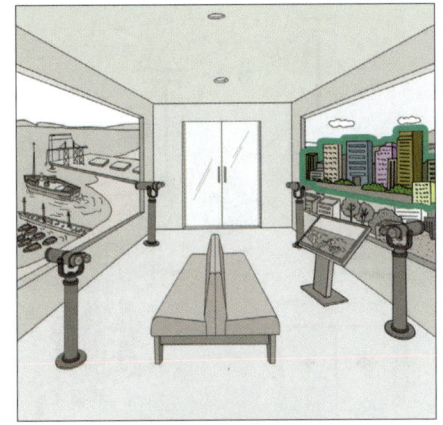

RESPONSE TIME 🎤 00:00:10

TOEFL iBT SPEAKING　　Questions 18~21 of 28

18 Listen and repeat only once.

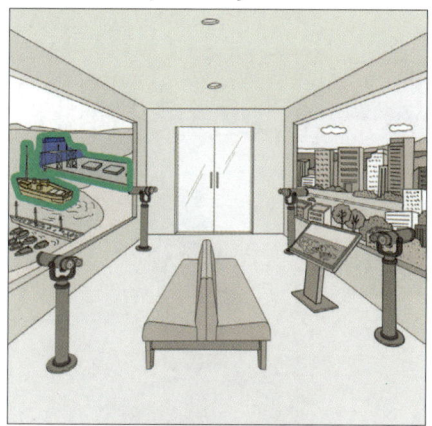

RESPONSE TIME 00:00:10

19 Listen and repeat only once.

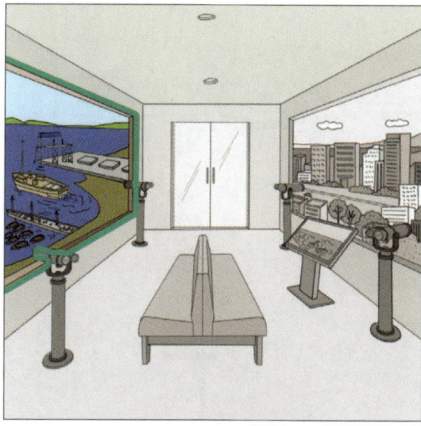

RESPONSE TIME 00:00:10

20 Listen and repeat only once.

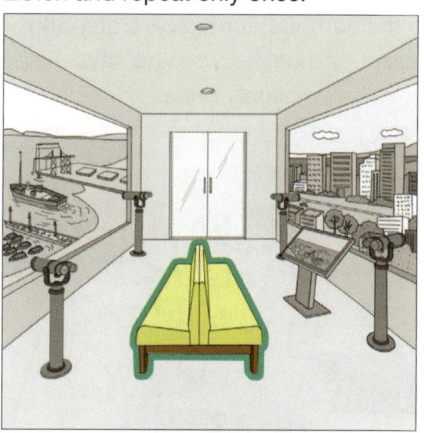

RESPONSE TIME 00:00:12

21 Listen and repeat only once.

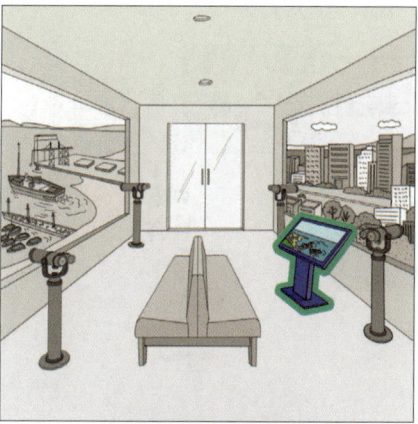

RESPONSE TIME 00:00:12

[22-28] D15_4

TOEFL iBT SPEAKING — Questions 22~24 of 28

You are being trained to assist new students in the campus dormitory. Listen to the speaker and repeat what he says. Repeat only once.

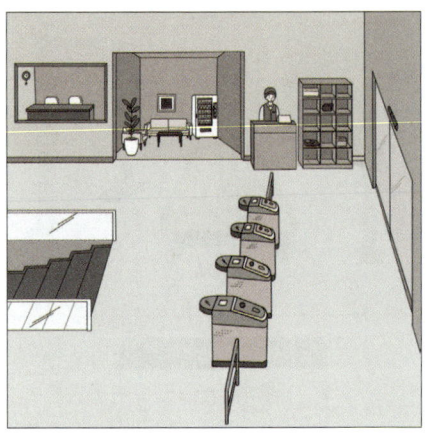

22 Listen and repeat only once.

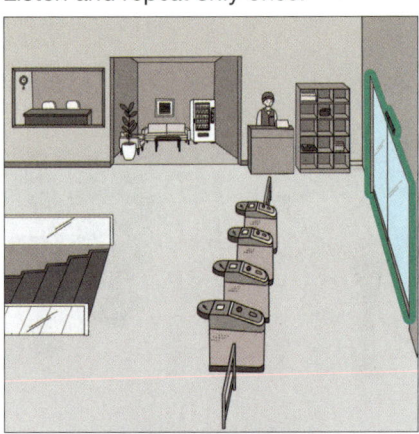

RESPONSE TIME 00:00:08

23 Listen and repeat only once.

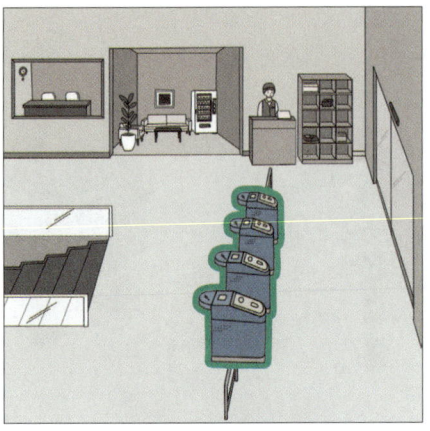

RESPONSE TIME 00:00:08

24 Listen and repeat only once.

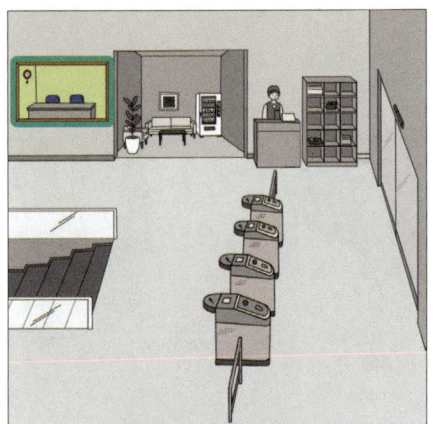

RESPONSE TIME 00:00:10

25 Listen and repeat only once.

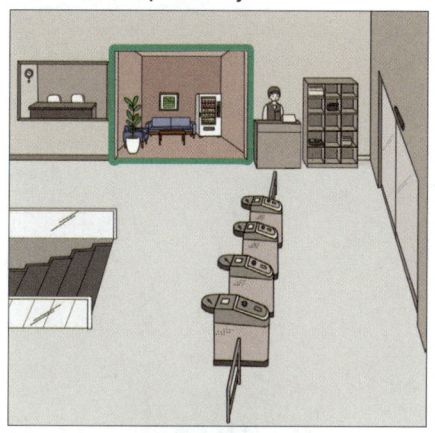

RESPONSE TIME 00:00:10

26 Listen and repeat only once.

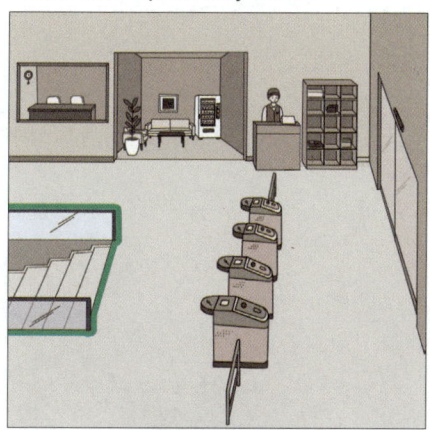

RESPONSE TIME 00:00:10

27 Listen and repeat only once.

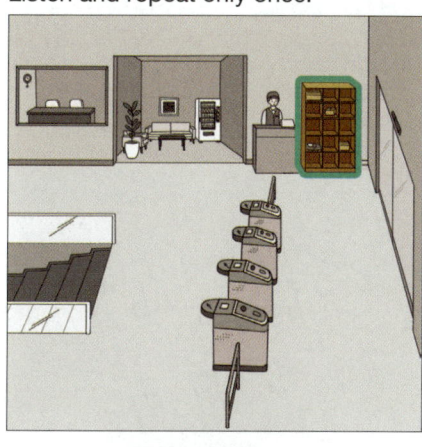

RESPONSE TIME 00:00:12

28 Listen and repeat only once.

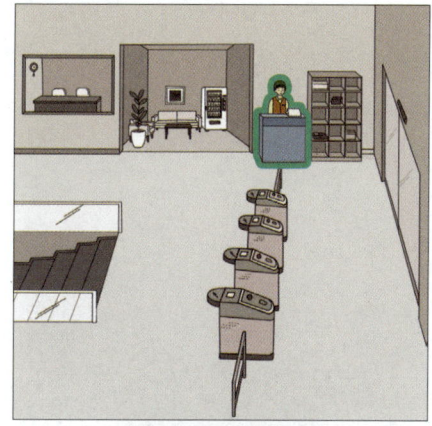

RESPONSE TIME 00:00:12

무료 토플자료·유학정보 제공
goHackers.com

Hackers
Updated TOEFL
Speaking Basic

TASK ②
인터뷰 답변하기
Take an Interview

Introduction
Day 16 전략 익히기
Day 17 주제별 공략하기: 교육·진로·기술
Day 18 주제별 공략하기: 사회·문화·환경
Day 19 주제별 공략하기: 일상·여가·건강
Day 20 Task Test

Introduction:

Task 2 인터뷰 답변하기(Take an Interview)는 하나의 주제에 대한 인터뷰 형식으로 진행되며, 인터뷰어의 질문을 듣고 45초 동안 답변하는 Task입니다. 질문은 음성으로만 주어지며, 답변은 자신의 의견을 유창하고 조리 있게 말해야 합니다. 총 4문제가 출제됩니다.

시험 미리보기

문제 Direction 화면

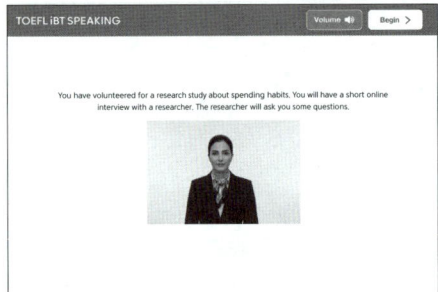

문제가 출제되기 전에 나오는 화면으로, 인터뷰의 주제를 설명하는 Direction이 제시됩니다.

- 디렉션을 들려주는 시간: 약 10초
- 디렉션의 내용: 인터뷰의 주제를 간략하게 설명하는 내용
- 디렉션이 나오는 동안 해야 할 일:
  디렉션 첫 문장의 끝에서 인터뷰의 주제를 확인할 수 있으므로, 해당 위치만 읽어 상황을 빠르게 파악한 후, 인터뷰에 나올 법한 질문을 예상해 봅니다.

문제 풀이 화면

문제가 출제될 때 나오는 화면으로, 녹화된 인터뷰어의 영상이 재생됩니다. 질문 음성이 끝나면 별도의 답변 시작음 없이 바로 답변 시간 타이머가 나타납니다.

- 문제를 풀 수 있는 시간: 45초
- 문제를 풀 때 해야 할 일:
  질문을 들으며 나의 입장과 두 가지 이유, 각 이유에 대한 구체적 근거를 떠올려 머릿속에서 빠르게 브레인스토밍한 후, 정리한 내용을 바탕으로 답변합니다.

■ 풀이 전략

1. 인터뷰의 주제와 관련해 나올 법한 질문들을 예상해 봅니다.
Task 2가 시작되면, 문제 Direction 화면에 인터뷰의 주제를 설명하는 디렉션이 제시됩니다. 디렉션이 음성으로 재생되는 동안 첫 문장의 끝만 빠르게 읽어 인터뷰의 주제를 파악하고, 남은 시간은 나올 법한 질문들을 예상해 보는 데 사용합니다. 가능하다면 나의 입장도 함께 간단히 정리하여 실제 답변에 활용할 수 있는 아이디어를 떠올려 봅니다.

2. 질문을 들으며 동시에 브레인스토밍을 합니다.
질문 직후 녹음이 시작되어 별도의 답변 준비 시간이 없으므로, 답변 구조에 맞춰 답변을 머릿속으로 빠르게 정리합니다. 답변은 보통 여섯 문장 정도면 적절하고, 답변 구조는 나의 입장과 두 가지 이유, 각 이유에 대한 구체적 근거, 그리고 요약으로 구성합니다.

3. 추가로 생각을 정리할 수 있는 시간을 확보합니다.
브레인스토밍 중 답변 시간이 시작되어 바로 답변하기가 어렵다면, 잠시 생각해 보겠다는 등의 표현으로 시간을 벌고 생각 정리를 마무리한 뒤, 본격적인 답변을 시작합니다.

4. 질문에서 나온 표현을 활용해 답변합니다.
질문의 배경 설명이나 예시를 그대로 사용하거나 질문 속 단어들을 조합하면, 답변을 생각하는 데 드는 시간을 단축하면서 쉽고 자연스럽게 답변을 시작할 수 있습니다.

■ 스터디 가이드

1. 답변 말하기 표현에 익숙해집니다.
나의 입장, 이유와 구체적 근거, 요약을 말할 때 자주 쓰이는 표현을 익혀 두면, 답변 구조에 자연스럽게 익숙해지고 실제 시험에서 더 빠르게 머릿속으로 답변을 정리할 수 있습니다.

2. 여러 유형의 근거를 활용할 수 있도록 연습합니다.
나의 입장에 대한 두 가지 이유를 뒷받침하기 위해서는 구체적 근거를 제시해야 합니다. 예시, 구체화, 비교, 결과, 사실, 가정과 같은 다양한 근거의 유형을 알아 두면 실제 시험에서 설득력 있는 근거를 더욱 빠르게 생각해 낼 수 있습니다.

3. 인터뷰 주제별 질문과 답변 아이디어를 익힙니다.
주제별로 출제되는 질문과 답변 아이디어에 대한 배경지식을 많이 쌓아 두면, 다른 주제의 질문에도 비슷한 아이디어를 적용해 실제 시험에서 말할 거리를 더 쉽게 떠올릴 수 있습니다.

Day 16 전략 익히기

Task 2 인터뷰 답변하기(Take an Interview)는 하나의 주제에 대해 인터뷰어가 제시하는 4개의 질문에 답변하는 유형입니다. 답변 준비 시간이 별도로 주어지지 않으므로, 시간을 효율적으로 활용하여 답변할 내용을 빠르게 떠올리고, 명확하고 조리 있게 말하는 방법을 익히는 것이 중요합니다.

01: 키워드 파악하고 말할 거리 준비하기

화면에 제시된 디렉션을 음성으로 읽어주는 약 10초 동안, 빠르게 인터뷰 주제의 키워드를 파악한 후 말할 거리를 떠올립니다. 말할 거리를 미리 준비해두면 실제 질문을 듣고 답변을 구성하는 시간을 줄일 수 있으므로, 이 시간을 최대한 잘 활용하도록 합니다.

Step 1 키워드 파악하기
- 문제 디렉션의 첫 문장 끝, about 뒤에 키워드가 제시됩니다. 따라서 첫 문장의 끝부분만 빠르게 읽어 키워드를 파악합니다.
- 디렉션이 음성으로 재생되는 남은 시간은 파악한 키워드와 관련하여 말할 거리를 최대한 떠올리는 데 사용합니다.

Step 2 말할 거리 준비하기
- 키워드를 파악하고 난 후 그와 관련하여 인터뷰에 나올 법한 질문들을 예상해 봅니다. 이때, 실제 시험에서 자주 물어보는 나의 경험이나 선택, 의견과 연결해 생각해 보면 훨씬 쉽게 질문을 떠올릴 수 있습니다.
- 질문들을 예상할 때, 가능하다면 나의 입장도 함께 간단히 정리합니다.

키워드 파악하고 말할 거리 준비하기의 예

🎧 D16_1

You have agreed to participate in a research study about [socializing with friends]. You will have a short online interview with a researcher. The researcher will ask you some questions.

당신은 친구들과의 교류에 관한 연구에 참여하기로 동의했습니다. 당신은 연구원과 짧은 온라인 인터뷰를 할 것입니다. 연구원이 몇 가지 질문을 할 것입니다.

• 키워드 파악하기
친구들과의 교류 (socializing with friends)

• 말할 거리 준비하기

얼마나 자주 교류?
일주일에 1번

친구들과 집에 있기 vs. 외출하기
친구들과 집에 있기

직접 만나는 것이 교류하는 가장 좋은 방법?
동의

02: 질문 들으며 브레인스토밍하기

질문은 음성으로만 제시되며, 질문이 끝나면 별도의 준비 시간 없이 바로 녹음이 시작됩니다. 따라서 질문을 듣는 동시에, 나의 입장과 두 가지 이유, 그리고 각 이유에 대한 구체적 근거를 떠올려 머릿속에서 빠르게 정리합니다.

Step 1 나의 입장 정하기
- 질문을 들으며 실제 나의 생각과 다르더라도 말할 거리가 더 많이 생각나는 것으로 나의 입장을 정합니다.
- 제시된 여러 가지 의견 중 하나를 선택하는 질문이나 나의 자유로운 의견을 묻는 질문이 출제됩니다.

  예) 큰 도시의 대학과 작은 도시의 대학을 다니는 것 중 어느 것을 선호하나요?
  　　 큰 도시에 있는 대학에 다니는 것의 장점은 무엇이라고 생각하나요?

Step 2 이유 생각하기
- 나의 입장을 뒷받침할 수 있는 이유 두 가지를 생각합니다.
- 질문에 특정 입장을 뒷받침하는 이유가 이미 제시되어 있다면, 그것을 활용하여 나의 입장을 뒷받침합니다.

Step 3 구체적 근거 생각하기
- 이유를 좀 더 자세하게 설명해 줄 수 있는 구체적 근거를 생각합니다. 이때, 예시를 들 수도 있고 구체화, 비교, 결과, 사실, 가정 등의 다른 구체적 근거를 제시할 수도 있습니다.

질문 들으며 브레인스토밍하기의 예

🎧 D16_2

> Some people like to spend time at home with their friends because it costs less, while others prefer to meet them outside. Which do you prefer and why?
>
> 어떤 사람들은 비용이 덜 든다는 이유로 친구들과 집에서 시간을 보내는 것을 좋아하는 반면, 다른 사람들은 그들을 밖에서 만나는 것을 선호합니다. 당신은 어느 것을 선호하고 그 이유는 무엇인가요?

브레인스토밍

나의 입장	spend time at home 집에서 시간을 보내다	
이유 1	1. cost less 비용이 덜 듦	
구체적 근거	- make own food → save money 음식을 직접 만들어 돈을 절약함	
이유 2	2. more relaxing 더 편함	
구체적 근거	- X worry about dressing up 차려입는 것에 대해 걱정하지 않음	

- 질문을 듣고, 나의 입장으로 spend time at home을 정합니다.
- 나의 입장에 대한 이유 두 가지, cost less와 more relaxing을 생각합니다. 질문에 이미 제시되어 있는 이유 'cost less'를 나의 입장을 뒷받침하기 위해 그대로 활용합니다.
- 각각의 이유에 대한 구체화 및 예시, make own food → save money와 X worry about dressing up을 구체적 근거로 제시합니다.

tip

바로 답변을 시작하기 어렵다면, 아래의 표현을 활용하여 답변 내용을 정리할 시간을 추가로 확보할 수 있습니다.

- 잠시만 생각해 볼게요. 음, 저는 ~라고 생각해요.
  Let me think about that for a moment. Well, I think ~

- 흥미로운 질문이네요. 제 입장에서 보자면, ~
  That's an interesting question. From my perspective, ~

03: 브레인스토밍한 내용 바탕으로 말하기

브레인스토밍한 내용을 바탕으로, 나의 입장과 그에 대한 이유 및 구체적 근거를 제시하며 45초 동안 답변을 말합니다.

Step 1 나의 입장 말하기

- 답변을 말할 때에는 답변의 논지를 분명하게 하기 위해 항상 나의 입장을 먼저 밝히면서 시작하는 것이 좋습니다.
- 질문에 있는 표현을 이용하면 더욱 쉽게 말할 수 있습니다.
- 나의 입장을 효과적으로 말하기 위해, 아래와 같은 표현을 사용해서 말하면 좋습니다.
  * 나의 입장을 말할 때 쓸 수 있는 더 많은 표현은 Day 07에서 학습할 수 있습니다.

제시된 여러 가지 의견 중 하나를 선택하는 질문에 쓸 수 있는 표현

| 나는 (-하는 것보다) ~하는 것을 선호한다 | I prefer to ~ (rather than to -) |
| 나는 ~에 찬성한다 [반대한다] | I agree [disagree] that ~ |

자유로운 의견을 묻는 질문에 쓸 수 있는 표현

| 나는 (다음과 같은 이유로) ~라고 생각한다 | I think / believe that ~ (for the following reasons) |
| 내 (개인적인) 경험으로 보면 | From my (personal) experience |

예)
> Some people like to spend time at home with their friends because it costs less, while others prefer to meet them outside. Which do you prefer and why?
>
> 어떤 사람들은 비용이 덜 든다는 이유로 친구들과 집에서 시간을 보내는 것을 좋아하는 반면, 다른 사람들은 그들을 밖에서 만나는 것을 선호합니다. 당신은 어느 것을 선호하고 그 이유는 무엇인가요?

브레인스토밍

spend time at home 집에서 시간을 보내다

말하기 🎤

❶ 입장 표현 고르기

I prefer to ~ rather than to -

❷ 질문 표현 이용하기

spend time at home, meet them outside

⬇

🎧 D16_3

나의 입장 문장

I prefer to spend time at home with my friends rather than to meet them outside.

저는 제 친구들과 밖에서 만나는 것보다 그들과 집에서 시간을 보내는 것을 선호합니다.

Step 2 이유 말하기

- 첫 문장에서 나의 입장을 밝혔다면, 이유 문장을 통해 나의 입장을 뒷받침해 줍니다.
- 나의 입장을 뒷받침해 주는 두 가지 이유를 말합니다. 이때, 아래와 같은 표현을 사용해서 말하면 좋습니다.

  * 이유를 말할 때 쓸 수 있는 더 많은 표현은 Day 07에서 학습할 수 있습니다.

이유를 말할 때 쓸 수 있는 표현

첫째로	First
한 가지 이유는 ~ 이다	One reason is that ~
둘째로	Second
또 다른 이유는 ~ 이다	Another reason is that ~

예
> Some people like to spend time at home with their friends because it costs less, while others prefer to meet them outside. Which do you prefer and why?
>
> 어떤 사람들은 비용이 덜 든다는 이유로 친구들과 집에서 시간을 보내는 것을 좋아하는 반면, 다른 사람들은 그들을 밖에서 만나는 것을 선호합니다. 당신은 어느 것을 선호하고 그 이유는 무엇인가요?

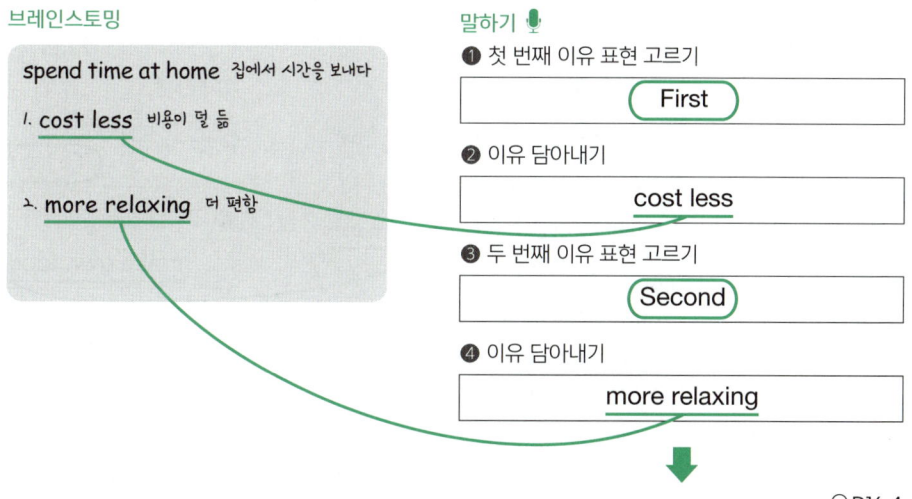

🎧 D16_4

이유 1 문장
First, it costs less than going out.
첫째로, 그것은 나가는 것보다 비용이 덜 듭니다.

이유 2 문장
Second, it's more relaxing to spend time with friends at home.
둘째로, 집에서 친구들과 시간을 보내는 것은 더 편합니다.

Step 3 구체적 근거 말하기

- 특정한 예시나 구체화, 비교, 결과, 사실, 가정 등의 구체적 근거를 들어, 나의 입장과 그에 대한 이유를 확실하게 뒷받침합니다.
- 이유에 대한 구체적인 근거 문장을 말할 때, 아래와 같은 표현을 사용해서 말하면 좋습니다.

  *구체적 근거를 말할 때 쓸 수 있는 더 많은 표현은 Day 08에서 학습할 수 있습니다.

구체적 근거를 말할 때 쓸 수 있는 표현

예를 들어	For example / For instance
구체적으로	To be specific / Specifically
대조적으로	Conversely
그 결과	As a result
최근 연구에 따르면	According to a recent study
그렇지 않으면	Otherwise

예
Some people like to spend time at home with their friends because it costs less, while others prefer to meet them outside. Which do you prefer and why?

어떤 사람들은 비용이 덜 든다는 이유로 친구들과 집에서 시간을 보내는 것을 좋아하는 반면, 다른 사람들은 그들을 밖에서 만나는 것을 선호합니다. 당신은 어느 것을 선호하고 그 이유는 무엇인가요?

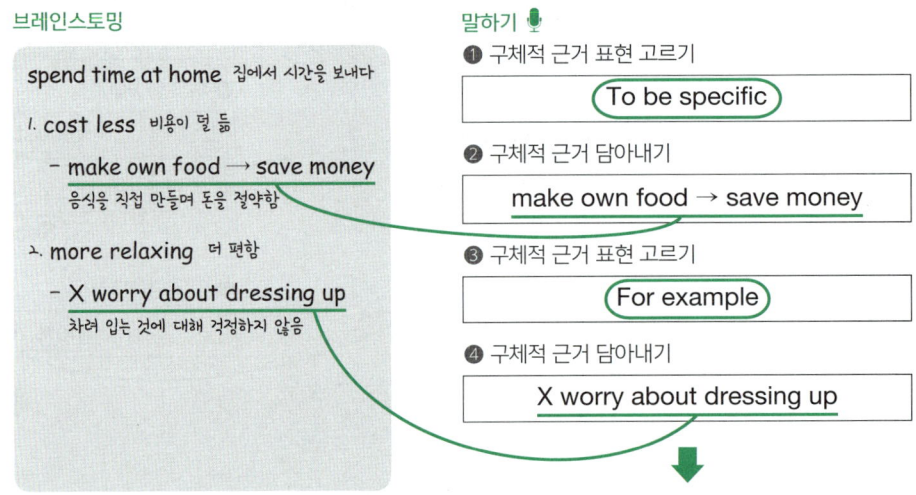

이유 1에 대한 구체적 근거 문장
To be specific, we can make our own food and save money instead of spending more on restaurant meals.
구체적으로, 식당에서의 식사에 더 많은 돈을 쓰는 대신에 우리는 음식을 직접 만들며 돈을 절약할 수 있습니다.

이유 2에 대한 구체적 근거 문장
For example, I don't have to worry about dressing up.
예를 들어, 저는 차려입는 것에 대해 걱정하지 않아도 됩니다.

Step 4 요약하기

- 나의 입장, 이유와 구체적 근거를 모두 말했다면, 전체 답변을 짧게 요약하며 마무리합니다.
- 나의 입장 문장의 일부 단어를 바꿔 말하거나, 답변 시간이 남는다면 두 가지 이유를 한 문장으로 묶어 다시 언급합니다.
- 요약 문장을 말할 때, 아래와 같은 표현을 사용해서 말하면 좋습니다.

* 요약 문장을 말할 때 쓸 수 있는 더 많은 표현은 Day 08에서 학습할 수 있습니다.

요약할 때 쓸 수 있는 표현

이러한 이유들 때문에, 나는 ~라고 생각한다	For these reasons, I think that ~
결론적으로	In conclusion / To conclude
종합적으로	Overall
그러므로	Therefore
어쨌든, 결국	After all

예

Some people like to spend time at home with their friends because it costs less, while others prefer to meet them outside. Which do you prefer and why?

어떤 사람들은 비용이 덜 든다는 이유로 친구들과 집에서 시간을 보내는 것을 좋아하는 반면, 다른 사람들은 그들을 밖에서 만나는 것을 선호합니다. 당신은 어느 것을 선호하고 그 이유는 무엇인가요?

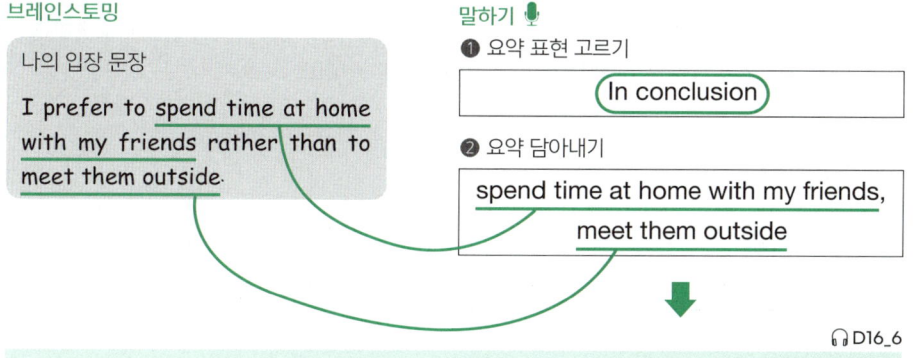

브레인스토밍

나의 입장 문장
I prefer to spend time at home with my friends rather than to meet them outside.

말하기 🎤

❶ 요약 표현 고르기
In conclusion

❷ 요약 담아내기
spend time at home with my friends, meet them outside

🎧 D16_6

요약 문장

In conclusion, I like spending time at home with my friends rather than meeting them outside.

결론적으로, 저는 제 친구들을 밖에서 만나는 것보다 그들과 집에서 시간을 보내는 것을 더 좋아합니다.

Daily Check-up

질문을 들으면서 다음 브레인스토밍을 보고, 문장으로 발전시켜 답변해 보세요.

01  D16_7

You have agreed to participate in a research study about leadership. You will have a short online interview with a researcher. The researcher will ask you some questions.

Question

브레인스토밍

나의 입장	leadership position 지도자 역할
이유 1	1. change things for the better 더 나은 쪽으로 바꿈
구체적 근거	- unreasonable rule → better one 비합리적인 규칙을 더 나은 것으로 바꿈
이유 2	2. learn social skills 사회적인 기술을 배움
구체적 근거	- deal with a lot of people 많은 사람들을 상대함

말하기

나의 입장

| I prefer | + | take a leadership position |

I prefer to _____ in a group.
저는 집단에서 지도자 역할을 맡는 것을 선호합니다.

이유 1

| First | + | change things for the better |

First, I want to _____.
첫째로, 저는 상황을 더 나은 쪽으로 바꾸기를 원합니다.

구체적 근거

| To be specific | + | unreasonable rule → better one |

To be specific, I would have the chance to replace an _____.
구체적으로, 저는 비합리적인 규칙을 더 나은 것으로 바꿀 기회를 가질 수 있습니다.

이유 2

| Second | + | learn social skills |

Second, having a leadership position is a good way to _____.
둘째로, 지도자 역할을 맡는 것은 사회적인 기술을 배우는 좋은 방법입니다.

구체적 근거

| For example | + | deal with a lot of people |

For example, I had to _____ when I was the president of the student council.
예를 들어, 저는 학생회 회장이었을 때 많은 사람들을 상대해야 했습니다.

요약

| In conclusion | + | prefer being a leader in a group |

In conclusion, I _____ rather than following.
결론적으로, 저는 따르는 것보다 집단에서 지도자가 되는 것을 선호합니다.

Daily Check-up

02  D16_8

You have volunteered for a research study about sports. You will have a short online interview with a researcher. The researcher will ask you some questions.

Question

브레인스토밍

나의 입장	sports distract children from important things	스포츠가 중요한 것들로부터 아이들의 주의를 분산시킴
이유 1	1. should focus on studying	공부에 집중해야 함
구체적 근거	- otherwise, get poor grades in school	그렇지 않으면, 학교에서 안 좋은 성적을 받음
이유 2	2. result in serious injuries	심각한 부상을 초래함
구체적 근거	- younger brother broke his ankle	남동생이 발목이 부러짐

말하기

나의 입장

| I agree that | + | sports distract children from important things |

I agree that _____.
저는 스포츠가 중요한 것들로부터 아이들의 주의를 분산시킨다는 것에 동의합니다.

이유 1

| One reason is that | + | should focus on studying |

One reason is that they _____.
한 가지 이유는 그들이 공부에 집중해야 하기 때문입니다.

구체적 근거

| Otherwise | + | get poor grades in school |

Otherwise, they might _____.
그렇지 않다면, 그들은 학교에서 안 좋은 성적을 받을 수 있습니다.

이유 2

| Another reason is that | + | result in serious injuries |

Another reason is that playing sports often _____.
또 다른 이유는 스포츠를 하는 것은 종종 심각한 부상을 초래하기 때문입니다.

구체적 근거

| For instance | + | younger brother broke his ankle |

For instance, my _____ playing soccer, and this injury made his life very difficult.
예를 들어, 제 남동생은 축구를 하다가 발목이 부러졌는데, 이 부상은 그의 생활을 매우 힘들게 만들었습니다.

요약

| For these reasons | + | forcing children to play sports, bad idea |

For these reasons, I think that _____.
이러한 이유들 때문에, 저는 아이들에게 스포츠를 하도록 강요하는 것은 좋지 않은 아이디어라고 생각합니다.

정답 p.311

Daily Test

🎧 질문을 들으면서 다음 브레인스토밍을 보고, 문장으로 발전시켜 답변해 보세요.

[01-04] 🎧 D16_9

> You have volunteered for a research study about clothing and fashion. You will have a short online interview with a researcher. The researcher will ask you some questions.

01 🎧 Question

브레인스토밍

wear jeans
청바지를 입음

1. go with a variety of styles
   다양한 스타일과 어울림

   - mix & match different items
     다른 아이템을 조합해 맞춰 입음

2. durable
   내구성이 좋은

   - keep original shape after being washed
     세탁 후에도 원래 모양을 유지함

often wear jeans
종종 청바지를 입음

말하기 🎤

나의 입장
I _____.
저는 청바지를 입는 것을 좋아합니다.

이유 1
One reason is that they _____.
한 가지 이유는 청바지가 다양한 스타일과 어울리기 때문입니다.

구체적 근거
To be specific, I can easily _____
_____ to create new outfits.
구체적으로, 저는 청바지와 다른 아이템들을 쉽게 조합해 맞춰 입어서 새로운 옷차림을 만들 수 있습니다.

이유 2
Another reason is that _____.
또 다른 이유는 청바지가 매우 내구성이 좋기 때문입니다.

구체적 근거
Compared with other types of clothing, they _____
_____
many times.
다른 종류의 옷들과 비교했을 때, 그것들은 여러 번 세탁한 후에도 원래 모양을 유지합니다.

요약
For these reasons, _____
whenever I can.
이러한 이유들 때문에, 저는 가능할 때마다 청바지를 종종 입습니다.

02 Question

브레인스토밍

based on my personal preferences
개인적인 선호에 따라

1. trendy clothes, not suit me
유행하는 옷들이 나에게 안 어울림

- wide-leg pants, look horrible on me
와이드 팬츠가 나에겐 전혀 안 어울림

2. expensive   비용이 많이 듦

- styles change often → buy new clothes
스타일이 자주 바뀌어서 새 옷을 사야 함

focus on my own style
나만의 스타일에 집중함

말하기

나의 입장
I prefer to _____
_____ rather than to keep up with trends.
저는 유행을 따라가기보다는 개인적인 선호에 따라 옷을 선택하는 것을 선호합니다.

이유 1
To begin with, trendy clothes _____.
우선, 유행하는 옷들이 저에게 안 어울립니다.

구체적 근거
For example, wide-leg pants have recently become popular, but they _____.
예를 들어, 와이드 팬츠가 최근에 인기 있어졌지만, 저에게는 전혀 안 어울립니다.

이유 2
Also, following trends _____.
또한, 유행을 따라가는 것은 비용이 많이 들 수 있습니다.

구체적 근거
Specifically, _____, and I'd have to _____ to keep up with them.
구체적으로, 스타일은 자주 바뀌고, 제가 그것들을 따라가기 위해서는 새 옷을 사야 할 것입니다.

요약
Therefore, _____.
그러므로, 저만의 스타일에 집중하는 것이 가장 좋습니다.

Daily Test

03 Question

브레인스토밍

don't like the idea of dress codes
복장 규정이라는 개념을 좋아하지 않음

1. limit personal expression
   개인적인 표현을 제한함

   - boring & lack creativity
     지루하고 창의성이 부족함

2. flexible clothing rules are more practical
   유연한 복장 규정이 더 실용적임

   - removed dress code due to extreme heat → improved health & work efficiency
     극심한 더위 때문에 복장 규정을 없앰 → 건강과 업무 효율성을 향상시킴

dress codes, unnecessary
복장 규정이 불필요함

말하기

나의 입장
I _____.
저는 복장 규정이라는 개념을 좋아하지 않습니다.

이유 1
First of all, they _____.
첫째로, 그것들은 개인적인 표현을 제한합니다.

구체적 근거
In fact, places that restrict self-expression and individuality _____.
실제로, 자기표현과 개성을 제한하는 곳들은 지루할 수 있고 창의성이 부족할 수 있습니다.

이유 2
Second, _____, especially when it comes to the weather or a person's health.
둘째로, 유연한 복장 규정이 더 실용적인데, 날씨나 개인의 건강과 관해서는 특히 그렇습니다.

구체적 근거
In fact, my sister's company _____, and this _____.
실제로, 제 언니의 회사는 극심한 더위 때문에 복장 규정을 없앴고, 이것은 직원들의 건강과 업무 효율성을 모두 향상시켰습니다.

요약
Overall, I _____.
종합적으로, 저는 복장 규정이 불필요하다고 생각합니다.

04 Question

브레인스토밍

positive development
긍정적인 발전

1. more convenient
   더 편리함

   - order from phone without leaving home
   집을 나가지 않고 휴대폰으로 주문함

2. give people more choices
   사람들에게 더 많은 선택권을 제공함

   - X limited by space → more sizes, colors, styles
   공간에 제한받지 않기 때문에 더 많은 사이즈, 색깔, 스타일을 제공함

beneficial
유익함

말하기

나의 입장
I think _____
_____ for the following reasons.
저는 다음과 같은 이유로 온라인 쇼핑이 긍정적인 발전이라고 생각합니다.

이유 1
One reason is that it _____
_____.
한 가지 이유는 그것이 옷을 사는 것을 더 편리하게 만들기 때문입니다.

구체적 근거
For example, I can look at items and _____
_____.
예를 들어, 저는 집을 나가지 않고도 휴대폰으로 상품들을 보고 주문할 수 있습니다.

이유 2
Also, online shopping _____.
또한, 온라인 쇼핑은 사람들에게 더 많은 선택권을 제공합니다.

구체적 근거
Compared with local shops, online platforms are ____
_____, so they can
_____.
동네 상점들과 비교했을 때, 온라인 플랫폼은 물리적 공간에 제한받지 않기 때문에, 더 많은 사이즈, 색깔, 그리고 스타일을 제공할 수 있습니다.

요약
To conclude, _____
_____.
결론적으로, 온라인 쇼핑으로의 전환은 유익했습니다.

정답 p.312

Day 17 주제별 공략하기: 교육·진로·기술

교육, 진로, 기술 관련 인터뷰에서 나올 수 있는 질문과 답변 표현들을 익혀 두면, 시험에서 비슷한 질문이 나왔을 때 답변 내용을 빠르게 떠올려 말할 수 있습니다. 교육, 진로, 기술 주제와 관련된 질문과 답변 표현들을 익혀 봅시다.

01: 교육

공부 습관 (Study Habits)

Q. 집중력을 유지하기 위해 보통 어디에서 공부하나요?

나의 입장	도서관에서 공부한다	study in the library
이유 1	자료와 도구가 갖춰져 있다	equipped with materials & tools
근거 (예시)	책, 프린터, 열람실에 쉽게 접근할 수 있다	easy access to books, printers, study rooms
이유 2	집중을 방해하는 것이 없다	no distractions
근거 (비교)	집이나 카페에서는 주의가 산만해진다	home or cafés, get distracted

Q. 공부할 때 혼자 공부하는 것을 선호하나요, 아니면 친구들과 함께 공부하는 것을 좋아하나요?

나의 입장	내 친구들과 함께 공부한다	study with my friends
이유 1	서로 돕는다	help each other
근거 (예시)	친구들이 내가 이해하지 못하면 설명해 준다	friends explain if I don't understand
이유 2	나에게 동기 부여를 해 준다	keep me motivated
근거 (구체화)	서로 격려할 수 있다	can encourage each other

Q. 내용을 적으면서 공부하는 것이 학습 효율성을 향상시킬 수 있다는 생각에 동의하나요?

나의 입장	동의한다	agree
이유 1	더 잘 이해한다	understand better
근거 (구체화)	나만의 방식으로 정보를 재구성한다	reconstruct information in my own way
이유 2	더 오래 기억에 남는다	stay in memory longer
근거 (사실)	신체 행위는 더 잘 기억하게 해준다	physical act helps people remember better

Q. 온라인 학습 플랫폼의 유행이 학생들의 전반적인 학습 경험에 유익하다고 생각하나요?

나의 입장	유익하다	beneficial
이유 1	학습을 더 흥미롭게 만든다	make learning more interesting
근거 (예시)	게임과 같은 형식으로 제공된다	presented in game-like formats
이유 2	언제 어디서나 접속된다	accessed anytime and anywhere
근거 (부연)	시골 지역의 학생들이나 바쁜 사람들이 혜택을 받는다	students in rural areas or busy people benefit

■ 대학 교육 (College Education)

Q. 대학 교육과 관련하여 전공을 선택해 보거나 대학원 진학 여부를 결정한 적이 있나요?

나의 입장	경영학을 공부하기로 결정하다	choose to study business
이유 1	많은 분야에서 실용적인 전공을 원했다	wanted major that is practical in many fields
근거 (예시)	마케팅, 금융에 적용된다	be applied to marketing, finance
이유 2	많은 사람들이 장려했다	many people encouraged
근거 (구체화)	안정적인 경력의 기회를 제공한다고 말했다	said it offers stable career opportunities

Q. 대학생들이 인턴십이나 아르바이트를 하지 않고 학업에만 집중해야 한다고 생각하나요?

나의 입장	그 생각에 반대한다	disagree with the idea
이유 1	실용적인 경험을 제공한다	provide practical experience
근거 (결과)	배운 내용을 실제 환경에 적용한다	apply what they learn in real-world setting
이유 2	수업에서 가르치지 않은 기술을 발전시킨다	develop skills that aren't taught in class
근거 (경험)	시간 관리를 배운 적이 없다	never learned time management

Q. 당신이 사는 곳에서 미래에 대학 등록자 수가 증가할 것이라고 생각하나요?

나의 입장	증가하지 않을 것이다	will not increase
이유 1	출생률이 감소해 왔다	birth rate has been declining
근거 (결과)	대학에 다니는 젊은이의 수가 더 적어진다	fewer young people attending college
이유 2	회사는 경력이 있는 직원을 원한다	companies want employees with experience
근거 (결과)	직장에 바로 뛰어들 것이다	will jump straight into the workforce

Q. 고등 교육이 주로 학생들이 특정 직업을 준비하는 데 초점을 맞춰야 한다는 데 동의하나요?

나의 입장	동의한다	agree
이유 1	학생들의 시간과 노력을 절약시킨다	save students time and effort
근거 (예시)	직장에 빠르고 쉽게 적응한다	adapt to workplaces quickly and easily
이유 2	회사도 혜택을 받을 수 있다	business can also benefit
근거 (부연)	신입 직원 교육에 많은 비용을 지출한다	spend a lot of money training new employees

02: 진로

■ 원격 근무 (Remote Work)

Q. 원격으로 근무하는 것과 사무실에서 근무하는 것 중 어느 것을 선호하나요?

나의 입장	원격으로 근무한다	work remotely
이유 1	더 효율적으로 근무한다	work more efficiently
근거 (구체화)	조용하고 평화로운 집에서, 더 잘 집중한다	in quiet and peaceful home, concentrate better
이유 2	자기계발을 위한 시간이 더 많다	more time for self-development
근거 (결과)	더 유능해지기 위해 무언가를 배운다	learn something to become more capable

Q. 원격으로 근무하는 동안 유연한 근무 일정과 고정된 근무 일정 중 당신은 어떤 것을 선택할 것인가요?

나의 입장	고정된 일정	fixed schedule
이유 1	시간 관리를 더 쉽게 만든다	make time management easier
근거 (가정)	명확한 일정 없이는, 일관된 일과를 유지하기가 어렵다	without a clear schedule, difficult to maintain a consistent routine
이유 2	협업에 유리하다	advantageous for collaboration
근거 (가정)	정해진 시간 동안 일한다면, 원활하게 소통할 수 있다	work during set hours, can communicate smoothly

Q. 원격으로 근무할 때 의사소통의 기회가 적기 때문에 팀워크가 원활하지 않다는 것에 동의하나요?

나의 입장	동의하지 않는다	disagree
이유 1	훌륭한 온라인 도구들이 있다	there are great online tools
근거 (예시)	내 팀원들이 채팅 앱을 사용한다	my teammates use chat app
이유 2	모두가 쉽게 논의에 참여할 수 있다	everyone can join discussions easily
근거 (비교)	대면 환경과 달리, 수줍음이 많은 사람들이 더 많은 아이디어를 공유한다	unlike in face-to-face settings, shy people share more ideas

Q. 대부분의 사람들이 재택근무를 하는 추세가 당신이 일하는 분야에서도 계속될 것이라고 생각하나요?

나의 입장	계속될 것이다	will continue
이유 1	코딩은 어디서든 할 수 있다	coding can be done anywhere
근거 (결과)	사무실이 필요하지 않다	no need for an office
이유 2	소프트웨어 회사는 전 세계에서 직원을 고용한다	software companies hire workers from around the world
근거 (예시)	우리 회사는 한국과 캐나다에 직원들이 있다	my company has members in Korea and Canada

■ 근무 환경 (Work Environment)

Q. 혼자서 일하는 것을 선호하나요, 아니면 집단의 일원으로 일하는 것을 선호하나요?

나의 입장	혼자서 일한다	work alone
이유 1	작업 흐름에 대한 더 큰 통제권	greater control over the workflow
근거 (구체화)	내 방식대로 일을 한다	do tasks in my own way
이유 2	대인 관계 문제를 다루지 않아도 된다	don't have to deal with interpersonal issues
근거 (구체화)	구성원 간의 갈등이 문제가 되지 않는다	conflicts between members are not a problem

Q. 조용한 직장과 더 활기찬 직장 중 어떤 환경을 선호하나요?

나의 입장	조용한 직장	quiet workplace
이유 1	더 잘 집중한다	focus better
근거 (경험)	이전 회사에서 사람들이 큰 소리로 말했다	people talked loudly at old company
이유 2	스트레스를 덜 받는다	less stressful
근거 (부연)	지속적인 소음은 나를 긴장하게 만든다	constant noise makes me feel tense

Q. 직장을 좋게 만드는 중요한 요소가 무엇이라고 생각하나요?

나의 입장	일과 삶의 좋은 균형	good work-life balance
이유 1	번아웃을 겪는 것을 방지한다	prevent from experiencing burnout
근거 (구체화)	에너지를 회복하고, 건강을 유지한다	restore energy, maintain good health
이유 2	높은 직업 만족도로 이어진다	lead to higher job satisfaction
근거 (결과)	성과를 잘 내려는 동기 부여가 더 된다	more motivated to perform well

Q. 주 4일 근무제 도입이 미래에 필수적일 것이라는 생각에 동의하나요?

나의 입장	동의한다	agree
이유 1	인간 근로자의 필요성이 줄어든다	less need for human workers
근거 (부연)	로봇과 AI가 많은 업무를 수행할 것이다	robots and AI will do many tasks
이유 2	생산성을 증가시킨다	increase productivity
근거 (사실)	시간이 적을 때 직원들이 중요한 업무에 집중한다	less time, employees focus on important tasks

03: 기술

인공지능 (Artificial Intelligence)

Q. 챗봇, 이미지 생성기, 음성 비서와 같은 AI 도구 종류 중 주로 사용하는 것은 무엇인가요?

나의 입장	챗봇	chatbots
이유 1	빠르게 일을 하는 데 도움이 된다	help do things quickly
근거 (경험)	운동 계획을 세우기 위해 사용했고 일과를 빠르게 만들어 주었다	used to plan workout, created routine quickly
이유 2	기술적인 정보를 명확하게 설명해 준다	explain technical information clearly
근거 (경험)	영양 보충제를 선택할 때, 성분을 분석해 주었다	select supplements, broke down ingredients

Q. 일하거나 공부할 때 AI 도구의 도움을 받는 것을 선호하나요, 아니면 혼자서 하는 것을 선호하나요?

나의 입장	혼자서 한다	do on my own
이유 1	AI가 실수할 수 있다	AI can make mistakes
근거 (경험)	과제에서 낮은 점수를 받았다	got low score on paper
이유 2	AI에 의존하게 된다	become dependent on it
근거 (결과)	비판적으로 생각하는 능력을 잃는다	lose ability to think critically

Q. AI가 새로운 유형의 일자리 창출로 이어질 것이라는 주장에 동의하나요?

나의 입장	동의하지 않는다	disagree
이유 1	인간보다 더 빠르게 업무를 수행한다	perform tasks faster than humans
근거 (결과)	더 적은 근로자가 필요하다	require fewer workers
이유 2	기본적인 업무들은 AI에 의해 수행될 것이다	basic tasks will be performed by AI
근거 (부연)	사람들은 고급 기술을 필요로 하는 업무에만 필요할 것이다	people will be needed only for tasks that require advanced skills

Q. AI가 미래에 가장 긍정적인 변화를 가져올 수 있다고 생각하는 삶의 영역은 무엇인가요?

나의 입장	의료 서비스	health care
이유 1	환자를 모니터링하는 데 도움을 준다	help monitor patients
근거 (예시)	심박수와 다른 활력 징후들을 추적한다	track heart rate and other vital signs
이유 2	응급 상황에 신속하게 대응한다	respond quickly to emergencies
근거 (구체화)	자동으로 구급차를 부른다	automatically call ambulance

스마트 기기 사용 습관 (Smart Device Usage Habits)

Q. 스마트 기기에서 어떤 종류의 앱을 주로 사용하나요?

나의 입장	메시지 앱	messaging apps
이유 1	빠르고 쉽다	fast and easy
근거 (구체화)	힘들이지 않고 몇 초 만에 메시지를 보낸다	message in seconds effortlessly
이유 2	전화하는 것보다 편하다	convenient than calling
근거 (부연)	바쁘지 않을 때 답해도 된다	can respond when not busy

Q. 어린이들의 스마트 기기 사용을 제한하는 것이 더 낫다고 생각하나요?

나의 입장	제한하는 것이 더 낫다	better to limit
이유 1	해로운 컨텐츠로부터 보호한다	protect from harmful content
근거 (부연)	어린이들은 온라인 위험에 노출될 수 있다	children can be exposed to online dangers
이유 2	실제 사회적 기술을 촉진한다	promote real-world social skills
근거 (비교)	화면을 보느라 또래와 상호작용할 수 없다	screen time, not interact with peers

Q. 스마트 기기가 사람들의 사회적 관계에 긍정적인 영향을 미치나요, 아니면 부정적인 영향을 미치나요?

나의 입장	긍정적인 영향	positive impact
이유 1	쉽게 연락을 유지한다	stay connected easily
근거 (구체화)	멀리 사는 친구나 가족과도 연락할 수 있다	can contact friends or family living far away
이유 2	새로운 관계를 맺을 수 있다	can build new relationships
근거 (경험)	온라인 커뮤니티에서 관심사가 같은 사람들을 만났다	online communities, met people with shared interests

Q. 정신 건강을 위해 주기적으로 스마트 기기를 멀리하는 시간을 가지는 것이 좋다는 의견에 동의하나요?

나의 입장	동의한다	agree
이유 1	스트레스와 불안을 줄여준다	reduce stress and anxiety
근거 (경험)	지속적인 알림이 스트레스를 받게 했다	constant notifications made me stressed
이유 2	건강한 균형을 이룰 수 있다	create healthy balance
근거 (구체화)	오프라인 활동을 즐길 수 있다	can enjoy offline activities

Daily Check-up

🎧 질문을 들으면서 다음 브레인스토밍을 보고, 문장으로 발전시켜 답변해 보세요.

[01–04] 🎧 D17_1

> You have volunteered for a research study about study habits. You will have a short online interview with a researcher. The researcher will ask you some questions.

01 🎧 Question

브레인스토밍

| study in the library |
| 도서관에서 공부함 |

1. equipped with all the materials & tools I need
   나에게 필요한 모든 자료와 도구가 갖춰져 있음

   - easy access to books, printers, study rooms
     책, 프린터, 열람실에 쉽게 접근할 수 있음

2. no distractions
   집중을 방해하는 것이 없음

   - home or cafés: easy to get distracted
     집이나 카페에서는 주의가 산만해지기 쉬움

the best place to study
공부하기에 가장 좋은 장소임

말하기 🎤

나의 입장
I _____.
저는 도서관에서 공부하는 것을 좋아합니다.

이유 1
First of all, the library _____
_____ I need.
첫째로, 도서관에는 제가 필요로 하는 모든 자료와 도구가 갖춰져 있습니다.

구체적 근거
For example, it _____
_____.
예를 들어 책과 같은 자료, 프린터, 열람실에 쉽게 접근할 수 있습니다.

이유 2
Secondly, there are _____.
둘째, 도서관에는 집중을 방해하는 것이 없습니다.

구체적 근거
In contrast, it's _____
_____.
대조적으로, 집이나 카페에서는 TV나 다른 사람의 목소리와 같은 것에 주의가 산만해지기 쉽습니다.

요약
For these reasons, _____
_____.
이러한 이유들 때문에, 도서관은 공부하기에 가장 좋은 장소입니다.

02 Question

브레인스토밍

study with my friends
내 친구들과 함께 공부함

1. help each other
   서로 도움

   - friends explain if I don't understand
   친구들이 내가 이해하지 못하면 설명해 줌

2. keep me motivated
   나에게 동기 부여를 해 줌

   - encourage each other to study harder
   더 열심히 공부하도록 서로 격려함

study with my friends
친구들과 함께 공부함

말하기

나의 입장
I _____.
저는 친구들과 함께 공부하는 것을 선호합니다.

이유 1
First, we _____ understand difficult concepts.
첫째로, 우리는 어려운 개념들을 서로 이해하도록 도울 수 있습니다.

구체적 근거
For example, _____ it.
예를 들어, 제가 무언가를 이해하지 못하면 친구들이 그것을 저에게 설명해 줄 수 있습니다.

이유 2
Another reason is that _____.
또 다른 이유는 친구들과 함께 공부하는 것이 제게 동기 부여를 해 준다는 것입니다.

구체적 근거
To be specific, we can _____.
구체적으로, 저희는 더 열심히 공부하도록 서로 격려할 수 있습니다.

요약
Therefore, I _____ rather than to study alone.
그러므로, 저는 혼자 공부하기보다는 친구들과 함께 공부하는 것을 선호합니다.

Daily Check-up

03 Question

브레인스토밍

agree
동의함

1. understand better
더 잘 이해함

- reconstruct information in my own way
나만의 방식으로 정보를 재구성함

2. stay in memory longer
더 오래 기억에 남음

- physical act helps people remember things better
신체 행위는 더 잘 기억하는 데 도움이 됨

improve learning efficiency
학습 효율성을 향상시킴

말하기

나의 입장
I _____ while studying can improve learning efficiency.
저는 공부하는 동안 내용을 적는 것이 학습 효율성을 향상시킬 수 있다는 것에 동의합니다.

이유 1
To begin with, it _____ _____.
우선, 그것은 제가 자료를 더 잘 이해하는 데 도움이 됩니다.

구체적 근거
Specifically, it _____ _____.
구체적으로, 그것은 제가 정보를 제 방식으로 재구성할 수 있게 해줍니다.

이유 2
Also, the information _____.
또한, 정보가 제 기억에 더 오래 남습니다.

구체적 근거
According to research, _____ _____ things better.
연구에 따르면, 쓰기라는 신체 행위는 사람들이 더 잘 기억하게 도와줍니다.

요약
Overall, I believe _____ _____.
종합적으로, 저는 내용을 적는 것이 학습 효율성을 향상시킨다고 믿습니다.

04 Question

브레인스토밍

beneficial
유익하다

1. make learning more interesting
학습을 더 흥미롭게 만듦

- presented in game-like formats
게임과 같은 형식으로 제공됨

2. be accessed anytime and anywhere
언제 어디서나 접속됨

- students in rural areas or busy people can benefit
시골 지역의 학생들이나 바쁜 사람들이 혜택을 받을 수 있음

helpful 도움이 됨

말하기

나의 입장
I believe that online learning platforms _____ _____.
저는 온라인 학습 플랫폼이 학생들의 전반적인 학습 경험에 유익하다고 생각합니다.

이유 1
One reason is that they _____ _____.
한 가지 이유는 그것들이 학습을 더 흥미롭게 만들기 때문입니다.

구체적 근거
For instance, lessons _____ _____ on these platforms.
예를 들어, 이러한 플랫폼에서는 수업이 게임과 같은 형식으로 제공될 수 있습니다.

이유 2
Another reason is that online learning platforms _____ _____.
또 다른 이유는 온라인 학습 플랫폼은 언제 어디서나 접속될 수 있기 때문입니다.

구체적 근거
In particular, _____ _____ from this.
특히, 시골 지역의 학생들이나 바쁜 일정을 가진 사람들이 이것으로부터 혜택을 받을 수 있습니다.

요약
In conclusion, I think _____ _____ _____.
결론적으로, 저는 온라인 학습 플랫폼이 학생들의 전반적인 학습 경험에 도움이 된다고 생각합니다.

정답 p.314

Daily Test

질문을 들으면서 답변할 내용을 브레인스토밍하고, 문장으로 발전시켜 답변해 보세요. 필요할 경우, 주어진 표현을 답변에 활용하세요.

[01-04] D17_2

You have volunteered for a research study about work environments. You will have a short online interview with a researcher.

브레인스토밍 / 말하기

01
- 나의 입장: I prefer _____.
- 이유1: That's because _____.
- 구체적 근거: Specifically, _____.
- 이유 2: Also, _____.
- 구체적 근거: In particular, _____.
- 요약: For these reasons, I prefer _____.

02
- 나의 입장: It is better _____.
- 이유1: One reason is that _____.
- 구체적 근거: For example, _____.
- 이유 2: Furthermore, _____.
- 구체적 근거: In fact, _____.
- 요약: Therefore, _____.

03
- 나의 입장: I think _____.
- 이유1: To begin with, _____.
- 구체적 근거: Specifically, _____.
- 이유 2: Also, _____.
- 구체적 근거: As a result, _____.
- 요약: In short, _____.

04
- 나의 입장: I agree that _____.
- 이유1: First, _____.
- 구체적 근거: To explain, _____.
- 이유 2: Also, _____.
- 구체적 근거: Research shows that _____.
- 요약: In conclusion, _____.

[05-08] 🎧 D17_3

You have volunteered for a research study about artificial intelligence. You will have a short online interview with a researcher. The researcher will ask you some questions.

05

브레인스토밍

말하기 🎤

나의 입장	I _____.
이유 1	First, _____.
구체적 근거	For example, _____.
이유 2	Second, _____.
구체적 근거	For instance, _____.
요약	In short, _____.

06

나의 입장	I prefer _____ to _____.
이유 1	One reason is that _____.
구체적 근거	For example, _____.
이유 2	Another reason is that _____.
구체적 근거	As a result, _____.
요약	For these reasons, _____.

07

나의 입장	I disagree with the claim that _____.
이유 1	First, _____.
구체적 근거	As a result, _____.
이유 2	What's more, _____.
구체적 근거	In other words, _____.
요약	Overall, _____.

08

나의 입장	I think _____.
이유 1	First of all, _____.
구체적 근거	For example, _____.
이유 2	Furthermore, _____.
구체적 근거	To be specific, _____.
요약	Therefore, _____.

Daily Test

[09-12] 🎧 D17_4

> You have agreed to participate in a research study about college education. You will have a short online interview with a researcher. The researcher will ask you some questions.

브레인스토밍 / **말하기** 🎤

09

나의 입장	I think _____.
이유1	First, _____.
구체적 근거	For example, _____.
이유 2	Second, _____.
구체적 근거	To be specific, _____.
요약	In short, _____.

10

나의 입장	I disagree with the idea that _____.
이유1	To begin with, _____.
구체적 근거	As a result, _____.
이유 2	What's more, _____.
구체적 근거	For instance, _____.
요약	Overall, I don't think _____.

11

나의 입장	I don't believe _____.
이유1	That's because _____.
구체적 근거	As a result, _____.
이유 2	The second reason is that _____.
구체적 근거	Because of this, _____.
요약	In conclusion, _____.

12

나의 입장	I agree that _____.
이유1	First of all, _____.
구체적 근거	For example, _____.
이유 2	Second, _____.
구체적 근거	In fact, _____.
요약	Therefore, I think _____.

Hackers Updated TOEFL Speaking Basic

[13-16] 🎧 D17_5

You have agreed to participate in a research study about remote work. You will have a short online interview with a researcher. The researcher will ask you some questions.

브레인스토밍 | 말하기 🎤

13

나의 입장	I would prefer _____.
이유1	That's because _____.
구체적 근거	To be specific, _____.
이유 2	Another reason is that _____.
구체적 근거	In particular, _____.
요약	For these reasons, I would prefer _____.

14

나의 입장	In my opinion, _____.
이유1	First of all, _____.
구체적 근거	To be specific, _____.
이유 2	Next, _____.
구체적 근거	For example, _____.
요약	Therefore, _____.

15

나의 입장	I disagree that _____.
이유1	First, _____.
구체적 근거	For example, _____.
이유 2	What's more, _____.
구체적 근거	Unlike _____.
요약	To conclude, I don't think that _____.

16

나의 입장	I think _____.
이유1	To begin with, _____.
구체적 근거	As a result, _____.
이유 2	Besides, _____.
구체적 근거	For instance, _____.
요약	In conclusion, _____.

정답 p.317

Day 17 주제별 공략하기: 교육·진로·기술

Day 18 주제별 공략하기: 사회·문화·환경

음성 바로 듣기

사회, 문화, 환경 관련 인터뷰에서 나올 수 있는 질문과 답변 표현들을 익혀 두면, 시험에서 비슷한 질문이 나왔을 때 답변 내용을 빠르게 떠올려 말할 수 있습니다. 사회, 문화, 환경 주제와 관련된 질문과 답변 표현들을 익혀 봅시다.

01: 사회

대중교통 (Public Transportation)

Q. 당신이나 당신 주변 사람들은 보통 어떤 종류의 대중교통을 이용하나요?

나의 입장	지하철	subway
이유 1	빠르고 신뢰할 수 있다	fast and reliable
근거 (부연)	교통 체증의 영향을 받지 않는다	not affected by traffic jams
이유 2	매우 접근하기 쉽다	very accessible
근거 (부연)	지하철역이 많은 지역에 위치해 있다	stations are located in many areas

Q. 당신이 통근할 때, 대중교통을 이용하는 것을 선호하나요, 아니면 운전하는 것을 선호하나요?

나의 입장	운전한다	drive
이유 1	더 많은 유연성을 제공한다	give more flexibility
근거 (구체화)	언제 출발할지와 어떤 경로로 갈지 선택한다	choose when to leave and which route to take
이유 2	더 편하다	more comfortable
근거 (부연)	다른 승객들을 상대하지 않는다	don't deal with other passengers

Q. 정부가 도로보다 대중교통에 더 많이 투자해야 한다는 주장에 동의하나요, 아니면 동의하지 않나요?

나의 입장	동의한다	agree
이유 1	환경 친화적이다	environmentally friendly
근거 (부연)	더 적은 배출가스를 생기게 한다	produce fewer emissions
이유 2	더 많은 사람들에게 혜택을 준다	benefit more people
근거 (예시)	자동차 없는 사람들이 편리하게 이동할 수 있다	people without cars can travel conveniently

Q. 당신은 무료 대중교통이 사회에 어떤 영향을 미칠 것이라고 생각하나요?

나의 입장	무료 대중교통이 긍정적인 영향을 미친다	free public transportation has positive effect
이유 1	교통 체증을 줄인다	reduce traffic jams
근거 (구체화)	더 많은 사람들이 운전 대신 지하철을 선택한다	more people choose subways instead of driving
이유 2	대기 오염을 줄인다	cut air pollution
근거 (가정)	자동차가 줄어들면, 공기가 깨끗해진다	with fewer cars, there would be cleaner air

■ 거주 형태 (Living Arrangement)

Q. 현재 당신의 거주 형태를 설명해 주실 수 있나요?

나의 입장	기숙사에 산다	live in a dormitory
이유 1	편리하다	convenient
근거 (구체화)	수업에 쉽게 걸어간다	easily walk to classes
이유 2	다양한 사람들을 만날 기회가 있다	have the chance to meet different people
근거 (구체화)	다양한 전공과 지역 출신 학생들이 함께 생활한다	students from various majors and regions live together

Q. 당신은 단독 주택에서 사는 것과 아파트와 같은 공동 주택에서 사는 것 중 어느 쪽을 선호하나요?

나의 입장	아파트에 사는 것	living in an apartment
이유 1	다양한 서비스에 대한 접근을 제공한다	offer access to a variety of services
근거 (예시)	아파트에서의 수리는 직원들에 의해 처리된다	repairs in apartments are handled by staff
이유 2	비용 효율이 높다	cost-effective
근거 (예시)	난방과 냉방을 할 때 전기료가 더 낮다	electricity bills are lower when heating and cooling

Q. 미래에 1인 가구가 더 많아질 것이라고 생각하나요?

나의 입장	1인 가구가 더 많아질 것이다	there will be more single-person households
이유 1	결혼율이 감소하고 있다	marriage rate is decreasing
근거 (구체화)	더 늦게 결혼하거나 아예 결혼하지 않고 있다	getting married later or not getting married at all
이유 2	노인 인구가 증가하고 있다	the number of elderly people is increasing
근거 (구체화)	노인들은 배우자가 세상을 떠난 후 혼자 산다	older adults live alone after spouse passes away

Q. 젊은 사람들이 법적으로 성인이 되자마자 부모님 집에서 나와 독립해야 한다는 것에 동의하나요?

나의 입장	동의하지 않는다	disagree
이유 1	경제적 부담을 야기한다	cause financial burden
근거 (구체화)	식비와 집세를 지불하는 것이 어려울 것이다	paying for food and rent would be difficult
이유 2	학업에 집중하기 어렵다	hard to focus on studies
근거 (가정)	일상생활을 관리한다면, 역량을 개발할 시간이 충분하지 않다	manage daily life, not enough time to develop their skills

02: 문화

전통 문화 (Traditional Culture)

Q. 당신이나 당신의 가족에게 전통 문화를 보존하는 것이 중요한가요?

나의 입장	전통 문화 보존은 중요하다	preserving traditional culture is important
이유 1	가족 유대를 강화한다	strengthen family ties
근거 (예시)	추석과 같은 전통 명절 동안에 다시 관계를 돈독히 한다	reconnect during traditional holidays like Chuseok
이유 2	정체성을 느끼게 해준다	give a sense of identity
근거 (구체화)	나이 드신 친척들의 이야기는 내가 누구인지 이해하는 데 도움이 된다	elderly relatives' stories help understand who I am

Q. 당신은 외국인 친구들에게 어떤 전통 문화를 소개하고 싶나요?

나의 입장	한복	hanbok
이유 1	아름답고 독특하다	beautiful and unique
근거 (부연)	색깔과 디자인이 멋지다	colors and designs are stunning
이유 2	문화를 경험하는 쉬운 방법이다	easy way to experience culture
근거 (구체화)	쉽게 대여하고 입어볼 수 있다	easily rent and try on

Q. 젊은 사람들이 전통 문화에 대해 배워야 한다는 생각에 동의하나요, 아니면 그들이 현대 문화에 집중해야 한다고 생각하나요?

나의 입장	전통 문화에 대해 배워야 한다	should learn about traditional culture
이유 1	정체성을 유지하는 데 도움을 준다	help maintain a sense of identity
근거 (구체화)	사람들에게 그들의 뿌리를 상기시키고 공동체 의식을 강화한다	remind people of their roots, strengthen a sense of community
이유 2	지식이 미래 세대로 전해지게 한다	allow knowledge to be passed down to future generations
근거 (예시)	전통 이야기들은 가족의 중요성과 같은 교훈을 가르친다	traditional stories teach lessons such as the importance of family

Q. 전통 문화를 홍보하는 것이 관광업과 경제를 활성화하는 좋은 방법이라는 것에 동의하나요?

나의 입장	동의한다	agree
이유 1	외국인 방문객들에게 매력적이다	attractive to foreign visitors
근거 (부연)	관광객들은 독특한 관습들을 배우고 싶어 한다	tourists want to learn unique customs
이유 2	지속적인 관광 수익을 창출한다	generate ongoing tourism revenue
근거 (예시)	관광객들이 계절마다 열리는 축제를 위해 여러 번 방문한다	tourists visit multiple times for seasonal festivals

박물관 방문 (Visiting Museums)

Q. 당신이나 당신의 친구들은 대개 어떤 종류의 박물관을 방문하기를 좋아하나요?

나의 입장	미술관	art museum
이유 1	내가 쉬는 데 도움이 된다	help me relax
근거 (경험)	아름다운 작품들을 볼 때 차분해진다	look at beautiful works, feel calm
이유 2	문화와 역사에 대해 배운다	learn about culture & history
근거 (예시)	작품들이 여러 문화와 역사적 맥락을 반영한다	works reflect different cultures and historical contexts

Q. 박물관에서 투어 그룹의 구성원으로 전시물을 둘러보는 것과 혼자 둘러보는 것 중 무엇을 선호하나요?

나의 입장	혼자 박물관을 방문하다	visit museums alone
이유 1	더 많은 자유를 가진다	have more freedom
근거 (구체화)	내가 원하는 것을 내가 좋아하는 순서로 본다	look at what I want in the order I like
이유 2	집중하기 더 쉽다	easier to focus
근거 (대조)	다른 구성원들이 이야기하고 있다면 주의가 산만해진다	distracted if other members were talking

Q. 박물관을 더 즐거운 곳으로 만들 수 있는 방법이 무엇이라고 생각하나요?

나의 입장	직접 체험할 수 있는 경험을 제공한다	provide hands-on experiences
이유 1	전시물과 상호작용함으로써 재미있게 배운다	learn in a fun way by interacting with exhibits
근거 (예시)	과학 박물관에서, 버튼을 눌러 실험을 시작하고 어떻게 되어 가는지 본다	in science museum, press buttons to start experiments and see how they work
이유 2	워크숍이나 활동 부스	workshops or activity booths
근거 (예시)	미술관에서, 그림을 그리거나 공예품을 만든다	at art museum, paint or make crafts

Q. 박물관에서 가상 투어를 통해 온라인으로 콘텐츠를 둘러보는 것이 좋은 방법이라고 생각하나요?

나의 입장	가상 투어는 좋은 방법이다	virtual tours are a good way
이유 1	가지 않고도 관람한다	view without having to travel
근거 (경험)	박물관에서 멀리 떨어져 살아서, 방문하려면 시간이 많이 걸린다	live far from museums, time-consuming to visit
이유 2	특별한 콘텐츠를 제공한다	feature special content
근거 (예시)	전문가들의 강연과 애니메이션	talks by experts and animations

03: 환경

지구 온난화 (Global Warming)

Q. 지구 온난화가 당신이 사는 지역의 날씨를 변화시키고 있다고 생각하나요?

나의 입장	날씨를 변화시키고 있다	is changing the weather
이유 1	여름이 더 더워지고 있다	summers are becoming hotter
근거 (경험)	작년 여름이 너무 더워서 내 정원의 식물들이 죽었다	last summer was so hot that plants in my garden died
이유 2	강수 패턴이 다르다	rainfall patterns are different
근거 (경험)	예년과 달리 작년 가을에 심각한 홍수를 경험했다	unlike in previous years, experienced severe flooding last fall

Q. 기후 변화에 대응하는 데 효과적이라고 생각하는 행동을 공유해 주실 수 있나요?

나의 입장	자전거를 탄다	ride bike
이유 1	탄소 배출을 줄인다	reduce carbon emissions
근거 (결과)	대기 오염과 온실가스를 낮춘다	lower air pollution and greenhouse gases
이유 2	에너지 소비를 필요로 하지 않는다	don't require energy consumption
근거 (부연)	에너지를 절약하고 폐기물을 생기게 하지 않는다	save energy and produce no waste

Q. 미래에 더 많은 학교들이 환경 교육 프로그램을 도입할 것이라고 생각하나요?

나의 입장	더 많은 학교들이 환경 교육 프로그램을 도입할 것이다	more schools will adopt environmental education programs
이유 1	기후 변화에 대한 인식을 효과적으로 높인다	effectively raise awareness about climate change
근거 (구체화)	수업 시간에 그것에 대한 비디오를 볼 때 더 잘 이해한다	understand better when seeing videos about it in class
이유 2	도움이 되는 습관을 가르친다	teach helpful habits
근거 (예시)	학교에서 병을 수집하는 것에 대한 보상을 제공했기 때문에 사촌이 재활용을 시작했다	school gave rewards for collecting bottles, cousin started recycling

Q. 새로운 기술이 지구 온난화로 인해 발생한 문제들을 해결하는 데 도움이 될 것이라는 생각에 동의하나요?

나의 입장	동의한다	agree
이유 1	친환경 에너지 기술들이 개선되고 있다	green energy technologies are improving
근거 (구체화)	태양광과 풍력 발전이 더 효율적이게 된다	solar and wind power become more efficient
이유 2	기후 문제에 대비하고 대응하는 것이 쉽다	easy to prepare for and respond to climate issues
근거 (예시)	위성 시스템이 기후 변화를 모니터링한다	satellite systems monitor climate changes

■ 환경 보호 활동 (Environmental Protection Activities)

Q. 환경을 보호하기 위해 주로 어떤 행동을 하나요?

나의 입장	재사용 가능한 제품을 사용한다	use reusable products
이유 1	플라스틱 폐기물의 양을 줄인다	reduce the amount of plastic waste
근거 (사실)	플라스틱은 분해되는 데 수백 년이 걸린다	plastic takes hundreds of years to decompose
이유 2	천연 자원을 보존한다	conserve natural resources
근거 (부연)	새 것을 생산하는 데 많은 재료를 쓴다	use a lot of materials to produce new things

Q. 사용한 물품을 재활용하는 것과 소비 자체를 줄이는 것 중 환경을 위해 어떤 것이 더 중요하다고 생각하나요?

나의 입장	소비를 줄이는 것	reduce consumption
이유 1	애초에 쓰레기 발생을 방지한다	prevents waste generation in the first place
근거 (경험)	비닐봉투를 사는 대신 재사용 가능한 가방을 사용했다	used reusable bags instead of buying plastic ones
이유 2	재활용 시스템의 한계	limitations of recycling systems
근거 (구체화)	특정한 소재들만 재활용될 수 있다	only certain materials can be recycled

Q. 정부가 플라스틱 일회용품 사용을 법으로 금지해야 한다는 의견에 동의하나요?

나의 입장	동의한다	agree
이유 1	플라스틱은 지구 온난화에 기여한다	plastic contributes to global warming
근거 (부연)	분해될 때 온실가스를 배출한다	release greenhouse gases as it degrade
이유 2	다른 환경친화적인 습관을 기르도록 장려한다	encourage the development of other eco-friendly habits
근거 (가정)	플라스틱 수저와 포크를 쓰는 것을 피할 것이다	will avoid using plastic spoons and forks

Q. 용기를 씻거나 라벨을 제거하는 등, 재활용 쓰레기를 버릴 때 지켜야 하는 규칙들을 단순화해야 한다고 생각하나요?

나의 입장	단순화해야 한다	should be simpler
이유 1	복잡한 규칙은 사람들을 혼란스럽게 한다	complicated rules confuse people
근거 (결과)	어떤 사람들은 재활용을 잘못해서 효율을 낮춘다	some people recycle incorrectly, lower efficiency
이유 2	더 많은 사람들이 재활용을 할 것이다	more people will recycle
근거 (사실)	지시 사항이 명확하면 더 많은 사람이 참여한다	people participate more when instructions are clear

Daily Check-up

🎧 질문을 들으면서 다음 브레인스토밍을 보고, 문장으로 발전시켜 답변해 보세요.

[01-04] 🎧 D18_1

> You have volunteered for a research study about traditional culture. You will have a short online interview with a researcher. The researcher will ask you some questions.

01 🎧 Question

브레인스토밍

- important
  중요함

- 1. strengthen family ties
  가족 유대를 강화함
  - reconnect when get together for traditional holidays
    전통 명절을 기념하여 함께 모일 때 다시 관계를 돈독히 함

- 2. give a sense of identity
  정체성을 느끼게 해줌
  - elderly relatives' stories help understand who I am
    나이 드신 친척들의 이야기는 내가 누구인지 이해하는 데 도움을 줌

- important
  중요함

말하기 🎤

나의 입장
I think _____ .
저는 전통 문화를 보존하는 것이 중요하다고 생각합니다.

이유 1
One reason is that it _____ .
한 가지 이유는 그것이 가족 유대를 강화하기 때문입니다.

구체적 근거
For example, my family _____
_____
_____ .
예를 들어, 제 가족은 추석과 같은 전통 명절을 기념하여 함께 모일 때 다시 서로와의 관계를 돈독히 합니다.

이유 2
Another reason is that it _____ .
또 다른 이유는 그것이 저에게 정체성을 느끼게 해주기 때문입니다.

구체적 근거
To be specific, _____
_____ .
구체적으로, 나이 드신 친척들의 이야기를 듣는 것이 제가 누구인지 이해하는 데 도움이 됩니다.

요약
In short, preserving traditional culture is _____ .
한마디로, 전통 문화를 보존하는 것은 저와 제 가족에게 중요합니다.

02 Question

브레인스토밍

introduce hanbok
한복을 소개함

1. beautiful & unique
   아름답고 독특함

   - colors and designs are stunning & reflect cultural heritage
     색깔과 디자인이 멋지고 문화유산을 반영함

2. easy way to experience Korean culture
   한국 문화를 경험하는 쉬운 방법임

   - doesn't require special skills
     → easily rent and try on
     특별한 기술을 필요로 하지 않기 때문에, 쉽게 대여하고 입어볼 수 있음

introduce hanbok
한복을 소개함

말하기

나의 입장
I'd like to _____.
저는 외국인 친구들에게 한복을 소개하고 싶습니다.

이유 1
To begin with, the hanbok is _____.
우선, 한복은 아름답고 독특합니다.

구체적 근거
To illustrate my point, _____
_____
_____.
예를 들어 설명하자면, 색깔과 디자인이 멋지고 우리나라의 문화유산을 반영합니다.

이유 2
Furthermore, wearing a hanbok is _____
_____.
게다가, 한복을 입는 것은 한국 문화를 경험할 수 있는 쉬운 방법입니다.

구체적 근거
In other words, because it _____
_____, like cooking or writing, my foreign friends can _____.
다시 말해서, 그것은 요리나 글쓰기와 같은 특별한 기술을 필요로 하지 않기 때문에, 제 외국인 친구들이 쉽게 한복을 대여하고 입어볼 수 있습니다.

요약
For these reasons, I would _____
_____.
이러한 이유들 때문에, 저는 외국인 친구들에게 한복을 소개하겠습니다.

Daily Check-up

03 Question

브레인스토밍

agree
동의함

1. help people maintain a sense of identity
   사람들이 정체성을 유지하는 데 도움을 줌

   - remind people of roots
     → strengthen the sense of community
   사람들에게 뿌리를 상기시켜서 공동체 의식을 강화함

2. allow knowledge to be passed down
   지식이 전해지게 함

   - traditional stories teach lessons
   전통 이야기들은 교훈을 가르침

should learn about traditional culture
전통 문화에 대해 배워야 함

말하기

나의 입장
I agree that _____
_____ for the following reasons.
저는 다음과 같은 이유로 젊은 사람들이 전통 문화에 대해 배우도록 요구되어야 한다는 것에 동의합니다.

이유 1
First of all, it _____.
첫째로, 그것은 사람들이 정체성을 유지하는 데 도움을 줍니다.

구체적 근거
In other words, traditional practices _____
_____.
다시 말해서, 전통적인 관습들은 사람들에게 그들의 뿌리를 상기시키고 공동체 의식을 강화하는 데 도움을 줍니다.

이유 2
Second, learning about traditional culture _____
_____.
둘째로, 전통 문화에 대해 배우는 것은 지식이 미래 세대로 전해지게 합니다.

구체적 근거
For example, _____
that modern society often overlooks, such as the importance of family.
예를 들어, 전통 이야기들은 가족의 중요성과 같은 현대 사회가 종종 간과하는 교훈을 가르쳐 줍니다.

요약
To conclude, young people should _____
_____.
결론적으로, 젊은 사람들은 전통 문화에 대해 배워야 합니다.

04 Question

브레인스토밍

agree 동의함

1. attractive to foreign visitors
외국인 방문객들에게 매력적임

- tourists want to learn unique customs firsthand
관광객들은 독특한 관습들을 직접 배우고 싶어 함

2. generate ongoing tourism revenue
지속적인 관광 수익을 창출함

- promote seasonal festivals → tourists visit multiple times
계절마다 열리는 축제들을 홍보하면 관광객들이 여러 번 방문함

boost both tourism and the economy
관광업과 경제 모두를 활성화함

말하기

나의 입장
I agree that promoting traditional culture is _____.

저는 전통 문화를 홍보하는 것이 관광업과 경제를 활성화하는 좋은 방법이라는 것에 동의합니다.

이유 1
That's because traditional culture is _____ _____.

그것은 전통 문화가 외국인 방문객들에게 매력적이기 때문입니다.

구체적 근거
To explain, since each country has unique customs, _____ _____.

설명하자면, 각 나라가 독특한 관습을 가지고 있기 때문에, 관광객들은 그것들을 직접 배우고 싶어 합니다.

이유 2
Furthermore, it _____.

더욱이, 그것은 지속적인 관광 수익을 창출할 수 있습니다.

구체적 근거
For instance, _____ _____ _____.

예를 들어, 우리나라의 계절마다 열리는 축제들을 홍보함으로써 관광객들이 여러 번 방문할 이유를 갖게 됩니다.

요약
Overall, I believe _____ _____.

종합적으로, 저는 전통 문화를 홍보하는 것이 관광업과 경제 모두를 활성화한다고 생각합니다.

정답 p.332

Daily Test

🎧 질문을 들으면서 답변할 내용을 브레인스토밍하고, 문장으로 발전시켜 답변해 보세요. 필요할 경우, 주어진 표현을 답변에 활용하세요.

[01-04] 🎧 D18_2

> You have volunteered for a research study about living arrangements. You will have a short online interview with a researcher. The researcher will ask you some questions.

브레인스토밍 / **말하기** 🎤

01
- 나의 입장: I _____.
- 이유1: One reason is that _____.
- 구체적 근거: To be specific, _____.
- 이유 2: What's more, _____.
- 구체적 근거: Specifically, _____.
- 요약: Overall, _____.

02
- 나의 입장: I prefer _____.
- 이유1: That's because _____.
- 구체적 근거: For instance, _____.
- 이유 2: Also, _____.
- 구체적 근거: For example, _____.
- 요약: To conclude, _____.

03
- 나의 입장: I feel _____.
- 이유1: First, _____.
- 구체적 근거: Compared with _____.
- 이유 2: Second, _____.
- 구체적 근거: To be specific, _____.
- 요약: For these reasons, _____.

04
- 나의 입장: I disagree that _____.
- 이유1: The first reason is that _____.
- 구체적 근거: In fact, _____.
- 이유 2: Also, _____.
- 구체적 근거: For instance, _____.
- 요약: Therefore, _____.

[05-08] 🎧 D18_3

You have agreed to take part in a research study about visiting museums. You will have a short online interview with a researcher. The researcher will ask you some questions.

브레인스토밍 / 말하기 🎤

05
나의 입장	I like _____.
이유 1	One reason is that _____.
구체적 근거	In fact, _____.
이유 2	Another reason is that _____.
구체적 근거	To be specific, _____.
요약	For these reasons, _____.

06
나의 입장	Personally, I prefer to _____.
이유 1	To begin with, _____.
구체적 근거	To explain, _____.
이유 2	Furthermore, _____.
구체적 근거	In particular, _____.
요약	In conclusion, I prefer to _____.

07
나의 입장	I think _____.
이유 1	First, _____.
구체적 근거	For example, _____.
이유 2	Second, _____.
구체적 근거	For instance, _____.
요약	In short, _____.

08
나의 입장	From my perspective, _____.
이유 1	First of all, _____.
구체적 근거	To illustrate my point, _____.
이유 2	Also, _____.
구체적 근거	For example, _____.
요약	Therefore, _____.

Daily Test

[09-12] 🎧 D18_4

You have agreed to take part in a research study about public transportation. You will have a short online interview with a researcher. The researcher will ask you some questions.

09

브레인스토밍

말하기 🎤

나의 입장	Most people _____.
이유1	One reason is that _____.
구체적 근거	To explain, _____.
이유 2	Another reason is that _____.
구체적 근거	To be specific, _____.
요약	For these reasons, _____.

10

나의 입장	I would prefer _____.
이유1	First, _____.
구체적 근거	Unlike _____.
이유 2	Furthermore, _____.
구체적 근거	In particular, _____.
요약	Therefore, _____.

11

나의 입장	I agree that _____.
이유1	That's because _____.
구체적 근거	To be specific, _____.
이유 2	Furthermore, _____.
구체적 근거	For example, _____.
요약	To conclude, _____.

12

나의 입장	I think _____.
이유1	To begin with, _____.
구체적 근거	To be specific, _____.
이유 2	Also, _____.
구체적 근거	In other words, _____.
요약	In short, _____.

[13-16] 🎧 D18_5

> You have agreed to take part in a research study about global warming. You will have a short online interview with a researcher. The researcher will ask you some questions.

브레인스토밍 / **말하기** 🎤

13

나의 입장	I believe that _____.
이유1	First of all, _____.
구체적 근거	In fact, _____.
이유 2	Furthermore, _____.
구체적 근거	For instance, _____.
요약	In conclusion, _____.

14

나의 입장	In my case, _____.
이유1	That's because _____.
구체적 근거	To put it another way, _____.
이유 2	Also, _____.
구체적 근거	In fact, _____.
요약	Therefore, _____.

15

나의 입장	In my opinion, _____.
이유1	One reason is that _____.
구체적 근거	To be specific, _____.
이유 2	Another reason is that _____.
구체적 근거	To illustrate my point, _____.
요약	For these reasons, I think _____.

16

나의 입장	I agree that _____.
이유1	To begin with, _____.
구체적 근거	In particular, _____.
이유 2	What's more, _____.
구체적 근거	For example, _____.
요약	In conclusion, _____.

정답 p.335

Day 19 주제별 공략하기: 일상·여가·건강

일상, 여가, 건강 관련 인터뷰에서 나올 수 있는 질문과 답변 표현들을 익혀 두면, 시험에서 비슷한 질문이 나왔을 때 답변 내용을 빠르게 떠올려 말할 수 있습니다. 일상, 여가, 건강 주제와 관련된 질문과 답변 표현들을 익혀 봅시다.

01: 일상

쇼핑 습관 (Shopping Habits)

Q. 최근에 당신이나 당신이 아는 사람이 쇼핑하면서 구매한 제품에 대해 설명해 줄 수 있나요?

나의 입장	최신 스마트폰 모델을 구매했다	bought the latest smartphone model
이유 1	오래된 휴대폰이 고장 났다	old phone broke down
근거 (경험)	더 이상 충전할 수 없었다	couldn't charge it anymore
이유 2	새로운 AI 기능들에 관심이 있었다	interested in new AI features
근거 (예시)	한 번 터치하면 사진을 향상시키는 사진 편집 도구를 사용해 보고 싶었다	wanted to try photo-editing tools, which enhance pictures with one tap

Q. 당신은 쇼핑할 때 저렴한 가격과 높은 품질 중 어떤 것에 중점을 두나요?

나의 입장	고품질에 중점을 둔다	focus on high quality
이유 1	더 오래간다	last longer
근거 (결과)	장기적으로 돈을 절약한다	save money in the long run
이유 2	성능이 좋은 신뢰할 수 있는 제품을 원한다	want reliable products that perform well
근거 (예시)	좋은 신발은 발 통증과 부상을 방지한다	good shoes prevent foot pain and injuries

Q. 일상용품을 구매할 때, 잘 알려진 브랜드와 더 저렴한 무명 브랜드 제품 중 무엇을 선호하나요?

나의 입장	잘 알려진 브랜드	well-known brands
이유 1	더 나은 품질을 가지고 있다	have better quality
근거 (부연)	좋은 재료를 사용하고 제품을 신중하게 테스트한다	use good materials and test products carefully
이유 2	더 나은 고객 서비스나 보증을 제공한다	provide better customer service or warranties
근거 (구체화)	도움을 받거나 교체품을 받는 것이 더 쉽다	easier to get help or a replacement

Q. 소비자들이 윤리경영 기업의 제품을 선택하는 추세가 미래에도 증가할 것이라고 생각하나요?

나의 입장	계속 증가할 것이다	will continue to grow
이유 1	동물 학대와 같은 문제들을 인식하게 된다	become aware of issues like animal cruelty
근거 (결과)	동물 실험이 없는 회사의 제품을 선택한다	choose products from cruelty-free companies
이유 2	소셜 미디어가 정보를 퍼뜨린다	social media spreads information
근거 (결과)	회사들에게 책임감 있게 행동하라는 압박이 더 많다	more pressure on companies to act responsibly

■ 시간 관리 (Time Management)

Q. 공부, 일, 운동과 같은 일을 아침에 하는 것을 선호하나요, 아니면 밤에 하는 것을 선호하나요?

나의 입장	아침에	in the morning
이유 1	잠을 잔 후에 더 집중되는 느낌이 든다	feel more focused after sleep
근거 (결과)	일을 빨리 끝낼 수 있다	get things done quickly
이유 2	남은 하루 동안 더 편안함을 느낀다	feel more relaxed for the rest of the day
근거 (부연)	저녁 시간을 즐길 수 있다	can enjoy my evening

Q. 당신이나 주변 사람들은 주로 어떤 종류의 시간 관리 도구를 사용하나요?

나의 입장	종이로 된 플래너를 사용한다	use a paper planner
이유 1	손으로 적는 것은 내가 더 잘 기억하게 한다	writing by hand makes me remember better
근거 (경험)	플래너에 할 일이나 약속을 적는다	write tasks or appointments in my planner
이유 2	방해 요소가 없다	have no distractions
근거 (대조)	휴대폰과 달리, 팝업 메시지나 광고를 보여주지 않을 것이다	unlike a phone, won't show pop-up messages or advertisements

Q. 오늘날 사람들이 과거보다 시간을 더 잘 관리한다고 생각하나요?

나의 입장	시간을 더 잘 관리한다	manage time better
이유 1	시간 관리에 도움이 되는 많은 디지털 도구	many digital tools to help with time management
근거 (예시)	유용한 기능이 있는 시간 추적 앱	time-tracking apps with useful functions
이유 2	새로운 기술은 사람들의 시간을 절약해 준다	new technologies save people time
근거 (구체화)	인터넷에서 정보를 빠르게 찾을 수 있다	can quickly find information on the Internet

Q. 멀티태스킹이 사람들에게 어떤 영향을 미친다고 생각하나요?

나의 입장	사람들이 덜 집중하게 한다	make people less focused
이유 1	실수로 이어진다	lead to mistakes
근거 (경험)	에세이를 쓰는 동안, 휴대폰을 확인했기 때문에 실수를 했다	while writing an essay, made mistakes because I was checking my phone
이유 2	뇌에 피로를 준다	tiring for the brain
근거 (결과)	사람들을 정신적으로 지치게 만든다	make people feel mentally exhausted

02: 여가

■ 여행 습관 (Travel Habits)

Q. 당신은 여행할 때 번잡하고 붐비는 곳에 더 관심이 있나요, 아니면 조용하고 덜 알려진 장소에 더 관심이 있나요?

나의 입장	조용하고 덜 알려진 장소	quiet, less-known spots
이유 1	실제 현지 생활을 볼 수 있다	get to see real local life
근거 (예시)	유명한 관광지에서 맛볼 수 없는 현지 음식을 먹는다	eat local food I can't taste in famous tourist areas
이유 2	휴식을 취하는 데 도움이 된다	help me relax
근거 (구체화)	긴 줄과 군중이 없어서 평화를 즐긴다	no long lines or crowds, enjoy the peace

Q. 여행할 때 한 곳에 머무르는 것을 선호하나요, 아니면 여러 다른 곳을 방문하는 것을 선호하나요?

나의 입장	한 곳에 머무른다	stay in one place
이유 1	현지 문화를 진정으로 이해한다	truly understand local culture
근거 (구체화)	사람들을 알게 되고, 언어를 배우게 된다	get to know the people, learn language
이유 2	시간을 효율적으로 사용할 수 있다	can use time efficiently
근거 (구체화)	장소들 사이를 이동하는 데 시간을 낭비하지 않는다	don't waste time moving between places

Q. 다른 나라들을 여행하면서 원격으로 일하는 디지털 노마디즘이 흔해질 것이라고 생각하나요?

나의 입장	더 흔해질 것이다	will become more common
이유 1	원격 근무 기술이 계속 좋아지고 있다	remote work technology keeps getting better
근거 (결과)	어디서든 생산적일 수 있다	can be productive from anywhere
이유 2	젊은 사람들은 일과 삶의 균형에 큰 가치를 둔다	young people place great value on work-life balance
근거 (부연)	일과 여행을 결합하는 것은 그들에게 매력적이다	combining work and travel is appealing to them

Q. 여행에 관한 모든 것을 미리 계획하는 것이 여행을 더 즐겁게 만든다는 것에 동의하나요?

나의 입장	동의하지 않는다	disagree
이유 1	즉흥적인 결정들이 최고의 경험으로 이어진다	spontaneous decisions lead to best experiences
근거 (경험)	현지인으로부터 추천을 받아서 아름다운 사원을 방문했다	got recommendation from a local and visited beautiful temple
이유 2	엄격한 계획은 스트레스를 유발한다	rigid planning causes stress
근거 (예시)	항공편 지연과 같은 예측 불가능한 일들이 계획을 망친다	unpredictable events like delayed flights ruin plans

악기 (Musical Instruments)

Q. 당신이나 당신의 주변 사람들은 어떤 종류의 악기를 연주하나요?

나의 입장	기타나 피아노를 연주한다	play the guitar or piano
이유 1	배우기 쉽다	easy to learn
근거 (구체화)	초보자들이 기본 코드가 익히기 쉽다고 말한다	beginners say basic chords are simple to pick up
이유 2	다양한 유형의 음악을 연주하는 데 사용된다	used to play many different types of music
근거 (예시)	형이 피아노를 배웠고 클래식과 팝 음악을 모두 연주할 수 있다	brother learned the piano and can play both classical and pop music

Q. 악기를 연주할 때, 혼자 하는 것과 오케스트라처럼 다른 사람들과 함께 하는 것 중 어느 것을 선호하나요?

나의 입장	다른 사람들과 함께 음악을 연주한다	play music with other people
이유 1	더 재미있다	more fun
근거 (구체화)	밴드 멤버들이 완벽한 음을 낼 때 신이 난다	excited when band members hit the perfect note
이유 2	다른 음악가들로부터 배운다	learn from other musicians
근거 (예시)	밴드 멤버들로부터 기법과 방식을 배운다	learn techniques and styles from band members

Q. 악기를 배우는 것이 학교에서 의무화되어야 한다는 것에 동의하나요?

나의 입장	동의한다	agree
이유 1	중요한 뇌 기능을 발달시킨다	develop important brain functions
근거 (사실)	기억력과 집중력을 향상시킨다	improve memory and concentration
이유 2	인내와 규율을 가르친다	teach patience and discipline
근거 (구체화)	아이들에게 꾸준한 노력이 어떻게 발전으로 이어지는지 보여준다	show children how consistent effort leads to improvement

Q. 악기를 연주하는 것이 창의성을 향상시키는 가장 좋은 방법이라는 것에 동의하나요?

나의 입장	동의하지 않는다	disagree
이유 1	다른 활동들에서 올 수 있다	can come from other activities
근거 (예시)	예술 작품을 창작하는 것이 상상력을 발달시킨다	creating artworks develops imagination
이유 2	음악 훈련이 기술에 초점을 맞춘다	musical training focuses on technique
근거 (구체화)	새로운 것을 시도하기보다는 선생님이 보여주는 것을 그저 반복한다	just repeat what teacher shows rather than trying new things

03: 건강

식습관 (Eating Habits)

Q. 매일 아침식사를 하는 것이 당신에게 중요한가요?

나의 입장	중요하다	important
이유 1	몸과 뇌에 에너지를 준다	give body and brain energy
근거 (구체화)	일에 집중할 수 있는 힘을 제공한다	provide strength to focus on work
이유 2	가족과 시간을 보낼 수 있는 기회	opportunity to spend time with family
근거 (경험)	서로 대화를 나누며 하루를 시작한다	start the day by talking with each other

Q. 음식을 선택할 때, 맛과 영양가 중 무엇이 더 중요한가요?

나의 입장	맛	taste
이유 1	맛있는 음식을 먹는 것은 삶의 작은 즐거움 중 하나이다	eating delicious food is one of life's little joys
근거 (부연)	긴 하루 후에 기분을 좋게 할 수 있다	can lift mood after a long day
이유 2	좋은 음식을 함께 먹는 것은 다른 사람들과 더 가까워지는 훌륭한 방법이다	sharing good food is great way to get closer to others
근거 (구체화)	우리가 함께 행복한 추억을 만들 수 있게 해 준다	let us create happy memories together

Q. 미래에 더 많은 사람들이 가공식품 섭취를 줄일 것이라고 생각하나요?

나의 입장	섭취를 줄이지 않을 것이다	will not reduce consumption
이유 1	편리하고 시간을 절약해 준다	convenient and save time
근거 (부연)	현대인들은 바쁘다	modern people are busy
이유 2	사람들은 한정된 식비 예산을 가진다	people have limited food budgets
근거 (비교)	신선한 고기와 채소보다 더 저렴하다	cheaper than fresh meat and vegetables

Q. 식품에 칼로리 정보를 표시하면 사람들이 더 건강한 선택을 할 것이라는 것에 동의하나요?

나의 입장	동의한다	agree
이유 1	칼로리 섭취량을 추적할 수 있게 한다	allows us to track calorie intake
근거 (결과)	칼로리를 계산함으로써 너무 많이 먹는 것을 피한다	avoid eating too much by calculating calories
이유 2	전반적으로 건강에 대한 인식을 높인다	raise awareness about health in general
근거 (구체화)	성분에 주의를 기울이고 더 건강한 옵션을 선택한다	pay attention to ingredients and choose healthier options

운동 습관 (Exercise Habits)

Q. 체중 감량, 스트레스 해소, 건강 유지 등의 여러 목적 중 주로 어떤 이유로 운동을 하나요?

나의 입장	스트레스를 해소하기 위해	to reduce stress
이유 1	정신을 맑게 한다	clear mind
근거 (경험)	운동에 집중하는 동안 걱정거리를 잊었다	forgot worries while focusing on exercise
이유 2	기분을 좋게 한다	improve mood
근거 (부연)	달리기는 긍정적인 마음을 갖게 해 준다	running makes me feel positive

Q. 혼자 운동하는 것과 다른 사람과 함께 운동하는 것 중 무엇을 더 선호하나요?

나의 입장	다른 사람들과 함께 운동한다	exercise with other people
이유 1	서로 도울 수 있다	can help each other
근거 (비교)	혼자일 때, 아무도 자세를 교정해 줄 수 없다	when alone, no one can fix my posture
이유 2	더 규칙적으로 운동하게 된다	exercise more regularly
근거 (경험)	친구와 운동할 시간을 정해두었다	set a time to exercise with a friend

Q. 회사나 학교에서 운동 시설을 제공하는 것이 실제로 사람들의 운동 습관을 개선한다고 생각하나요?

나의 입장	개선한다	improve
이유 1	접근하기 더 쉽다	easier to access
근거 (경험)	사무실 근처 헬스장에 일주일에 두 번 간다	go to gym near office twice a week
이유 2	저렴한 비용으로 운동할 수 있다	can exercise at a low cost
근거 (결과)	경제적 부담 없이 언제든지 운동한다	work out anytime without financial burden

Q. 온라인 운동 강의를 듣는 것이 전문 트레이너에게 직접 수업을 받는 것만큼 효과적이라는 의견에 동의하나요?

나의 입장	동의하지 않는다	disagree
이유 1	피드백을 받을 수 없다	can't get feedback
근거 (경험)	온라인 강의는 단순 설명만 제공했다	online classes only gave simple explanations
이유 2	맞춤형이 아니다	not customized
근거 (구체화)	내게 적절한 수준의 운동을 정하기 어렵다	hard to determine right level of exercise for me

Daily Check-up

🎧 질문을 들으면서 다음 브레인스토밍을 보고, 문장으로 발전시켜 답변해 보세요.

[01-04] 🎧 D19_1

> You have volunteered for a research study about time management. You will have a short online interview with a researcher. The researcher will ask you some questions.

01 🎧 Question

브레인스토밍

in the morning
아침에

1. feel more focused
집중이 더 잘 되는 느낌이 듦

- easier to concentrate & get things done quickly
집중해서 일을 빨리 끝내는 것이 더 쉬움

2. feel more relaxed for the rest of the day
남은 하루 동안 더 편안함을 느낌

- don't have to worry → can enjoy evening
걱정할 필요가 없어서 저녁 시간을 즐길 수 있음

morning
아침

말하기 🎤

나의 입장
I prefer to do important tasks _____.
저는 중요한 일을 아침에 하는 것을 선호합니다.

이유 1
One reason is that my mind _____ after a good night's sleep.
한 가지 이유는 충분한 밤잠을 잔 후에 집중이 더 잘 되는 느낌이 들기 때문입니다.

구체적 근거
As a result, it's _____
_____.
그 결과, 제가 집중해서 일을 빨리 끝내는 것이 더 쉽습니다.

이유 2
Furthermore, if I finish my tasks early in the day, I _____.
더욱이, 하루 중 일찍 일을 끝내면, 남은 하루 동안 더 편안함을 느낍니다.

구체적 근거
In fact, I _____
_____.
실제로, 그것들에 대해 걱정할 필요가 없어서, 제 저녁 시간을 즐길 수 있습니다.

요약
In conclusion, _____
_____.
결론적으로, 아침이 제가 중요한 일을 하는 데 선호하는 시간입니다.

02 Question

브레인스토밍

use a paper planner
종이로 된 플래너를 사용함

1. writing by hand makes me remember better
손으로 적어놓는 것이 내가 더 잘 기억하게 해줌

- write tasks or appointments, can keep them in mind
할 일이나 약속을 적을 때, 머릿속에 담아둘 수 있음

2. doesn't have distractions
방해 요소가 없음

- won't show pop-up messages or advertisements
팝업 메시지나 광고를 보여주지 않음

rely on a planner
플래너에 의존함

말하기

나의 입장
I usually use _____ to manage my time.
저는 주로 시간을 관리하기 위해 종이로 된 플래너를 사용합니다.

이유 1
First of all, _____
_____.
우선, 손으로 적어놓는 것이 내가 일정을 더 잘 기억하게 해줍니다.

구체적 근거
For example, when I write _____
_____.
예를 들어, 플래너에 할 일이나 약속을 적을 때, 그것들을 머릿속에 담아둘 수 있습니다.

이유 2
Furthermore, a paper planner _____
_____.
더욱이, 종이로 된 플래너에는 방해 요소가 없습니다.

구체적 근거
To be specific, unlike a phone, it _____
_____, so I can focus only on making my plans.
구체적으로, 휴대폰과 달리, 그것은 팝업 메시지나 광고를 보여주지 않아서, 저는 계획 세우기에만 집중할 수 있습니다.

요약
Therefore, I rely on _____.
그러므로, 저는 시간을 관리하기 위해 플래너에 의존합니다.

Daily Check-up

03 Question

브레인스토밍

manage time better
시간을 더 잘 관리함

1. many digital tools to help with time management
시간 관리에 도움이 되는 많은 디지털 도구

- time-tracking apps with useful functions
유용한 기능이 있는 시간 추적 앱

2. new technologies help them save a lot of time
새로운 기술들은 많은 시간을 절약하는 데 도움을 줌

- quickly find information on the Internet
인터넷에서 정보를 빠르게 찾을 수 있음

better able to manage time
시간을 더 잘 관리할 수 있음

말하기

나의 입장
I think people today _____ _____.
저는 오늘날 사람들이 과거보다 시간을 더 잘 관리한다고 생각합니다.

이유 1
First, they have access to _____ _____.
첫째로, 그들은 시간 관리에 도움이 되는 많은 디지털 도구에 접근할 수 있습니다.

구체적 근거
For example, there are a lot of _____ _____.
예를 들어, 유용한 기능이 있는 시간 추적 앱이 많이 있습니다.

이유 2
Second, _____ _____.
둘째로, 새로운 기술들은 그들이 많은 시간을 절약하는 데 도움을 줍니다.

구체적 근거
To be specific, they _____ _____ instead of searching in books.
구체적으로, 그들은 책에서 찾는 대신 인터넷에서 정보를 빠르게 찾을 수 있습니다.

요약
In short, they are better _____ _____.
한마디로, 그들은 이제 시간을 더 잘 관리할 수 있습니다.

04 Question

브레인스토밍

make people less focused & more stressed
사람들이 덜 집중하게 하고 스트레스를 더 받게 만듦

1. lead to mistakes
실수로 이어짐

- while writing an essay, made mistakes because I was checking my phone
에세이를 쓰는 동안, 휴대폰을 확인했기 때문에 실수를 했음

2. tiring for the brain
뇌에 피로를 줌

- make people feel mentally exhausted
사람들을 정신적으로 지치게 만듦

lead to greater stress & less focus
더 큰 스트레스와 더 낮은 집중력으로 이어짐

말하기

나의 입장
I agree with the idea that multitasking _____.
저는 멀티태스킹이 사람들을 덜 집중하게 하고 스트레스를 더 받게 만든다는 생각에 동의합니다.

이유 1
First, when we try to do several things at the same time, it _____.
첫째로, 우리가 여러 가지 일을 동시에 하려고 할 때, 그것은 종종 실수로 이어집니다.

구체적 근거
For instance, _____
_____
_____.
예를 들어, 에세이를 쓰는 동안, 제가 휴대폰을 확인했기 때문에 몇 가지 실수를 했습니다.

이유 2
Second, switching between tasks _____
_____.
둘째로, 작업들을 바꿔가며 하는 것은 뇌에 피로를 줄 수 있습니다.

구체적 근거
As a result, it _____
_____.
그 결과, 그것은 사람들을 정신적으로 지치게 만듭니다.

요약
To conclude, multitasking _____
_____.
결론적으로, 멀티태스킹은 더 큰 스트레스와 더 낮은 집중력으로 이어집니다.

정답 p.350

Daily Test

🎧 질문을 들으면서 답변할 내용을 브레인스토밍하고, 문장으로 발전시켜 답변해 보세요. 필요할 경우, 주어진 표현을 답변에 활용하세요.

[01-04] 🎧 D19_2

> You have agreed to take part in a research study about eating habits. You will have a short online interview with a researcher. The researcher will ask you some questions.

01

브레인스토밍

말하기 🎤

나의 입장	As far as I'm concerned, _____.
이유1	First, _____.
구체적 근거	To be specific, _____.
이유 2	Second, _____.
구체적 근거	In fact, _____.
요약	Therefore, _____.

02

나의 입장	Personally, _____.
이유1	That's because _____.
구체적 근거	In fact, _____.
이유 2	Also, _____.
구체적 근거	In particular, _____.
요약	For these reasons, _____.

03

나의 입장	I don't think _____.
이유1	To begin with, _____.
구체적 근거	To be specific, _____.
이유 2	Furthermore, _____.
구체적 근거	Compared with _____.
요약	Overall, _____.

04

나의 입장	I agree that _____.
이유1	One reason is that _____.
구체적 근거	As a result, _____.
이유 2	Another is that _____.
구체적 근거	In fact, _____.
요약	In short, _____.

[05-08] 🎧 D19_3

> You have agreed to take part in a research study about shopping habits. You will have a short online interview with a researcher. The researcher will ask you some questions.

브레인스토밍   말하기 🎤

05

나의 입장	I _____.
이유 1	That's because _____.
구체적 근거	In fact, _____.
이유 2	Also, _____.
구체적 근거	Specifically, _____.
요약	For these reasons, _____.

06

나의 입장	I _____.
이유 1	One reason is that _____.
구체적 근거	To illustrate my point, _____.
이유 2	Another reason is that _____.
구체적 근거	For example, _____.
요약	In conclusion, _____.

07

나의 입장	I think _____.
이유 1	To begin with, _____.
구체적 근거	To explain, _____.
이유 2	Also, _____.
구체적 근거	To be specific, _____.
요약	In short, _____.

08

나의 입장	I think _____.
이유 1	First, _____.
구체적 근거	As a result, _____.
이유 2	Second, _____.
구체적 근거	Because of this, _____.
요약	To conclude, _____.

Day 19 주제별 공략하기: 일상·여가·건강

Daily Test

[09-12] 🎧 D19_4

> You have agreed to take part in a research study about travel habits. You will have a short online interview with a researcher. The researcher will ask you some questions.

브레인스토밍 | **말하기** 🎤

09
나의 입장	I _____.
이유1	That's because _____.
구체적 근거	For example, _____.
이유 2	Also, _____.
구체적 근거	In particular, _____.
요약	Overall, _____.

10
나의 입장	I prefer _____.
이유1	First, _____.
구체적 근거	In particular, _____.
이유 2	Second, _____.
구체적 근거	To be specific, _____.
요약	In short, _____.

11
나의 입장	I think _____.
이유1	To begin with, _____.
구체적 근거	Because of this, _____.
이유 2	Furthermore, _____.
구체적 근거	In fact, _____.
요약	Overall, _____.

12
나의 입장	I disagree that _____.
이유1	First, _____.
구체적 근거	In fact, _____.
이유 2	Second, _____.
구체적 근거	For example, _____.
요약	To conclude, _____.

[13-16] D19_5

You have volunteered for a research study about musical instruments. You will have a short online interview with a researcher. The researcher will ask you some questions.

브레인스토밍 | **말하기** 🎤

13

나의 입장	Many people _____.
이유1	One reason is that _____.
구체적 근거	In fact, _____.
이유 2	What's more, _____.
구체적 근거	For example, _____.
요약	In short, _____.

14

나의 입장	I prefer _____.
이유1	First, _____.
구체적 근거	To be specific, _____.
이유 2	Second, _____.
구체적 근거	For example, _____.
요약	For these reasons, _____.

15

나의 입장	I agree that _____.
이유1	That's because _____.
구체적 근거	According to a recent study, _____.
이유 2	Also, _____.
구체적 근거	In particular, _____.
요약	In conclusion, _____.

16

나의 입장	I disagree that _____.
이유1	First, _____.
구체적 근거	For instance, _____.
이유 2	Second, _____.
구체적 근거	Specifically, _____.
요약	After all, _____.

정답 p.353

Day 20 Task Test

[01-04] 🎧 D20_1

TOEFL iBT SPEAKING

You have volunteered for a research study about learning habits. You will have a short online interview with a researcher. The researcher will ask you some questions.

TOEFL iBT **SPEAKING**   Questions 01~04 of 16   Volume 🔊

01 Please answer the interviewer's question.

RESPONSE TIME
🎤 00:00:45

02 Please answer the interviewer's question.

RESPONSE TIME
🎤 00:00:45

03 Please answer the interviewer's question.

RESPONSE TIME
🎤 00:00:45

04 Please answer the interviewer's question.

RESPONSE TIME
🎤 00:00:45

You have agreed to take part in a research study about leisure activities. You will have a short online interview with a researcher. The researcher will ask you some questions.

TOEFL iBT SPEAKING   Questions 05~08 of 16   Volume 🔊

05 Please answer the interviewer's question.

RESPONSE TIME
🎤 00:00:45

06 Please answer the interviewer's question.

RESPONSE TIME
🎤 00:00:45

07 Please answer the interviewer's question.

RESPONSE TIME
🎤 00:00:45

08 Please answer the interviewer's question.

RESPONSE TIME
🎤 00:00:45

You have volunteered for a research study about mass media. You will have a short online interview with a researcher. The researcher will ask you some questions.

TOEFL iBT SPEAKING — Questions 09~12 of 16

09 Please answer the interviewer's question.

RESPONSE TIME 00:00:45

---

10 Please answer the interviewer's question.

RESPONSE TIME 00:00:45

---

11 Please answer the interviewer's question.

RESPONSE TIME 00:00:45

---

12 Please answer the interviewer's question.

RESPONSE TIME 00:00:45

You have agreed to take part in a research study about job searching. You will have a short online interview with a researcher. The researcher will ask you some questions.

TOEFL iBT SPEAKING   Questions 13~16 of 16   Volume 🔊

13 Please answer the interviewer's question.

RESPONSE TIME
🎤 00:00:45

14 Please answer the interviewer's question.

RESPONSE TIME
🎤 00:00:45

15 Please answer the interviewer's question.

RESPONSE TIME
🎤 00:00:45

16 Please answer the interviewer's question.

RESPONSE TIME
🎤 00:00:45

정답 p.368

무료 토플자료·유학정보 제공

goHackers.com

Hackers
Updated TOEFL
Speaking Basic

Actual Test

Actual Test

[01-07] 🎧 AT_1

TOEFL iBT SPEAKING　　Questions 01~03 of 11　　Volume 🔊

You are being trained to assist students at the university print center. Listen to the speaker and repeat what he says. Repeat only once.

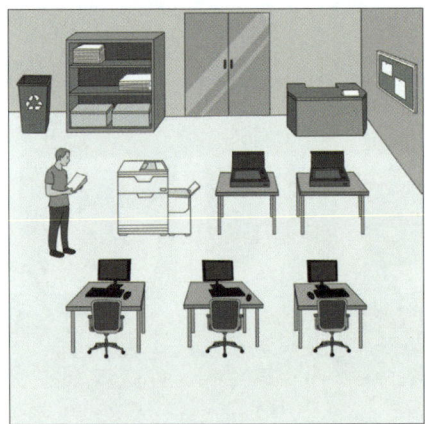

01 Listen and repeat only once.

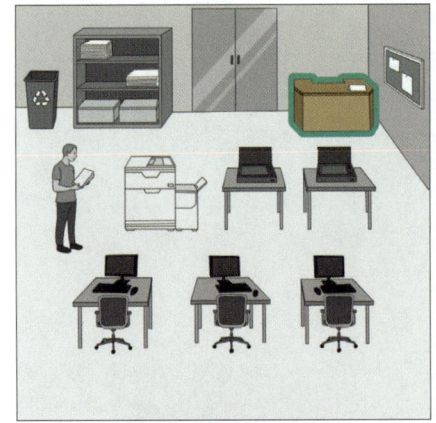

RESPONSE TIME 🎤 00:00:08

02 Listen and repeat only once.

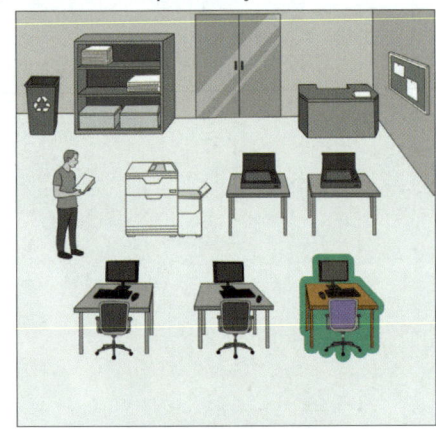

RESPONSE TIME 🎤 00:00:08

03 Listen and repeat only once.

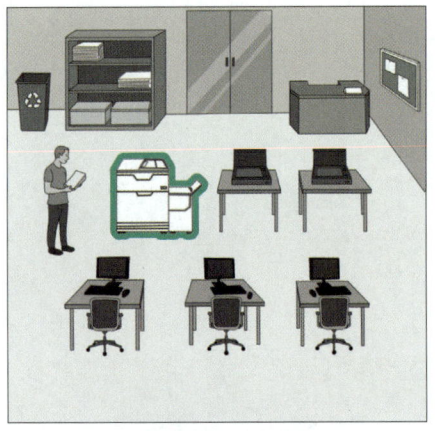

RESPONSE TIME 🎤 00:00:10

TOEFL iBT SPEAKING   Questions 04~07 of 11   Volume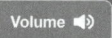

04 Listen and repeat only once.

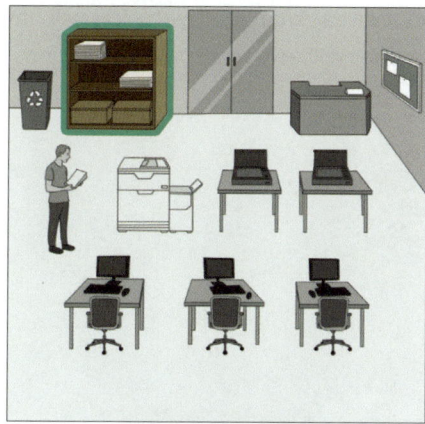

RESPONSE TIME
00:00:10

05 Listen and repeat only once.

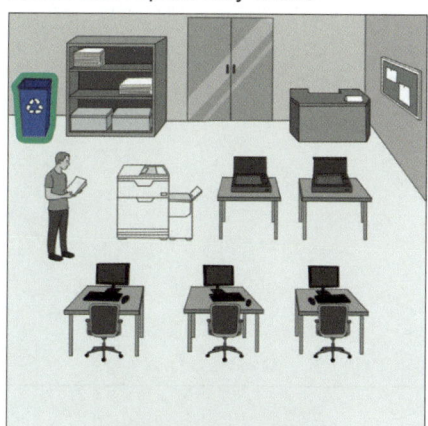

RESPONSE TIME
00:00:10

06 Listen and repeat only once.

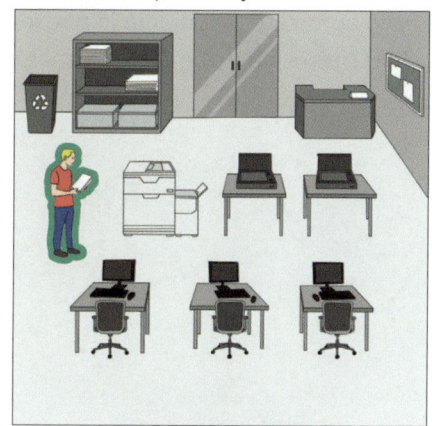

RESPONSE TIME
00:00:12

07 Listen and repeat only once.

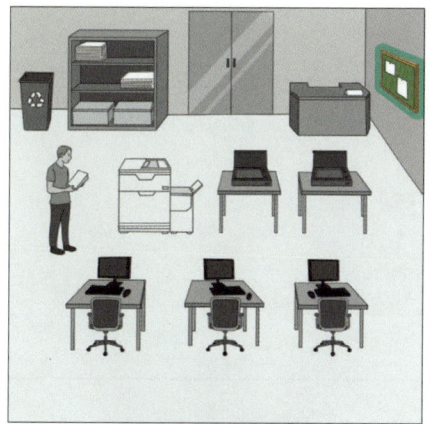

RESPONSE TIME
00:00:12

[08-11] AT_2

You have agreed to participate in a research study about stress management. You will have a short online interview with a researcher. The researcher will ask you some questions.

TOEFL iBT SPEAKING — Questions 08~11 of 11

08 Please answer the interviewer's question.

RESPONSE TIME 00:00:45

09 Please answer the interviewer's question.

RESPONSE TIME 00:00:45

10 Please answer the interviewer's question.

RESPONSE TIME 00:00:45

11 Please answer the interviewer's question.

RESPONSE TIME 00:00:45

정답 p.384

MEMO

HACKERS
Updated
TOEFL
SPEAKING BASIC

개정 5판 4쇄 발행 2026년 2월 2일
개정 5판 1쇄 발행 2025년 11월 7일

지은이	David Cho	언어학 박사, 前 UCLA 교수, 해커스 어학연구소 공저
펴낸곳	(주)해커스 어학연구소
펴낸이	해커스 어학연구소 출판팀

주소	서울특별시 서초구 강남대로61길 23 (주)해커스 어학연구소
고객센터	02-537-5000
교재 관련 문의	publishing@hackers.com
동영상강의	HackersIngang.com

ISBN	978-89-6542-811-4 (13740)
Serial Number	05-04-01

저작권자 ⓒ 2025, David Cho, 해커스 어학연구소
이 책 및 음성파일의 모든 내용, 이미지, 디자인, 편집 형태에 대한 저작권은 저자에게 있습니다.
서면에 의한 저자와 출판사의 허락 없이 내용의 일부 혹은 전부를 인용, 발췌하거나 복제, 배포할 수 없습니다.

외국어인강 1위,
해커스인강(HackersIngang.com)
해커스인강

- 스피킹에 유용한 문장을 반복 학습하는 **말하기 연습 프로그램**
- 해커스 토플 스타강사의 **본 교재 인강**
- 효과적인 토플 스피킹 학습을 돕는 **교재 MP3**

전세계 유학정보의 중심,
고우해커스(goHackers.com)
고우해커스

- 토플 보카 외우기, 토플 스피킹/라이팅 첨삭 게시판 등 무료 학습 콘텐츠
- 고득점을 위한 **토플 공부전략 강의**
- 국가별 대학 및 전공별 정보, 유학 Q&A 게시판 등 다양한 유학 정보

[외국어인강 1위] 헤럴드 선정 2018 대학생 선호브랜드 대상 '대학생이 선정한 외국어인강' 부문 1위

전세계 유학정보의 중심
고우해커스

HACKERS
Updated TOEFL

SPEAKING BASIC

모범 답안 · 스크립트 · 해석

2026년 1월 21일
NEW TOEFL
완벽 대비

해커스 어학연구소

HACKERS
Updated
TOEFL
SPEAKING BASIC

모범 답안 · 스크립트 · 해석

해커스 어학연구소

스피킹을 위한 기본기 다지기

Day 01 영어 단어 정확하게 발음하기

Course 1 🎧 D01_2 .... p.23

01 ⓐ open   02 ⓑ veil   03 ⓑ then   04 ⓑ pine   05 ⓐ arrive
06 ⓐ collect   07 ⓑ fan   08 ⓐ boat   09 ⓑ bathe   10 ⓐ wrong

11 Please stay off the **grass** near the **glass** wall.
    유리 벽 근처의 잔디에서 떨어져 주세요.

12 The **vase** with the wooden **base** is very fragile.
    나무 받침이 있는 꽃병은 매우 깨지기 쉽다.

13 When I was **late**, my heart **rate** increased.
    내가 늦었을 때, 내 심장 박동수가 증가했다.

14 If you need help, you can find the student **desk** over **there**.
    도움이 필요하면, 저기에서 학생 데스크를 찾을 수 있다.

15 I feel that **preparing** for a **future** career through part-time jobs is very practical.
    나는 아르바이트를 통해 미래의 진로를 준비하는 것이 매우 유용하다고 느낀다.

Course 2 🎧 D01_4 .... p.25

01 ⓑ achieve   02 ⓒ energy   03 ⓐ look   04 ⓒ phone   05 ⓓ unique
06 ⓓ author   07 ⓐ interest 08 ⓒ dance   09 ⓑ push   10 ⓑ history

11 Please **wait in line** to see the free concert.
    무료 콘서트를 관람하기 위해 줄을 서서 기다려 주세요.

12 The process has both positive and **negative effects**.
    그 과정은 긍정적인 영향과 부정적인 영향을 모두 가지고 있다.

13 I **would find a cheaper place** to live in the neighborhood.
    나는 이 동네에서 살기에 더 저렴한 장소를 찾아보겠다.

14 He **bought a new coat** for his mother as a present.
    그는 어머니를 위해 선물로 새 코트를 샀다.

15 I **think people** who break the rules should be punished.
    나는 규칙을 어기는 사람들이 벌을 받아야 한다고 생각한다.

Course 3 🎧 D01_6 .... p.27

01 ⓐ object   02 ⓐ pleasant 03 ⓑ address   04 ⓑ trainee   05 ⓑ amount
06 ⓐ increase 07 ⓒ employee 08 ⓒ understand 09 ⓒ attendee 10 ⓐ register

11 You **should present** your student ID at the front desk.
    당신은 프런트 데스크에서 당신의 학생증을 제시해야 한다.

12 Please **read the contract** carefully before signing it.
서명하기 전에 계약서를 꼼꼼히 읽어보세요.

13 If you need **additional materials**, visit the help desk.
추가 자료가 필요하다면, 안내 데스크를 방문하세요.

14 I find math to be a very **difficult subject**.
나는 수학이 매우 어려운 과목이라고 여긴다.

15 A college degree **does not guarantee** future success.
대학 학위는 미래의 성공을 보장하지 않는다.

Course 4 🎧 D01_8   p.29

01 as I said   **02** meet you   **03** ad agency   **04** let it   **05** wait around
06 need it   **07** won't you   **08** don't you   **09** sad about   **10** pack up

11 You can **ask about** the study rooms over there at the help desk.
당신은 스터디룸에 대해 저기 안내 데스크에서 물어볼 수 있다.

12 When you **check in**, please show your ID.
체크인할 때, 신분증을 보여주세요.

13 I always **look up recipes** online before cooking something new.
나는 새로운 것을 요리하기 전에 항상 온라인에서 레시피를 찾아본다.

14 You have to reserve a room **in advance** to use the study area.
스터디 공간을 사용하기 위해서는 미리 방을 예약해야 한다.

15 I almost **ran out of** money when I traveled abroad last year.
작년에 해외로 여행을 갔을 때 나는 돈이 거의 다 떨어질 뻔했다.

Daily Test 🎧 D01_9   p.30

01 I used to ⓐ **play** basketball until the gym closed.
나는 체육관이 문을 닫을 때까지 농구를 하곤 했었다.

02 The art museum has a special ⓑ **show** this weekend.
그 미술관은 이번 주말에 특별한 전시회를 진행한다.

03 ⓐ **Let us check** your reservation first.
우선 저희가 당신의 예약을 확인해 보겠습니다.

04 You ⓒ **can get an** application form here.
당신은 여기에서 신청서를 받을 수 있다.

05 ⓑ **Compared** to a big city, the countryside is safer.
대도시와 비교해서, 시골은 더 안전하다.

06 I admire people who ⓒ **pioneer** new ways to solve social problems.
나는 사회적 문제를 해결하기 위해 새로운 방법을 개척하는 사람들을 존경한다.

07 The museum is very ⓐ **popular** on weekends.
그 박물관은 주말에 매우 인기가 많다.

08 We ⓒ **recommend** a visit to the career office if you need job advice.
취업 조언이 필요하다면, 진로 사무실 방문을 추천한다.

09 I'd rather **live in my own house**.
나는 차라리 내 집에서 살겠다.

10 I love **preparing my own** meals.
나는 식사를 직접 준비하는 것을 좋아한다.

11 An effective instructor **must be strict** but understanding.
유능한 교사는 엄격하되 이해심이 있어야 한다.

12 Public parks **give people fresh air** and are peaceful spaces.
공공 공원들은 사람들에게 신선한 공기를 주고 평화로운 공간이다.

13 I believe **talent is more crucial** to getting a job than good grades.
나는 직업을 갖는 데 있어서 좋은 성적보다 재능이 더 중요하다고 생각한다.

14 My bicycle is **important to me** because my brother gave it to me.
나의 자전거는 나에게 중요한데 나의 형이 나에게 주었기 때문이다.

15 I take slow, deep breaths and **think of pleasant things**.
나는 천천히, 깊은숨을 들이마시고 즐거운 것들을 생각한다.

Day 02 리듬 살려 영어 문장 말하기

Course 1 🎧 D02_2   p.33

01 Students with old computers / **have to buy** new ones.
낡은 컴퓨터를 가지고 있는 학생들은 새로운 컴퓨터를 사야 한다.

02 Please check / the list of upcoming events **posted on the notice board**.
게시판에 게시된 다가오는 행사들의 목록을 확인해 주세요.

03 One solution I would like to offer / is **to do some stretching**.
내가 제시하고 싶은 한 가지 해결책은 약간의 스트레칭을 하는 것이다.

04 I know / that **traveling alone helps** people become more independent.
나는 혼자 여행하는 것이 사람들을 더 독립적이게 되도록 돕는다는 것을 알고 있다.

05 My opinion is / that learning English **requires daily practice**.
내 의견은 영어를 배우는 것이 매일 연습을 필요로 한다는 것이다.

06 Providing more computers / will be **a big help** to the students.
더 많은 컴퓨터를 제공하는 것은 학생들에게 큰 도움이 될 것이다.

07 The report **I submitted** / had several errors.
내가 제출한 보고서에는 몇 가지 오류가 있었다.

08 The kitchen staff **at the cafeteria** / prepares delicious meals.
카페테리아의 주방 직원들은 맛있는 식사를 준비한다.

09 Working at the restaurant / **helps me pay** for my tuition.
식당에서 일하는 것은 내가 나의 등록금을 내도록 도와준다.

10 I'm not sure about / **going to graduate school**.
나는 대학원에 진학하는 것에 대해 확신하지 않는다.

11 We provide students with / **notebooks, pens, and folders**.
우리는 학생들에게 공책, 펜, 그리고 폴더를 제공한다.

12 I believe / that **the school should keep the old student center**.
나는 학교가 예전의 학생회관을 유지해야 한다고 생각한다.

13 **The information you need** about course registration and class schedules / is at the help desk.
강좌 등록 및 수업 일정에 대해 당신이 필요로 하는 정보는 안내 데스크에 있다.

Course 2 🎧 D02_4 ········ p.35

01 From my perspective, / **hands-on experience** is important.
나의 관점으로는, 직접적인 경험이 중요하다.

02 You can ask questions / **after the lecture**.
당신은 강의 후에 질문할 수 있다.

03 According to research, / many people have **trouble remembering things**.
연구에 따르면, 많은 사람이 기억을 하는 데 어려움을 겪는다.

04 In other words, / **fast food** is unhealthy.
다시 말하면, 패스트푸드는 건강에 좋지 않다.

05 First of all, / it was the result of **hard work**.
첫째로, 그것은 열심히 일한 결과였다.

06 I spent all day at the library, / **studying for exams**.
나는 시험공부를 하며 하루 종일 도서관에서 보냈다.

07 My brother **is really helpful** / when it comes to physics.
물리학에 관해서는 나의 남동생이 정말 도움이 된다.

08 **All things considered**, / big cities offer more entertainment options.
모든 상황을 고려할 때, 큰 도시가 더 많은 오락거리들을 제공한다.

09 Most of the time, / I like to study **with a group of people**.
대부분의 경우, 나는 여러 사람들과 함께 공부하는 것을 좋아한다.

10 If I **had the choice** to study anything, / I would study history.
만약 내가 어떤 것이라도 공부할 수 있는 선택권이 있다면, 나는 역사를 공부하겠다.

11 Laundry machines are located / **in the basement**.
세탁기들은 지하에 위치해 있습니다.

12 If you are hungry, / the cafeteria offers **hot meals** every day.
배가 고프다면, 식당은 매일 따뜻한 식사를 제공한다.

13 You **can find textbooks** / on the shelves in the back.
뒤쪽에 있는 책장에서 교과서들을 찾을 수 있다.

Course 3 🎧 D02_6 ········ p.37

01 Parents are children's **first teachers**.
부모들은 자녀들의 첫 번째 선생님이다.

02 You can **purchase drinks and snacks** at the snack bar.
스낵바에서 음료와 간식을 구매할 수 있다.

03 **From my perspective**, students should pay their own tuition.
나의 관점으로는, 학생들이 자신의 등록금을 납부해야 한다.

04 I am for the new plan because it'll **help the students**.
나는 새로운 계획을 지지하는데 그것이 학생들을 도와줄 것이기 때문이다.

05 Traveling in Europe is one of **my fondest memories**.
유럽에서 여행한 것은 나의 가장 소중한 추억 중 하나이다.

06 He **spent a year** in Mexico as part of the cultural exchange program.
그는 문화 교류 프로그램의 일환으로 멕시코에서 1년을 보냈다.

07 I was **absent from my classes** for a week because I caught the flu.
나는 독감에 걸렸기 때문에 일주일 동안 수업에 결석했다.

08 I didn't take the subway **at rush hour** as it was very crowded.
너무 붐볐기 때문에 나는 혼잡 시간대에 지하철을 타지 않았다.

09 Please stop by the deli to **pick up a sandwich**.
샌드위치를 찾아오기 위해 식품 가게에 들러주세요.

10 **Recycle bottles and cans** in the bin beside the staircase.
계단 옆에 있는 쓰레기통에 병과 캔을 재활용해 주세요.

11 You should check the notice board for updates **about class schedules**.
수업 일정에 대한 최신 정보는 공지 사항 게시판을 확인해야 한다.

12 Reducing water pollution in every city is **a difficult task**.
모든 도시의 수질 오염을 줄이는 것은 어려운 과제이다.

13 You can enjoy many activities here, such as **swimming, jogging, and hiking**.
여기에서 수영, 조깅, 그리고 하이킹과 같은 많은 활동들을 즐길 수 있다.

Daily Test D02_7

01 What I liked about the class / was the **chance to interact** with others.
내가 그 수업에 대하여 좋았던 점은 다른 사람들과 상호 작용할 수 있는 기회였다.

02 Exercising in the morning / is **an effective way** to boost metabolism.
아침에 운동을 하는 것은 신진대사를 활발하게 하는 효과적인 방법이다.

03 Some people say / that **teacher-oriented classes** are not helpful.
어떤 사람들은 선생님 중심의 수업이 유용하지 않다고 말한다.

04 The computer lab by the lecture hall / will **stay open until** 10 p.m.
강의실 옆에 있는 컴퓨터실이 오후 10시까지 열 것이다.

05 I realized / that I had **a lot of studying** to do.
나는 공부할 것이 많다는 것을 깨달았다.

06 I **support the idea** / since it improves communication.
그 생각은 의사소통을 개선시키기 때문에 나는 그것을 지지한다.

07 We have decided / **to raise funds** for the library.
우리는 도서관을 위한 기금을 모으기로 결정했다.

08 I had to work / because **I lost my scholarship**.
나는 장학금을 받지 못하게 되었기 때문에 일을 해야만 했다.

09 I agree that online classes are useful / because I **can review lessons** anytime at home.
나는 온라인 수업이 유용하다는 것에 동의하는데, 이는 내가 집에서 어느 때나 수업을 복습할 수 있기 때문이다.

10 I **agree with the policy** / since it encourages honesty.
나는 그 정책에 동의하는데 그것이 정직을 장려하기 때문이다.

11 I would like to travel to Africa / because of its **spectacular scenery**.
    장관을 이루는 풍경 때문에 나는 아프리카로 여행을 가고 싶다.

12 One benefit of using technology / is that it **makes learning faster**.
    기술을 사용하는 것의 한 가지 이점은 그것이 학습을 더 빠르게 한다는 것이다.

13 Studying in the morning **when my mind is fresh** / works better for me.
    아침에 마음이 상쾌할 때 공부하는 것이 나에게 더 잘 맞는다.

14 I prefer living in a city / because it offers **many jobs and services**.
    나는 도시에 사는 것을 선호하는데 그것이 많은 일자리와 서비스를 제공하기 때문이다.

15 One good way to make new friends at school / is to join clubs **that match your interests**.
    학교에서 새 친구를 만드는 한 가지 좋은 방법은 관심사에 맞는 동아리에 가입하는 것이다.

Day 03 알맞은 동사 써서 말하기

Course 1 D03_2   p.41

01 The bookstore **is down the street**.
02 Our weekend science workshop **is very popular**.
03 You **can buy art supplies** at the campus store.
04 I **prefer remote work** over in-office work.
05 She **gave me a surprise gift**.
06 My father **taught me Chinese**.
07 I **consider volunteering an important activity**.

Course 2 D03_4   p.43

01 She **plays** tennis in the mornings.
02 I **enjoyed** having pets during my childhood.
03 I **have lived** in Seoul for five years.
04 We **recommend** visiting the campus gym.
05 He **decided** to join the debate club.
06 She **has read** several articles about climate change.
07 I **practiced** English with my classmates.
08 Our café **is offering** a discount on drinks and sandwiches this week.

Course 3 D03_6   p.45

01 We **provide** healthy lunch options.
02 Each room **has** a different view.
03 My friend and I **spend** a lot of time at the library.

04 My college **offers** part-time teacher assistant jobs.
05 The offices **are** currently under renovation.
06 The tour **includes** a visit to the garden.
07 Playing soccer **is** my favorite hobby.
08 Both my brother and I **want** to apply for the exchange student program.

Course 4 🎧 D03_8   p.47

01 I **would** move to an apartment far from the campus.
02 I **could** enjoy the trip more with friends.
03 People **should** spend less time surfing the Internet.
04 Our university **will** allow online registration.
05 I **can [am able to]** handle both work and study.
06 I **would** take the bus instead of driving because it saves money.
07 Here, you **can [are able to]** use the printers for your projects.
08 I **could** gain confidence if I presented in front of a small group first.

Daily Test 🎧 D03_9   p.48

01 **You can check the list of reference books** over there.
02 **The university will improve its registration procedures** this semester.
03 **My parents taught me good study habits** when I was young.
04 I find reading books an effective way to reduce stress.
05 The science books are on the second floor of the library.
06 Learning by experience **is the best way** to gain knowledge.
07 My family and I **enjoy eating out** on weekends.
08 I **can [am able to] submit the report** by the deadline.
09 We **use this space** for group discussions.
10 I went to Florida.
11 I think (that) most desk jobs are boring and unhealthy.
12 I would read a lot of books and academic journals.
13 Curiosity encourages children to explore new ideas.
14 I believe (that) stress from exams is the biggest challenge for students.

Day 04 동사의 모양 바꾸어 말하기

Course 1 🎧 D04_2 .... p.51

01 **Reading** books is one of my hobbies.
02 I enjoy **going** on class field trips.
03 My plan is **to watch** a concert next week.
04 I expected **to finish** the project earlier.
05 **Eating** a good breakfast is important to me.
06 My suggestion is **to take** the bus.
07 **Stretching** before exercising is always important.
08 If you want **to join** a class, check the schedule online.
09 **Talking** in the library disturbs other students.

Course 2 🎧 D04_4 .... p.53

01 I have a goal to reach.
02 You can check a long list of books to read.
03 Please show your student ID to borrow books.
04 I believe students need a chance to express their own opinions.
05 I think students should study regularly to avoid stress.
06 We have lockers to store personal items.
07 He saves 10 percent of his income to buy a house.

Course 3 🎧 D04_6 .... p.55

01 In my opinion, history class is **boring**.
02 I was **annoyed** by the delays on the subway.
03 I was **disappointed** with the result.
04 **Broken** benches on campus will be replaced.
05 I saw my brother **playing** basketball.
06 It is **pleasing** to learn about different cultures.
07 I felt **motivated** after my coach encouraged me during practice.
08 Vendors are selling **refreshing** drinks near the seating area.
09 Traveling to new countries is always an **exciting** experience for me.

Daily Test 🎧 D04_7   p.56

01 There are many places **to visit** in Seoul.
02 **Listening** to music makes me feel better.
03 I jog early in the morning **to stay healthy**.
04 I consider **walking in the park** the best exercise.
05 I **want to learn** how to cook because it is a useful life skill.
06 **Photocopied booklets** are available at the library.
07 Please do not enter the **restricted areas**.
08 The subway map **was confusing**, so I asked someone for help.
09 I got a part-time job **to pay my tuition**.
10 I expect **to finish** reading the book tonight.
11 I want to work for a company to gain experience.
12 I think (that) the most important skill is the ability to communicate clearly.
13 I want a job that allows me to use my creativity.
14 I love taking [to take] a short walk in the park.
15 Donating money was the most important thing I have ever done.

Day 05 접속사 사용하여 긴 문장 말하기

Course 1 🎧 D05_2   p.59

01 My favorite hobbies are reading **and** bicycling.
02 Would you like a printed guide **or** a digital map?
03 You can charge phones **and** laptops at the charging station.
04 This class is useful for **both** beginners **and** advanced learners.
05 You can pay **either** by card **or** in cash.
06 The computer lab has printers **and** scanners for student use.
07 I am interested in **both** novels **and** poetry.
08 For breakfast, I usually have cereal **or** buttered toast.
09 I am planning to go to **both** France **and** Italy during my winter vacation.
10 Living in a dormitory is **not only** convenient **but also** cheap.

Course 2 🎧 D05_4   p.61

01 Please check **when the class** will begin.
02 She forgot **where the seminar** will be held.

03 I strongly agree **that** keeping a journal improves self-reflection.
04 **That** the campus has a shuttle bus is a plus.
05 I need to figure out **how to balance** work and life.
06 I must decide **what to focus on** for my future goals.
07 I agree **that recycling protects the environment**.
08 He did not understand **why he received** such a low grade.
09 Please remember **that** trays must be returned.
10 Ask the staff **where the nearest printer is**.

Course 3 D05_6   p.63

01 I remember **the day when I met** my best friend.
02 She read **a book that became** a bestseller.
03 **One reason why** I study English is to communicate with more people.
04 I love going to **the mall which has** a great bookstore.
05 Please use **the stairs that lead to** the second floor.
06 I like taking a walk in **the park which has** beautiful scenery.
07 We offer **tours that help** new students learn about the library.
08 This is the room **where meetings usually take place**.

Course 4 D05_8   p.65

01 I was frustrated **because [since] I didn't understand** the lesson.
02 **When you use the treadmill**, wear proper running shoes.
03 **Although the test was difficult**, I did very well.
04 **Because [Since] the parking lot** is full, please park off campus.
05 **Whenever I take** a test, I get nervous.
06 **Although online classes are convenient**, I think face-to-face learning is better.
07 **If you have any questions**, visit the information desk in the lobby.
08 I enjoy reading books **because [since] it allows me** to escape from my daily stress.

Daily Test D05_9   p.66

01 **If you need a map**, pick one up near the entrance.
02 This is the machine **that lets you exercise your legs**.
03 I agree **that students should participate** in extracurricular activities.
04 I got a part-time job **because [since] my allowance isn't enough**.

05 Please have **your passport and ticket** ready at the counter.

06 I joined a **volunteer program which allowed** me to help people in need.

07 The new building has **not only a computer lab, but also a lecture hall**.

08 These are **the reasons why** I prefer studying in the library rather than at home.

09 **Since [Because] her leg was broken**, she had to stay in bed for weeks.

10 I like **both watching films and reading books**.

11 I go to bed too late and wake up tired.

12 I enjoy going to cafés where I can relax by sipping coffee.

13 I will either go on a trip or work as an intern.

14 My main reason is that I am interested in psychology.

15 My hometown is where the best apples in Korea are grown.

스피킹을 위한 필수 표현 익히기

Day 06 유형별 표현: 위치·규정·제안·제공

Course 1 🎧 D06_2 .... p.72

01 The cafeteria is **to the left** of the library.
02 There is a small park **further down the road**.
03 The science lab is **on the first floor**.
04 Go check the monthly schedule posted **on the bulletin board**.
05 You can sign up for the workshop **over here**.
06 Trash bins are set up **throughout the area** to keep it clean.
07 Our gift shop is **located next to the entrance**.
08 There is a reception desk **in the front**.
09 A private meeting room is located **just off** the conference hall.
10 The first-aid station is **near the information desk**.

Course 2 🎧 D06_4 .... p.76

01 **Please do not** feed the animals.
02 We **have firm rules about** returning books on time.
03 Visitors must **avoid touching** the exhibits.
04 **Remember not to** leave your belongings unattended.
05 If you find broken equipment, **report the issue** at the help desk.
06 Make sure to **follow the instructions** when using the machine.
07 To join the club, simply **fill out a registration form**.
08 Pets **are not allowed** in the dormitory.
09 **Be sure to** comply with the safety guidelines.
10 **Seek assistance from the staff** if an emergency occurs.

Course 3 🎧 D06_6 .... p.80

01 Please **check the schedule for** campus tours on the board near the lobby.
02 The computer lab **is available for** online research.
03 Our fitness center **offers access to** modern equipment and personal training programs.
04 We **recommend going** to the science center to explore interactive exhibits.
05 **It's a good idea to** reserve a study room in advance during the exam period.

06 Please **take a moment to** complete the short survey after the presentation.
07 **Pick up a pamphlet** with a map of the hiking trails over there.
08 The museum **provides** audio guides **at no charge** on weekends.
09 The community center **holds popular classes** for seniors.
10 The kitchen **is equipped with** ovens and cooking utensils.

Daily Test D06_7   p.82

01 The ticket booth is over there.
02 Please avoid feeding the animals in the park.
03 You can find recycling bins throughout the area.
04 Please take a moment to confirm your reservation details.
05 The taxi stand is in the front of the hotel.
06 The customer service office is on the second floor of the mall.
07 Remember not to block the hallway during events.
08 Our hotel provides an airport transfer service at no charge.
09 The lab has firm rules about handling chemicals.
10 Please do not lean against the glass panels.
11 The stroller rental booth is located next to the entrance.
12 You can find the lost and found box near the information desk.

Day 07 유형별 표현: 나의 입장과 이유

Course 1 D07_2   p.86

01 He **likes the idea of** working for a newspaper.
02 I **am in favor of** flexible working hours.
03 I **prefer to** read a book **rather than to** listen to music.
04 **It is better to** use the Internet **than to** look up facts in books.
05 I **agree that** the campus should be open to all visitors.
06 I **prefer** home-cooked food **to** fast food.
07 She **disagrees that** students should not do part-time work.
08 She **doesn't think** the plan **is a good idea**.
09 I **would choose to** live in a dormitory **rather than to** live off campus.
10 I think health **is more important than** money.

Course 2 🎧 D07_4 .... p.90

01 **I think [believe, feel] that** the exchange student program is beneficial.

02 **In my opinion**, the university needs a bigger auditorium.

03 **In my case**, I like to drink tea instead of coffee.

04 **From my experience**, planning ahead prevents mistakes.

05 **Personally**, I prefer mountains to beaches.

06 **From my point of view**, social media is addictive.

07 **From my perspective**, friends are as important as family.

08 **As far as I'm concerned**, money can't buy happiness.

09 **When it comes to** success, I believe hard work matters more than talent.

10 **It seems to me that** students need more sleep.

Course 3 🎧 D07_6 .... p.94

01 **First [First of all]**, building the new library will cause an increase in tuition.

02 I believe students should wear school uniforms **for the following reasons**.

03 **Another reason is that** I have no time to study in the evenings.

04 He is absent. **That's because** he caught the flu.

05 **Second**, eating out in restaurants costs a lot of money.

06 **The reason is that** the subway is much faster.

07 **The first reason is that** I missed my sociology class last week.

08 **Also**, planting trees makes the air fresher.

09 **Furthermore [What's more]**, a job provides people with financial stability.

10 **To begin with**, washing your hands prevents illness.

Daily Test 🎧 D07_7 .... p.96

01 I disagree with the opinion.

02 First [First of all], a part-time job teaches responsibility.

03 Personally, I don't think working remotely all the time is a good idea.

04 The professor was angry. That's because no one did the readings.

05 As far as I'm concerned, protecting the environment is everyone's responsibility.

06 Second, joining a club helps me to be more sociable.

07 I agree that the university should provide free Wi-Fi.

08 I prefer eating at home to dining in a restaurant.

09 She thinks [believes, feels] that the university should reduce tuition.

10 The reason is that I can experience different cultures.

11 I would choose to study at home rather than to go to the library.
12 In my opinion, schools should offer more art classes.

Day 08 유형별 표현: 구체적 근거 및 요약

Course 1 D08_2 — p.100

01 **For example [For instance]**, I usually take a walk after dinner to stay healthy.
02 **From my experience**, learning a new language requires daily practice.
03 **To illustrate my point**, my cousin found a job quickly after his internship.
04 **To be specific**, online shopping saves me both time and money.
05 **In particular**, using visual aids in class improves my understanding.
06 **To explain**, it is more important to improve skills than simply to pass a test.
07 **To put it another way**, I like sharing ideas with others.
08 **In other words**, students need to practice what they learn.
09 **In fact**, reading before bed helps me sleep better.
10 I prefer taking notes by hand **instead of** typing on a laptop.

Course 2 D08_4 — p.104

01 **Compared with** his classmates, he studies more consistently.
02 **In contrast to** many adults, children learn languages quickly.
03 **Conversely**, a lack of exercise makes people feel weak.
04 The event was canceled **due to** a lack of participants.
05 The company invested in technology. **As a result**, efficiency improved.
06 The teacher explained the topic well. **Because of this**, I understood it clearly.
07 Technology reduces the need for manual work. **This leads to** higher productivity.
08 Exercise improves physical health. **Similarly**, it also strengthens mental well-being.
09 **Like this**, practicing every day can help students build stronger skills.
10 Students often stay up late to finish assignments. **This results in** lower concentration during class.

Course 3 D08_6 — p.108

01 **In that case**, I would take a break before continuing my work.
02 **According to a recent study**, people who sleep well perform better at work.
03 **For these reasons, I think that** volunteering builds character.
04 **In short**, exercise keeps both the body and mind healthy.

05 **Research shows that** reading improves concentration.
06 I should study regularly. **Otherwise**, I'll forget what I learned.
07 **Therefore**, I believe creativity is just as important as knowledge.
08 **Overall**, people should plan their schedules more carefully.
09 **In conclusion [To conclude]**, we should protect nature for future generations.
10 **After all**, communication is the key to any relationship.

Daily Test D08_7   p.110

01 Research shows that learning new skills keeps your brain active.
02 For example [For instance], I used online videos to improve my pronunciation.
03 To be specific, I want to work in the field of educational technology.
04 To explain, I believe that experience is more valuable than theory.
05 In particular, I like spending time with my family on weekends.
06 Compared with watching TV, reading books is more educational.
07 As a result, companies can grow more quickly.
08 In contrast to schools of the past, modern ones use digital tools.
09 To conclude [In conclusion], travel is the best way to open your mind.
10 In fact, learning a second language gives you more job opportunities.
11 To illustrate my point, using apps really helped me manage my time better.
12 Overall, I learned a lot from my volunteer experience.

Day 09 주제별 표현: 일상생활 관련

Course 1 D09_2   p.114

01 You can **gain knowledge by experience**.
02 An **exchange program** allows students to experience different cultures.
03 **Participating in group discussions** is an important part of the learning process.
04 I **asked my roommate for help** carrying my baggage.
05 Our university has excellent **campus facilities**.
06 It's not easy to **express your opinions** in front of others.
07 Many Korean students wish to **study abroad** to learn English.
08 Students can achieve more when they **help each other**.
09 **Getting a good grade** requires consistent effort.
10 I decided to **take a course** on Korean history.

Course 2 🎧 D09_4   p.118

01 Exercising daily helps me **develop self-discipline**.
02 Even though we live far apart, we **stay in contact**.
03 **Going out to dinner** often costs a lot of money.
04 I think that people should **follow a balanced diet** to stay fit.
05 Students should learn how to **exercise regularly** from a young age.
06 That's because **indoor activities** are safer and more comfortable in winter.
07 For example, people who are **physically fit** tend to live longer.
08 **Staying healthy** requires both exercise and a good diet.
09 Kevin needs to **take a break** because he has been working so hard.
10 Universities should offer programs to **improve** students' **mental health**.

Course 3 🎧 D09_6   p.122

01 I'd love to **travel abroad** during my summer vacation.
02 You can **make good friends** through sports.
03 Meeting some locals during my trip was **a pleasant experience**.
04 My trip to Paris remains **an unforgettable memory**.
05 **My favorite hobby** is trying new recipes at home.
06 Hiking in the mountains is a healthy **leisure activity**.
07 He **spends** his **free time** playing computer games.
08 Doing yoga every morning helps **reduce stress**.
09 When I finished the marathon, I felt a **sense of accomplishment**.
10 Spending time in nature is a good way to **escape the pressure of life**.

Daily Test 🎧 D09_7   p.124

01 I believe that taking a course outside your major is beneficial.
02 Personally, I enjoy participating in group discussions.
03 In my opinion, students should learn how to express their opinions clearly.
04 She studied hard and finally got a good grade in math.
05 My parents always encourage me to exercise regularly.
06 To be specific, I follow a balanced diet to prevent health problems.
07 Working out every morning helps me develop self-discipline.
08 Spending time with friends can improve your mental health.
09 In other words, traveling abroad broadens your perspective on life.
10 I was able to make good friends by sharing hobbies.

11 I prefer to spend my free time alone rather than to go out.
12 My brother likes spending time with his dog to escape the pressure of life.

Day 10 주제별 표현: 사회 분야 관련

Course 1 🎧 D10_2 .... p.128

01 I find **remote work** more comfortable than in-office work.
02 My sister worked hard to **build a career** in marketing.
03 People who **take leadership positions** must be responsible.
04 With **flexible working hours**, employees can avoid rush hour traffic.
05 From my perspective, a clean workspace **increases productivity**.
06 In fact, many seniors **work part-time jobs** after retirement.
07 Many working parents often struggle to **manage their work-life balance**.
08 Schools should **promote teamwork** by assigning more group projects.
09 Management should listen to workers' opinions about the **working environment**.
10 I believe everyone's opinion should be respected in the **decision-making process**.

Course 2 🎧 D10_4 .... p.132

01 I think most simple jobs will soon **be automated**.
02 Self-driving cars are a great example of a use of **artificial intelligence**.
03 Overall, technology **makes life more convenient**.
04 Online services **reduce labor costs** because companies need fewer workers.
05 For instance, tourists can use **virtual reality** to see famous landmarks.
06 **Technological advancement** allows faster information sharing.
07 People should be careful not to let websites **misuse their personal data**.
08 Online communities **connect people worldwide** who have similar goals.
09 From my point of view, automation is one of the best ways to **improve efficiency**.
10 AI is considered one of the most **cutting-edge technologies** today.

Course 3 🎧 D10_6 .... p.136

01 For instance, a solar panel is an **environmentally friendly** way to produce electricity.
02 Using public transportation helps **protect the environment**.
03 Car exhaust gases **worsen global warming**.
04 I believe **renewable energy** will replace fossil fuels someday.

05 Pollution in the ocean is harming **endangered species** like sea turtles.
06 Companies should find ways not to **release greenhouse gases** during production.
07 By using less water at home, people can **preserve natural resources**.
08 We can **reduce plastic waste** by avoiding unnecessary packaging.
09 Campaigns to recycle plastic can **raise environmental awareness** worldwide.
10 More people are choosing to **use eco-friendly products** these days.

Course 4 D10_8   p.140

01 **Dress codes** can reflect cultural values and social norms.
02 **Cultural diversity** can lead to more creative ideas in the workplace.
03 We should **preserve traditions** before they disappear from modern society.
04 It's important to respect **people from different backgrounds**.
05 Movies and media sometimes influence our **moral standards**.
06 Companies must keep up with new trends in a **globalized society**.
07 **Mass media** has a huge influence on public opinion.
08 I think people **become open-minded** in a diverse society.
09 Students who study abroad often struggle to **adapt to a new culture**.
10 Meeting local people is the best way to **experience new customs**.

Daily Test D10_9   p.142

01 Cultural diversity enriches our daily lives.
02 I carry my own water bottle to reduce plastic waste.
03 Online banking has made life more convenient.
04 You can protect the environment by planting trees.
05 Schools can play a role in preserving traditions.
06 Many people experience personal growth after taking a leadership position.
07 Flexible working hours let workers choose when to start and finish work.
08 Artificial intelligence is changing the way people work.
09 For example, I had to adapt to a new culture when I moved overseas.
10 Many companies allow employees to do remote work these days.
11 Automating simple tasks can greatly improve efficiency.
12 He is trying to build a career in education after getting his degree.

TASK 1 듣고 따라 말하기 Listen and Repeat

Day 11 전략 익히기

Daily Check-up p.154

[01-12] 🎧 D11_4

01 There is a **menu for you** on the table.
테이블 위에 당신을 위한 메뉴가 준비되어 있습니다.

02 The outdoor terrace is a perfect place **to enjoy your dinner**.
야외 테라스는 저녁 식사를 즐기기에 아주 좋은 장소입니다.

03 **Picnic tables are available** on a first-come, first-served basis.
피크닉 테이블은 선착순으로 이용할 수 있습니다.

04 Reusable shopping bags **are sold at the checkout counter**.
재사용 가능한 쇼핑백은 계산대에서 판매합니다.

05 Name badges **must be worn at all times** inside the venue.
행사장 안에서는 항상 명찰을 착용해야 합니다.

06 The restrooms **are located just off the registration area**.
화장실은 등록 구역 바로 옆에 있습니다.

07 **If needed**, you **can get extra utensils** at the side counter.
필요하신 경우, 추가 식기를 옆 카운터에서 가져갈 수 있습니다.

08 Show your **boarding pass and passport when buying duty-free items**.
면세품을 구입할 때 탑승권과 여권을 제시하세요.

09 Gardeners water **the flowers daily to keep them healthy**.
정원 관리인이 꽃을 건강하게 유지하기 위해 매일 물을 줍니다.

10 Present **your prescription to the pharmacist at the counter**.
처방전을 약국 카운터에서 약사에게 보여주세요.

11 The upcoming games **are listed on the bulletin boards throughout the stadium**.
다가오는 경기들에 대해서 경기장 곳곳의 게시판에 안내되어 있습니다.

12 While **you're waiting in line, please decide what you want to order**.
줄을 서 있는 동안 무엇을 주문할지 정해 주세요.

[13-16]

13 🎧 D11_5
당신은 비행기에서 승객을 도와주는 것을 교육받고 있습니다. 화자의 말을 듣고 그대로 따라 하세요. 한 번만 말하세요.

스크립트
① Thank you **for flying with us today**.
② You may **place small bags under your seat**.
③ Please ensure your seat belt **is fastened during takeoff**.

해석
① 오늘 저희와 함께 비행해 주셔서 감사합니다.
② 작은 가방은 당신의 좌석 아래에 두셔도 됩니다.
③ 이륙 중에는 반드시 안전벨트를 매 주시기 바랍니다.

어휘 fasten[fǽsən] 매다, 잠그다   takeoff[téikɔ́ːf] 이륙

14 🎧 D11_6
당신은 교내 플리마켓 방문객들을 돕는 것을 교육받고 있습니다. 당신의 교육 담당자의 말을 듣고 그대로 따라 말하세요. 한 번만 따라 말하세요.

스크립트
① **Secondhand books are sold in front of the student center.**
② **Snacks and drinks are available** at the food stalls near the library.
③ If you want to learn about other on-campus events, **speak to an employee at the information booth.**

해석
① 중고 서적은 학생회관 앞에서 판매되고 있습니다.
② 간식과 음료는 도서관 근처의 음식 부스에서 구매 가능합니다.
③ 다른 교내 행사에 대해 알고 싶다면, 안내 부스의 직원에게 문의하세요.

어휘 secondhand[sèkəndhǽnd] 중고의

15 🎧 D11_7
당신은 교내 농구장에서 신입생들을 안내하는 것을 교육받고 있습니다. 화자의 말을 듣고 그대로 따라 말하세요. 한 번만 따라 말하세요.

스크립트
① **Make a reservation in advance** to use the court.
② Please do not hang on or **pull the basketball rims.**
③ Restrooms are located **outside the exit at the far end of the court.**

해석
① 코트를 사용하기 위해서는 사전에 예약하세요.
② 농구 골대의 쇠테두리에 매달리거나 잡아당기지 마세요.
③ 화장실은 코트의 끝에 있는 출구의 바깥에 있습니다.

어휘 make a reservation 예약하다   in advance 사전에, 미리   basketball rim 농구 골대의 쇠테두리

16 🎧 D11_8
당신은 지금 대학교 식당에서 신입생들을 안내하는 것을 배우고 있습니다. 당신의 교육 담당자의 말을 듣고 그대로 따라 말하세요. 한 번만 따라 말하세요.

스크립트
① You can sit **at any empty table.**
② Select **what you want to eat** from the buffet area.
③ Please bring your dishes to the stand **when you finish eating.**

해석
① 어느 빈 테이블이든 앉아도 됩니다.
② 뷔페 구역에서 먹고 싶은 것을 고르세요.
③ 식사를 마치면 그릇을 반납대에 가져다주세요.

어휘 empty[émpti] 빈   stand[stænd] 반납대, 가판대

Daily Test

p.158

01 🎧 D11_9

당신은 커뮤니티 센터의 방문객들을 환영하는 것을 배우고 있습니다. 당신의 관리자의 말을 듣고 그대로 따라 말하세요. 한 번만 따라 말하세요.

스크립트
① We offer **a lot of fun programs** here.
② **Art classes are held** in the room on the right.
③ Dance, music, and theater classes **take place in the back room**.
④ At our library, you can **take part in a weekly book club meeting**.
⑤ Our café **is the perfect place to enjoy** some snacks and take a break.
⑥ The weekly schedule for all programs **is posted on the front board**.
⑦ **The help desk, located near the entrance**, can give you more information.

해석
① 저희는 이곳에서 많은 재미있는 프로그램을 제공합니다.
② 미술 수업은 오른쪽 방에서 진행됩니다.
③ 무용, 음악, 그리고 연극 수업은 뒤쪽 방에서 진행됩니다.
④ 도서관에서, 당신은 매주 독서 모임에 참여할 수 있습니다.
⑤ 저희 카페는 간식을 즐기며 잠시 휴식을 취하기에 완벽한 장소입니다.
⑥ 모든 프로그램의 주간 일정은 앞쪽 게시판에 게시되어 있습니다.
⑦ 입구 근처에 위치해 있는 안내 데스크에서 더 많은 정보를 얻을 수 있습니다.

어휘 hold[hould] 진행하다   theater[θíːətər] 연극   take part in ~에 참여하다   take a break 휴식을 취하다   post[poust] 게시하다

02 🎧 D11_10

당신은 지금 야외 음악 축제의 참석자들을 돕는 교육을 받고 있습니다. 화자의 말을 듣고 따라 말해 보세요. 한 번만 말하세요.

스크립트
① Welcome to **the festival**.
② **The first band will take** the stage soon.
③ Use the lockers **to store your belongings**.
④ Pick up **free posters and stickers** in the tent between the stages.
⑤ You **can also buy T-shirts** with the festival's logo at the souvenir shop.
⑥ If **you need medical help**, please go to the first-aid station near the entrance.
⑦ Be sure to notify one of the security guards **if you have any other problems**.

해석
① 축제에 오신 것을 환영합니다.
② 첫 번째 밴드가 곧 무대에 오를 예정입니다.
③ 개인 소지품을 보관하기 위해 물품 보관함을 이용하세요.
④ 무대 사이의 텐트에서 무료 포스터와 스티커를 가져가세요.
⑤ 기념품 가게에서 축제의 로고가 있는 티셔츠를 구매할 수도 있습니다.
⑥ 의료 지원이 필요하시다면, 입구 근처의 응급 처치소로 가세요.
⑦ 다른 문제가 있으시다면 반드시 보안 요원 중 한 명에게 알려주세요.

어휘 locker[láːkər] 물품 보관함   souvenir[sùːvəníər] 기념품   notify[nóutəfài] 알리다

03 🎧 D11_11

당신은 박물관 투어 중 방문객들을 안내하는 것을 교육받고 있습니다. 교육 담당자의 말을 듣고 그대로 따라 말하세요. 한 번만 따라 말하세요.

스크립트
① Let's **start the tour**.
② Please **take a museum map** from the stand.
③ We will **begin the tour at the main hall**.

④ Next, we will **go to the gallery of ancient artifacts**.
⑤ The final part of the tour **will involve watching educational films** in the theater.
⑥ Before you leave, check out the **temporary exhibit on the second floor**.
⑦ For information about additional tours, **visit the reception desk in the lobby**.

해석
① 투어를 시작하겠습니다.
② 스탠드에서 박물관 지도를 챙겨주세요.
③ 우리는 본관에서 투어를 시작할 것입니다.
④ 그다음, 고대 유물 전시관으로 갈 것입니다.
⑤ 투어의 마지막 부분은 극장에서 교육 영상을 보는 것을 포함할 것입니다.
⑥ 떠나기 전, 2층에서 임시 전시를 확인해 보세요.
⑦ 추가 투어에 대한 정보는, 로비의 접수처를 방문하세요.

어휘 museum[mjuːzíːəm] 박물관 ancient[éinʃənt] 고대의 temporary[témpərèri] 임시의

04 🎧 D11_12

당신은 캠핑장에서 방문객들을 환영하는 것을 배우고 있습니다. 당신의 관리자의 말을 듣고 그대로 따라 말하세요. 한 번만 따라 말하세요.

스크립트
① Welcome! **Let me confirm your booking**.
② Each campsite **has a picnic table and barbecue**.
③ The campfire area **is in the open space beside the lake**.
④ For **those with children, our campground has a large playground**.
⑤ We **recommend storing food in containers to keep animals away**.
⑥ Please **keep your voices low after dark to avoid disturbing other campers**.
⑦ Before **you leave, clean up all of your trash and put bottles and cans in the recycling bins**.

해석
① 환영합니다! 예약을 확인해 드리겠습니다.
② 각 캠핑 구역에는 피크닉 테이블과 바베큐 그릴이 있습니다.
③ 캠프파이어 공간은 호수 옆의 탁 트인 공간에 있습니다.
④ 아이들이 있는 분들을 위해, 저희 캠핑장에는 큰 놀이터가 있습니다.
⑤ 동물들이 접근하지 않게 하기 위해 음식은 용기에 보관하는 것을 권장합니다.
⑥ 어두워진 뒤에는 다른 캠핑객들을 방해하는 것을 피하기 위해 조용히 해 주세요.
⑦ 떠나기 전에, 당신의 모든 쓰레기를 치우고 병과 캔은 분리수거함에 버려 주세요.

어휘 confirm[kənfə́ːrm] 확인하다 recommend[rèkəménd] 권장하다 container[kəntéinər] 용기 disturb[distə́ːrb] 방해하다
clean up ~을 치우다 recycling bin 분리수거함

Day 12 상황별 공략하기: 시설 안내

Daily Check-up p.166

[01-12] 🎧 D12_5

01 Are you **new to the dormitory**?
기숙사에 새로 들어오시는 건가요?

02 You can **choose a seat** from this section.
이 구역에서 좌석을 선택하실 수 있습니다.

03 **Get your lab safety equipment** from the shelf.
선반에서 실험 안전 장비를 가져가세요.

04 **Let me guide** you to the campus fitness center.
제가 교내 헬스장으로 안내해 드리겠습니다.

05 You can **return borrowed books** at the counter over there.
저쪽 카운터에서 빌린 책을 반납할 수 있습니다.

06 For orientation details, **ask the staff at the reception desk**.
오리엔테이션에 대한 세부 사항을 위해서는, 안내 데스크 직원에게 문의하세요.

07 **Pets may enter the park**, but they must be on a leash.
반려동물은 공원에 들어올 수 있지만, 반드시 목줄을 착용해야 합니다.

08 Your belongings **can be stored in the lockers**.
소지품은 사물함에 보관할 수 있습니다.

09 **The park can be used during weekends** for community gatherings.
그 공원은 주말에 지역 모임을 위해 사용될 수 있습니다.

10 For those with heavy luggage, **we have storage lockers beside the ticket booth**.
무거운 짐이 있는 분들을 위해 매표소 옆에 보관함을 마련해 두었습니다.

11 If **you want to join the museum tour, sign up at the information desk**.
박물관 투어에 참여하고 싶다면, 안내 데스크에서 등록하세요.

12 When you **are finished watching the movie, please exit through the side door**.
영화를 다 보셨다면, 측면 출구로 나가 주시기 바랍니다.

Daily Test
p.168

01 🎧 D12_6
당신은 운동장에서 신입생들을 안내하는 것을 교육받고 있습니다. 화자의 말을 듣고 그대로 따라 말하세요. 한 번만 따라 말하세요.

스크립트
① Welcome to **our campus field**.
② The field is used for **classes and club activities**.
③ The basketball and tennis courts **are on the left side**.
④ **When a class is in session**, some areas may be unavailable.
⑤ Please make sure to clean up **any trash after using the facilities**.
⑥ For those who feel thirsty, **water fountains are installed** in several spots.
⑦ If you're interested in sports events, **check the bulletin board for more details**.

해석
① 저희 학교 운동장에 오신 것을 환영합니다.
② 운동장은 수업과 동아리 활동에 사용됩니다.
③ 농구장과 테니스장은 왼쪽에 있습니다.
④ 수업이 진행 중일 때는, 일부 구역을 사용할 수 없을 수도 있습니다.
⑤ 시설을 이용한 후에는 반드시 쓰레기를 치워 주세요.
⑥ 목이 마른 분들을 위해, 여러 곳에 음수대가 설치되어 있습니다.
⑦ 스포츠 행사에 관심이 있다면, 더 자세한 내용은 게시판을 확인하세요.

어휘 **in session** 진행 중인 **facility** [fəsíləti] 시설 **water fountain** 음수대 **bulletin board** 게시판

02 🎧 D12_7
당신은 신입생들에게 대학 서점을 안내하는 것을 교육받고 있습니다. 화자의 말을 듣고 그대로 따라 말하세요. 한 번만 따라 말하세요.

스크립트
① **Welcome to the university bookstore**.

② Students **buy their textbooks here every semester**.
③ Our staff can **help you locate the required books for your classes**.
④ Or you can **use the computer to check where a book is located**.
⑤ School T-shirts and hoodies **are displayed on the front tables**.
⑥ Notebooks, **pens, and other school supplies are available over there**.
⑦ To receive a discount, **please verify that you are a student at this school**.

해석
① 대학 서점에 오신 것을 환영합니다.
② 학생들은 매 학기 이곳에서 교재를 구입합니다.
③ 저희 직원이 당신의 수업에 필요한 교재를 찾는 것을 도와드릴 수 있습니다.
④ 또는 책의 위치를 확인하기 위해 컴퓨터를 이용하실 수 있습니다.
⑤ 학교 티셔츠와 후드티는 앞쪽 테이블에 진열되어 있습니다.
⑥ 공책, 펜, 그리고 다른 학용품들은 저쪽에서 찾을 수 있습니다.
⑦ 할인을 받기 위해서는, 이 학교의 학생임을 인증해 주시기 바랍니다.

어휘 semester[səméstər] 학기   locate[lóukeit] 찾다   display[displéi] 진열하다, 전시하다   school supplies 학용품
discount[dískaunt] 할인   verify[vérəfài] 인증하다, 확인하다

03 🎧 D12_8

당신은 수족관에서 방문객들을 돕는 것을 교육받고 있습니다. 당신의 관리자의 말을 듣고 그대로 따라 말하세요. 한 번만 따라 말하세요.

스크립트
① Welcome to **the aquarium**.
② We provide **maps to guide you**.
③ You will **see the tropical fish on the left**.
④ **Stop by the penguin zone** on your way through the aquarium.
⑤ **Please avoid tapping or knocking** on the glass for the safety of the sea creatures.
⑥ We **do encourage you to watch** the underwater show featuring divers in colorful costumes.
⑦ A photo booth is located in the main lobby **for you to take pictures during your visit**.

해석
① 수족관에 오신 것을 환영합니다.
② 저희는 당신을 안내하기 위한 지도를 제공합니다.
③ 당신은 왼쪽에서 열대어를 보실 것입니다.
④ 수족관을 둘러보는 길에 펭귄 구역에 들르세요.
⑤ 바다 생물들의 안전을 위해 유리를 치거나 두드리는 것을 피하세요.
⑥ 다채로운 의상을 입은 다이버들이 등장하는 수중 쇼를 관람하시기를 권장드립니다.
⑦ 당신이 방문 중에 사진을 찍을 수 있도록 메인 로비에 포토 부스가 위치해 있습니다.

어휘 tropical[trá:pikəl] 열대의   knock[nɑk] 두드리다   creature[krí:tʃər] 생물, 생명체   underwater[ʌ̀ndərwɔ́:tər] 수중의

04 🎧 D12_9

당신은 아이스링크장 안에서 방문객들을 안내하는 것을 교육받고 있습니다. 당신의 관리자의 말을 듣고 그대로 따라 말하세요. 한 번만 따라 말하세요.

스크립트
① **Welcome to the ice rink**.
② Use **a locker to store your belongings**.
③ Tell **the staff at the booth your skate size**.
④ We **recommend wearing gloves to protect your hands**.
⑤ Remember **to move slowly in one direction on the ice**.
⑥ If you're **interested in learning how to skate, we offer introductory skating classes**.
⑦ When **you feel tired, you can take a short break in the café at the corner of the rink**.

해석
① 아이스링크장에 오신 것을 환영합니다.
② 당신의 소지품들을 보관하기 위해 물품 보관함을 이용해 주세요.
③ 부스의 직원에게 당신의 스케이트 사이즈를 말해 주세요.
④ 손을 보호하기 위해 장갑을 끼는 것을 추천해 드립니다.
⑤ 얼음 위에서 한 방향으로 천천히 움직여야 한다는 것을 기억하세요.
⑥ 스케이트 타는 법을 배우는 것에 관심이 있으시다면, 저희는 입문자들을 위한 스케이트 수업을 제공합니다.
⑦ 피곤하시다면, 링크 구석에 있는 카페에서 짧은 휴식을 취하실 수 있습니다.

어휘 belongings[bilɔ́ːŋiŋz] 소지품 direction[dirékʃən] 방향 introductory[ìntrədʌ́ktəri] 입문자들을 위한

Day 13 상황별 공략하기: 행사 안내

Daily Check-up
p.176

[01-12] 🎧 D13_5

01 Welcome. You **can check in** here.
환영합니다. 이곳에서 체크인을 하실 수 있습니다.

02 Live performances **are scheduled** on the outdoor stage.
야외 무대에서 라이브 공연이 예정되어 있습니다.

03 **A caption under each photo** describes the artist's inspiration.
각 사진 아래의 설명문은 작가가 받은 영감을 설명합니다.

04 Posters of featured films **are hung along the hallway**.
주요 상영작의 포스터들이 복도에 걸려 있습니다.

05 **Loud conversations are prohibited** inside the reading zones.
독서 구역 안에서는 큰 소리로 대화하는 것이 금지됩니다.

06 **Team banners are displayed** above the seating area.
팀 배너가 좌석 구역 위쪽에 걸려 있습니다.

07 Your bag will be checked **before you enter for safety reasons**.
안전상의 이유로 입장 전에 당신의 가방이 검사될 것입니다.

08 **Extra chairs are in the back rows** for latecomers.
늦게 오는 사람들을 위해 뒤쪽 줄에 추가 의자가 있습니다.

09 Flower bouquets **are sold at the stands near the auditorium entrance**.
강당 입구 근처의 매대에서 꽃다발을 판매합니다.

10 To **avoid disturbing others, be sure to silence your phone**.
다른 사람을 방해하지 않도록, 휴대전화를 무음으로 설정해 주세요.

11 We **recommend you take a walk on the river walkway**.
저희는 당신이 강변 산책로를 걸어보실 것을 권장합니다.

12 **Lost items are collected and stored at the lost and found center**.
분실물은 수거되어 분실물 센터에 보관됩니다.

Daily Test

p.178

01 🎧 D13_6

당신은 꽃 축제의 방문객들을 환영하는 것을 배우고 있습니다. 화자의 말을 듣고 그대로 따라 말하세요. 한 번만 따라 말하세요.

스크립트

① The ticket counter **is over there**.
② Tulip, rose, and lavender fields **are to the left**.
③ There are **tropical flowers like orchids** in the greenhouse.
④ Please avoid picking or **stepping on the displayed flowers**.
⑤ Free gardening workshops **will be held in the garden center**.
⑥ Potted plants and flower seeds **can be purchased at the shop** next to the entrance.
⑦ If you **want to learn more about upcoming events**, stop by the information center.

해석

① 매표소는 저쪽에 있습니다.
② 왼쪽에는 튤립, 장미, 그리고 라벤더 밭이 있습니다.
③ 온실 안에는 난초와 같은 열대 꽃이 있습니다.
④ 전시된 꽃을 꺾거나 밟는 것을 피해 주세요.
⑤ 무료 원예 워크숍이 정원 센터에서 진행될 예정입니다.
⑥ 화분과 꽃씨는 입구 옆의 상점에서 구입할 수 있습니다.
⑦ 추후 행사에 대해 더 알고 싶으시다면, 안내 센터에 들러 주세요.

어휘 orchid[ɔ́ːrkid] 난초　greenhouse[gríːnhàus] 온실　purchase[pə́ːrtʃəs] 구입하다　upcoming[ʌ́pkʌ̀miŋ] 추후의, 다가오는
　　 stop by ~에 들르다

02 🎧 D13_7

당신은 학생 전시회에서 방문객들을 안내하는 것을 교육 받고 있습니다. 당신의 교육 담당자의 말을 듣고 그대로 따라 말하세요. 한 번만 따라 말하세요.

스크립트

① **Take a look** at the student projects.
② A few oil paintings **are on the left wall**.
③ **Photographs are displayed** on the right side.
④ Sculptures are arranged **on the table in the center**.
⑤ **Don't forget to check out** the creative posters and short videos on display.
⑥ The information board below each exhibit **explains the students' work in detail**.
⑦ When you are finished viewing the exhibits, **you can leave a comment about** your overall experience in the guestbook.

해석

① 학생 프로젝트들을 살펴보세요.
② 몇몇 유화는 왼쪽 벽에 있습니다.
③ 사진들은 오른쪽에 전시되어 있습니다.
④ 조각품들은 중앙 테이블 위에 배치되어 있습니다.
⑤ 전시되어 있는 창작 포스터와 짧은 비디오를 확인하는 것도 잊지 마세요.
⑥ 각 전시품 아래쪽에 있는 안내판은 학생들의 작품을 자세히 설명합니다.
⑦ 전시품들을 관람하는 것을 끝냈다면, 방명록에 당신의 전반적인 경험에 대한 의견을 남길 수 있습니다.

어휘 photograph[fóutəgræf] 사진　sculpture[skʌ́lptʃər] 조각품　arrange[əréindʒ] 배치하다　creative[kriéitiv] 창작의, 창의적인
　　 on display 전시되어 있는　in detail 자세히　guestbook[géstbùk] 방명록

03 🎧 D13_8

당신은 음식 축제에서 방문객들을 안내하는 것을 교육받고 있습니다. 교육 담당자의 말을 듣고 그대로 따라 말하세요. 한 번만 따라 말하세요.

스크립트
① You can **try a wide variety of foods here**.
② **Food stalls are set up** along the street.
③ There are tables where **you can sit and eat your food**.
④ **Visit the tasting booth to enjoy free samples** of today's dishes.
⑤ Cooking demonstrations **with local chefs will be held on the main stage**.
⑥ For **those with children, we offer special cooking and craft classes**.
⑦ Before **you leave, don't miss the chance to take home some delicious treats from the festival**.

해석
① 여기에서 다양한 음식을 드셔볼 수 있습니다.
② 큰길을 따라 음식 부스들이 설치되어 있습니다.
③ 당신이 앉아서 음식을 먹을 수 있는 테이블들이 있습니다.
④ 오늘 준비된 요리들의 무료 샘플을 시식하기 위해 맛보기 부스를 방문하세요.
⑤ 지역 요리사들과 함께하는 요리 시연이 메인 무대에서 진행될 것입니다.
⑥ 아이들과 함께 오신 분들을 위해, 저희는 특별 요리 및 공예 수업을 제공합니다.
⑦ 떠나기 전에, 축제의 몇몇 맛있는 간식들을 집에 가져갈 기회를 놓치지 마세요.

어휘 stall[stɔːl] 부스, 가판대 demonstration[dèmənstréiʃən] 시연 local[lóukəl] 지역의 craft[kræft] 공예

04 🎧 D13_9
당신은 콘서트에서 참석자들을 돕는 것을 배우고 있습니다. 당신의 관리자의 말을 듣고 그대로 따라 말하세요. 한 번만 따라 말하세요.

스크립트
① Welcome to **our concert tonight**.
② The **performance is in the main hall**.
③ Collect **your ticket from the window on the left**.
④ You can **pick up a pamphlet at the table over there**.
⑤ Please **avoid talking or making loud noises while watching the performance**.
⑥ After **the event, you can take pictures in the photo zone located in the lobby**.
⑦ For more details **about today's show, visit the information counter and speak with our staff**.

해석
① 오늘 밤 우리 콘서트에 오신 것을 환영합니다.
② 공연은 메인 홀에서 열립니다.
③ 왼쪽에 있는 창구에서 티켓을 받아 주세요.
④ 저쪽에 있는 테이블에서 소책자를 가져갈 수 있습니다.
⑤ 공연을 보는 동안 말하거나 큰 소리를 내는 것을 피해 주세요.
⑥ 행사 후에, 로비에 위치해 있는 포토존에서 사진을 찍을 수 있습니다.
⑦ 오늘 공연에 대한 자세한 사항은, 안내 카운터를 방문하여 저희 직원과 이야기하세요.

어휘 performance[pərfɔ́ːrməns] 공연 collect[kəlékt] 받다, 모으다 pamphlet[pǽmflət] 소책자

Day 14 상황별 공략하기: 방법·절차 안내

Daily Check-up 🎧 D14_5 .... p.186

01 Get a wristband **from a staff member**.
직원에게 손목밴드를 받으세요.

02 Take a number, and **wait to be called**.
번호표를 받고, 호명될 때까지 기다리세요.

03 Next, **sign your name** on the tablet screen.
다음으로, 태블릿 화면에 이름을 서명해 주세요.

04 Please **fill out the form** with your contact information.
연락처 정보를 포함하여 양식을 작성해 주세요.

05 **Wipe down the equipment** with a towel after use.
사용 후에는 수건으로 기구를 닦아 주세요.

06 **Pick up your printouts from the tray** under the printer.
출력물은 프린터 아래 받침대에서 가져가세요.

07 **Take the elevator on the left** to reach the event rooms upstairs.
위층 행사장으로 올라가기 위해 왼쪽에 있는 엘리베이터를 타세요.

08 You should **remove your shoes before stepping onto the mat**.
당신이 매트 위에 올라가기 전에 신발을 벗어야 합니다.

09 Leave **your bags on the storage rack by the wall**.
가방은 벽 옆의 보관 선반에 두세요.

10 Show **your invitation at the registration desk to check in**.
체크인하기 위해 등록 데스크에서 초대장을 보여주세요.

11 When **you're done working out**, place your used towels in the basket.
운동을 마치면, 사용한 수건은 바구니에 넣어 주세요.

12 Collect **a visitor pass at the information counter on the first floor**.
1층 안내 창구에서 방문증을 받아 가세요.

Daily Test   p.188

01 🎧 D14_6
당신은 사파리 투어에서 참석자들을 안내하는 것을 교육받고 있습니다. 당신의 교육 담당자의 말을 듣고 그대로 따라 말하세요. 한 번만 따라 말하세요.

스크립트
① Welcome to **our safari tour**.
② For zebras and giraffes, **look over there**.
③ **Elephants and buffaloes can be seen** on the left.
④ You can also **see the lions resting near the rocks**.
⑤ Please do not **stick your hands out the bus window**.
⑥ Be sure not to use a flash **when you take photos of the animals**.
⑦ When the tour is over, wait **until the guide tells you to leave the vehicle**.

해석
① 저희 사파리 투어에 오신 것을 환영합니다.
② 얼룩말과 기린은 저쪽을 봐 주세요.
③ 코끼리와 물소는 왼쪽에서 보실 수 있습니다.
④ 당신은 또한 바위 근처에서 쉬고 있는 사자들도 볼 수 있습니다.
⑤ 버스 창밖으로 손을 내밀지 마세요.
⑥ 동물들의 사진을 찍을 때 플래시를 사용하지 마세요.
⑦ 투어가 끝나면, 가이드가 차량에서 내리라고 말할 때까지 기다려 주세요.

어휘 buffalo[bʌ́fəlòu] 물소, 버팔로   vehicle[víːikl] 차량

02 🎧 D14_7

당신은 공항 보안 검색대에서 여행객들을 안내하는 것을 교육받고 있습니다. 당신의 관리자의 말을 듣고 그대로 따라 말하세요. 한 번만 따라 말하세요.

스크립트

① Please empty **your pockets**.
② **Place your bags** on the conveyor belt.
③ Take out your laptop, and **put it in a separate tray**.
④ Drinks **cannot be taken inside**, so please throw them away.
⑤ You **should wait for the signal** from the officer before moving forward.
⑥ After passing through the scanner, **collect all of your items from the tray**.
⑦ If you hear an alarm, remain calm and **wait for the guard to explain the next step**.

해석

① 주머니를 비워 주세요.
② 가방을 컨베이어 벨트 위에 놓으세요.
③ 노트북은 꺼내서 별개의 트레이에 놓으세요.
④ 음료는 내부로 반입할 수 없으므로, 그것들을 버려 주세요.
⑤ 앞으로 이동하기 전에 직원의 신호를 기다려야 합니다.
⑥ 검색대를 통과한 후, 트레이에 있는 모든 물건을 챙기세요.
⑦ 경보음이 들리면, 침착하게 계시고 경비 요원이 다음 절차를 설명할 때까지 기다려 주세요.

어휘 empty [émpti] 비우다   separate [sépərət] 별개의   pass through ~을 통과하다

03 🎧 D14_8

당신은 캠퍼스 체육관에서 신입생들을 안내하는 것을 배우고 있습니다. 화자가 하는 말을 듣고 그대로 따라 말하세요. 한 번만 따라 말하세요.

스크립트

① This **is the campus gym**.
② Warm up **with light cardio on the treadmill**.
③ Next, **use those dumbbells** to strengthen your muscles.
④ Finish your workout **with a few minutes of full-body stretching**.
⑤ After exercising, wipe the equipment **to keep it clean for everyone**.
⑥ If you are unsure about the proper form, **ask a nearby instructor for assistance**.
⑦ We recommend taking one of our fitness classes, **many of which are offered throughout the week**.

해석

① 이곳은 교내 체육관입니다.
② 러닝머신에서 가벼운 유산소 운동으로 몸을 풀어주세요.
③ 그다음, 근육을 강화하기 위해 저 아령들을 사용하세요.
④ 몇 분간의 전신 스트레칭으로 운동을 마무리하세요.
⑤ 운동 후에는, 모두를 위해 기구를 깨끗하게 유지할 수 있도록 그것을 닦아주세요.
⑥ 올바른 자세를 모르겠다면, 근처의 강사에게 도움을 요청하세요.
⑦ 저희는 피트니스 수업 중 하나를 수강하는 것을 추천드리는데, 그중 많은 것들은 일주일 내내 제공됩니다.

어휘 cardio [káːrdiou] 유산소 운동   treadmill [trédmìl] 러닝머신   full-body [fúlbàdi] 전신의   equipment [ikwípmənt] 기구, 장비   instructor [instrʌ́ktər] 강사

04 🎧 D14_9

당신은 수영장을 처음 방문하는 손님들을 환영하는 것을 배우고 있습니다. 당신의 관리자의 말을 듣고 그대로 따라 말하세요. 한 번만 따라 말하세요.

스크립트

① Welcome to **our swimming pool**.
② The **locker rooms are on your left**.

③ Take **a quick shower before entering the water.**
④ If **needed, you can borrow a swimming cap and goggles.**
⑤ Beginners **can use the kickboards in the designated lane.**
⑥ The **shallow pool, located on the right, is for children only.**
⑦ To **prevent accidents, please avoid running around or jumping into the water.**

해석
① 저희 수영장에 오신 것을 환영합니다.
② 탈의실은 당신의 왼쪽에 있습니다.
③ 물에 들어가기 전에 간단히 샤워하세요.
④ 필요하신 경우, 당신은 수영 모자와 물안경을 빌릴 수 있습니다.
⑤ 초보자들은 지정된 레인에서 킥판을 사용할 수 있습니다.
⑥ 오른쪽에 위치해 있는 얕은 풀은 어린이들만을 위한 곳입니다.
⑦ 사고를 방지하기 위해, 뛰어다니거나 물속으로 뛰어드는 것을 피해 주세요.

어휘 locker room 탈의실 designated[dézignèitid] 지정된 shallow[ʃǽlou] 얕은

Day 15 Task Test

p.192

[01-07] D15_1

당신은 도서 출간 행사에서 사람들을 환영하는 것을 교육받고 있습니다. 교육 담당자의 말을 듣고 그대로 따라 말하세요. 한 번만 따라 말하세요.

스크립트
01 Thank you for joining us.
02 Please show your invitation at the reception desk.
03 All seats are arranged according to the seating chart.
04 Light refreshments are available on the table near the door.
05 The author will give a short talk about the story behind his new book.
06 There will be a book-signing session for all invited guests after the speech.
07 If you like, you may take a picture with the author before you leave the hall.

해석
01 저희와 함께해 주셔서 감사합니다.
02 접수 데스크에서 초대장을 보여주세요.
03 모든 좌석은 좌석 배치도에 따라 배정되어 있습니다.
04 가벼운 간식이 출입문 근처의 테이블에서 이용 가능합니다.
05 작가는 그의 새 책을 집필하게 된 배경에 대해 짧게 설명을 할 것입니다.
06 설명 후에 초청받은 모든 손님을 위한 책 사인회가 있을 것입니다.
07 원하신다면, 행사장을 떠나시기 전에 작가와 함께 사진을 찍을 수 있습니다.

어휘 invitation[ìnvitéiʃən] 초대장, 초대 reception desk 접수 데스크 refreshments[rifréʃmənts] 간식, 다과 author[ɔ́ːθər] 작가
book-signing session 책 사인회

[08-14] D15_2

당신은 스키 리조트에서 방문객들을 돕는 것을 교육받고 있습니다. 당신의 관리자의 말을 듣고 그대로 따라 말하세요. 한 번만 따라 말하세요.

스크립트
08 Is this your first time at our resort?

09 You can rent equipment in that building.
10 Take the ski lift to the top of the slope.
11 Remember to keep your helmet on at all times for safety.
12 Always maintain a safe speed while skiing down the mountain.
13 If you're new to skiing, our instructors provide ski lessons throughout the day.
14 In case of an injury, please go to the first-aid tent immediately to receive medical help.

해석
08 저희 리조트는 처음인가요?
09 저 건물에서 장비를 빌릴 수 있습니다.
10 슬로프 꼭대기까지 스키 리프트를 타세요.
11 안전을 위해 헬멧을 항상 착용할 것을 기억하세요.
12 산을 스키로 내려가는 동안 항상 안전한 속도를 유지하세요.
13 스키가 처음이시라면, 저희 강사들이 하루 종일 스키 강습을 제공합니다.
14 부상을 입은 경우에는, 의료 도움을 받기 위해 즉시 응급 처치 천막으로 가주세요.

어휘 equipment[ikwípmənt] 장비 maintain[meintéin] 유지하다 immediately[imíːdiətli] 즉시

[15-21] 🎧 D15_3

당신은 전망대에서 방문객들을 안내하는 것을 교육받고 있습니다. 당신의 교육 담당자의 말을 듣고 그대로 따라 말하세요. 한 번만 따라 말하세요.

스크립트
15 Welcome to the observation deck.
16 Telescopes are available for public use.
17 This side offers a great view of the city.
18 From the other side, you can see the harbor and ships.
19 For everyone's safety, do not lean against the glass walls.
20 Feel free to use the seating area to sit back and enjoy the scenery.
21 If you want information about landmarks, check the screens near the windows.

해석
15 전망대에 오신 것을 환영합니다.
16 누구나 이용할 수 있도록 제공된 망원경을 사용하실 수 있습니다.
17 이쪽 편에서는 도시의 멋진 전경을 보여줍니다.
18 저쪽 편에서는, 항구와 배들을 볼 수 있습니다.
19 모두의 안전을 위해, 유리벽에 기대지 마세요.
20 편히 앉아 경치를 감상하기 위해 좌석 공간을 자유롭게 이용하세요.
21 주요 명소에 대한 정보를 원하시면, 창가 근처의 화면을 확인하세요.

어휘 observation deck 전망대 telescope[téləskòup] 망원경 harbor[háːrbər] 항구 lean[liːn] 기대다 sit back 편히 앉다
scenery[síːnəri] 경치 landmark[lǽndmɑːrk] 주요 명소

[22-28] 🎧 D15_4

당신은 캠퍼스 기숙사에서 신입생들을 돕는 것을 교육받고 있습니다. 화자의 말을 듣고 그대로 따라 말하세요. 한 번만 따라 말하세요.

스크립트
22 Welcome to the campus dormitory.
23 Scan your student ID card here to enter.
24 You can use the quiet study area over there.
25 The common lounge is a perfect place to take a break.

26 Use the washing machines and dryers in the laundry room in the basement.
27 Packages can be picked up at the front desk by giving your room number.
28 There will always be a staff member in the lobby day and night to assist you.

해석
22 캠퍼스 기숙사에 오신 것을 환영합니다.
23 들어가기 위해 여기에 당신의 학생증을 스캔하세요.
24 저기 조용한 학습 공간을 이용할 수 있습니다.
25 공용 휴게실은 휴식을 취하기에 최고의 장소입니다.
26 지하에 있는 세탁실의 세탁기와 건조기를 이용하세요.
27 소포는 프런트 데스크에서 방 번호를 알려주고 수령할 수 있습니다.
28 로비에 낮이나 밤이나 당신을 도와줄 직원이 항상 있을 것입니다.

어휘 common[ká:mən] 공용의, 공유의 lounge[laundʒ] 휴게실 laundry room 세탁실 basement[béismənt] 지하 assist[əsíst] 돕다

TASK 2 인터뷰 답변하기 Take an Interview

Day 16 전략 익히기

Daily Check-up

01 D16_7

당신은 리더십에 관한 연구에 참여하기로 동의했습니다. 당신은 연구원과 짧은 온라인 인터뷰를 할 것입니다. 연구원이 몇 가지 질문을 할 것입니다.

스크립트 및 해석

Some people prefer to take a leadership position in a group, while others prefer to follow. Which do you prefer and why? Explain your thoughts.

어떤 사람들은 집단에서 지도자 역할을 맡는 것을 선호하는 반면, 다른 사람들은 따르는 것을 선호합니다. 당신은 어느 것을 선호하며 그 이유는 무엇인가요? 당신의 생각을 설명하세요.

모범 답안 D16_7_모범답안

나의 입장
I prefer to **take a leadership position** in a group.

이유 1
First, I want to **change things for the better**.

구체적 근거
To be specific, I would have the chance to replace an **unreasonable rule with a better one**.

이유 2
Second, having a leadership position is a good way to **learn social skills**.

구체적 근거
For example, I had to **deal with a lot of people** when I was the president of the student council.

요약
In conclusion, I **prefer being a leader in a group** rather than following.

어휘 unreasonable[ənríznəbəl] 비합리적인 student council 학생회

02 D16_8

당신은 스포츠에 관한 연구에 자원했습니다. 당신은 연구원과 짧은 온라인 인터뷰를 할 것입니다. 연구원이 몇 가지 질문을 할 것입니다.

스크립트 및 해석

While some people think that children should be required to play sports, others feel that sports distract them from more important things, such as studying. Which opinion do you agree with and why?

어떤 사람들은 아이들이 반드시 스포츠를 하도록 해야 한다고 생각하는 반면, 다른 사람들은 스포츠가 공부와 같은 더 중요한 것들로부터 그들의 주의를 분산시킨다고 느낍니다. 당신은 어떤 의견에 동의하며 그 이유는 무엇인가요?

모범 답안 D16_8_모범답안

나의 입장
I agree that **sports distract children from important things**.

이유 1
One reason is that they **should focus on studying**.

구체적 근거
Otherwise, they might **get poor grades in school**.

이유 2
Another reason is that playing sports often **results in serious injuries**.

구체적 근거
For instance, my **younger brother broke his ankle** playing soccer, and this injury made his life very difficult.

요약
For these reasons, I think that **forcing children to play sports is a bad idea**.

어휘 grade[greid] 성적   result in ~을 초래하다   injury[índʒəri] 부상

Daily Test
p.216

[01-04] 🎧 D16_9
당신은 옷과 패션에 관한 연구에 자원했습니다. 당신은 연구원과 짧은 온라인 인터뷰를 할 것입니다. 연구원이 몇 가지 질문을 할 것입니다.

01 스크립트 및 해석
Thank you for taking part in this study. Today, I'd like to ask you some questions about your clothing. First, what kind of clothes do you or your friends like? For example, do you like jeans, sportswear, or other types of clothing?
이 연구에 참여해 주셔서 감사합니다. 오늘은, 당신의 옷에 관해 몇 가지 질문을 드리고 싶습니다. 첫째로, 당신이나 당신의 친구들은 어떤 종류의 옷을 좋아하나요? 예를 들어, 청바지, 운동복, 또는 다른 종류의 옷을 좋아하나요?

모범 답안 🎧 D16_9_01_모범답안

나의 입장
I **like to wear jeans**.

이유 1
One reason is that they **go with a variety of styles**.

구체적 근거
To be specific, I can easily **mix and match different items with jeans** to create new outfits.

이유 2
Another reason is that **jeans are very durable**.

구체적 근거
Compared with other types of clothing, they **keep their original shape after being washed many times**.

요약
For these reasons, I **often wear jeans** whenever I can.

어휘 go with ~과 어울리다   a variety of 다양한   outfit[áutfit] 옷차림, 옷   durable[djúərəbl] 내구성이 좋은   original[ərídʒənl] 원래의

02 스크립트 및 해석

That makes sense. When you buy clothes, do you prefer keeping up with the latest fashion trends or choosing outfits based on your personal preferences? Why?

말이 되네요. 당신이 옷을 살 때, 최신 패션 유행을 따르는 것을 선호하나요, 아니면 당신의 개인적인 선호에 따라 옷을 선택하는 것을 선호하나요? 그 이유는 무엇인가요?

모범 답안 🎧 D16_9_02_모범답안

나의 입장
I prefer to **choose outfits based on my personal preferences** rather than to keep up with trends.

이유 1
To begin with, trendy clothes **do not suit me**.

구체적 근거
For example, wide-leg pants have recently become popular, but they **look horrible on me**.

이유 2
Also, following trends **can be expensive**.

구체적 근거
Specifically, **styles change often**, and I'd have to **buy new clothes** to keep up with them.

요약
Therefore, **focusing on my own style is best**.

어휘 personal[pə́ːrsənl] 개인적인 preference[préfərəns] 선호 suit[suːt] 어울리다, 맞다 look horrible on ~에게 전혀 안 어울리다 keep up with ~을 따라가다

03 스크립트 및 해석

Interesting. Some places implement a dress code to ensure that their employees or customers are dressed appropriately. Do you think that this type of policy is necessary, or do you think people should be free to choose their own clothing? Why or why not?

흥미롭네요. 일부 장소에서는 직원이나 고객이 적절하게 옷을 입도록 하기 위해 복장 규정을 시행합니다. 당신은 이런 종류의 정책이 필요하다고 생각하나요, 아니면 사람들이 자유롭게 자신의 옷을 선택할 수 있어야 한다고 생각하시나요? 왜 그런가요, 또는 왜 그렇지 않은가요?

모범 답안 🎧 D16_9_03_모범답안

나의 입장
I **don't like the idea of dress codes**.

이유 1
First of all, they **limit personal expression**.

구체적 근거
In fact, places that restrict self-expression and individuality **can be boring and lack creativity**.

이유 2
Second, **flexible clothing rules are more practical**, especially when it comes to the weather or a person's health.

구체적 근거
In fact, my sister's company **removed its dress code due to the extreme heat**, and this **improved both employee health and work efficiency**.

요약
Overall, I **think dress codes are unnecessary**.

어휘 dress code 복장 규정 expression[ikspréʃən] 표현 restrict[ristríkt] 제한하다 self-expression[sèlfikspréʃən] 자기표현 individuality[ìndəvìdʒuǽləti] 개성 creativity[krì:eitívəti] 창의성 flexible[fléksəbl] 유연한 practical[prǽktikəl] 실용적인 when it comes to ~에 관해서는 efficiency[ifíʃənsi] 효율성

04 스크립트 및 해석
Great points. I have one final question. The process of buying clothing has changed dramatically due to online shopping platforms. Do you think this is a positive development? Why or why not?
좋은 의견이네요. 마지막 질문이 하나 있습니다. 온라인 쇼핑 플랫폼으로 인해 의류 구매 과정이 극적으로 변화했습니다. 이것이 긍정적인 발전이라고 생각하나요? 왜 그런가요, 또는 왜 그렇지 않은가요?

모범 답안 🎧 D16_9_04_모범답안

나의 입장
I think **online shopping is a positive development** for the following reasons.

이유 1
One reason is that it **makes buying clothes more convenient**.

구체적 근거
For example, I can look at items and **order them from my phone without leaving home**.

이유 2
Also, online shopping **gives people more choices**.

구체적 근거
Compared with local shops, online platforms are **not limited by physical space**, so they can **offer more sizes, colors, and styles**.

요약
To conclude, **the shift to online shopping has been beneficial**.

어휘 development[divéləpmənt] 발전 convenient[kənví:niənt] 편리한 physical[fízikəl] 물리적인 beneficial[bènəfíʃəl] 유익한

Day 17 주제별 공략하기: 교육·진로·기술

Daily Check-up ······ p.226

[01–04] 🎧 D17_1
당신은 공부 습관에 관한 연구에 자원했습니다. 당신은 연구원과 짧은 온라인 인터뷰를 할 것입니다. 연구원이 몇 가지 질문을 할 것입니다.

01 스크립트 및 해석
Thank you for joining this study. I'd like to ask you some questions about your study habits. First, do you typically study in the library, at home, or at other specific locations, like coffee shops?
이 연구에 참여해 주셔서 감사합니다. 당신의 공부 습관에 대해 몇 가지 질문을 드리고 싶습니다. 첫째로, 주로 도서관에서 공부하나요, 집에서 공부하나요, 아니면 커피숍과 같은 다른 특정 장소에서 공부하나요?

모범 답안 🎧 D17_1_01_모범답안

나의 입장
I like studying in the library.

이유 1
First of all, the library **is equipped with all the materials and tools** I need.

구체적 근거
For example, it **gives me easy access to resources like books, printers, and study rooms**.

이유 2
Secondly, there are **no distractions at the library**.

구체적 근거
In contrast, it's **easy to get distracted by things like TV or other people's voices at home or in cafés**.

요약
For these reasons, **the library is the best place to study**.

어휘 be equipped with ~이 갖춰져 있다 resource[risɔ́:rs] 자료 distraction[distrǽkʃən] 집중을 방해하는 것

02 스크립트 및 해석
I see. When you study, do you prefer to study alone, or do you like to study with your friends? Why?
그렇군요. 당신이 공부할 때, 혼자 공부하는 것을 선호하나요, 아니면 친구들과 함께 공부하는 것을 좋아하나요? 그 이유는 무엇인가요?

모범 답안 🎧 D17_1_02_모범답안

나의 입장
I prefer studying with my friends.

이유 1
First, we **can help each other** understand difficult concepts.

구체적 근거
For example, **my friends can explain something to me if I don't understand** it.

이유 2
Another reason is that **studying with friends keeps me motivated**.

구체적 근거
To be specific, we can **encourage each other to study harder**.

요약
Therefore, I **prefer to study with my friends** rather than to study alone.

어휘 concept[kánsept] 개념 motivated[móutəvèitid] 동기 부여된 encourage[inkə́:ridʒ] 격려하다

03 스크립트 및 해석
That's a great point. Some people believe that writing things down while studying can improve learning efficiency. Do you agree with this idea? Or do you think there are other ways to improve efficiency? Explain your answer.
좋은 의견입니다. 어떤 사람들은 공부하는 동안 내용을 적는 것이 학습 효율성을 향상시킬 수 있다고 생각합니다. 이 생각에 동의하나요? 아니면 효율성을 향상시킬 다른 방법들이 있다고 생각하나요? 당신의 답변을 설명해 주세요.

모범 답안 🎧D17_1_03_모범답안

나의 입장
I **agree that writing things down** while studying can improve learning efficiency.

이유 1
To begin with, it **helps me understand the material better**.

구체적 근거
Specifically, it **allows me to reconstruct information in my own way**.

이유 2
Also, the information **stays in my memory longer**.

구체적 근거
According to research, **the physical act of writing helps people remember** things better.

요약
Overall, I believe **writing things down improves learning efficiency**.

어휘 efficiency[ifíʃənsi] 효율성   reconstruct[rìkənstrʌ́kt] 재구성하다   physical[fízikəl] 신체의, 물리적인

04 스크립트 및 해석
Interesting. Let me ask you one final question. In recent years, there has been a trend toward online learning platforms replacing traditional books and classrooms. What are your thoughts on this trend? Do you think it's beneficial or harmful to students' overall learning experience?
흥미롭네요. 마지막 질문을 드리겠습니다. 최근 몇 년간, 온라인 학습 플랫폼이 전통적인 책과 교실을 대체하는 추세가 있어 왔습니다. 이 추세에 대해 어떻게 생각하나요? 학생들의 전반적인 학습 경험에 유익하다고 생각하나요, 아니면 해롭다고 생각하나요?

모범 답안 🎧D17_1_04_모범답안

나의 입장
I believe that online learning platforms **are beneficial to students' overall learning experience**.

이유 1
One reason is that they **make learning more interesting**.

구체적 근거
For instance, lessons **can be presented in game-like formats** on these platforms.

이유 2
Another reason is that online learning platforms **can be accessed anytime and anywhere**.

구체적 근거
In particular, **students in rural areas or people with busy schedules can benefit** from this.

요약
In conclusion, I think **online learning platforms are helpful for students' overall learning experience**.

어휘 replace[ripléis] 대체하다   beneficial[bènəfíʃəl] 유익한   harmful[hɑ́:rmfəl] 해로운   rural[rúrəl] 시골의

Daily Test

p.230

[01-04] 🎧 D17_2

당신은 근무 환경에 관한 연구에 자원했습니다. 당신은 연구원과 짧은 온라인 인터뷰를 할 것입니다. 연구원이 몇 가지 질문을 할 것입니다.

01 스크립트 및 해석

Thank you for agreeing to speak with me today. I'd like to ask you some questions about work environments. Work-related tasks can either be completed alone or in cooperation with others. Do you prefer to work by yourself or as part of a group? Explain your thoughts.

오늘 저와 대화하는 것에 동의해 주셔서 감사합니다. 근무 환경에 대해 몇 가지 질문을 드리고 싶습니다. 업무 관련 과제들은 혼자 완수되거나 다른 사람들과 협력하여 완수될 수 있습니다. 당신은 혼자 일하는 것을 선호하나요, 아니면 집단의 일원으로 일하는 것을 선호하나요? 당신의 생각을 설명해 주세요.

브레인스토밍

나의 입장	work alone 혼자서 일하는 것
이유 1	1. greater control over the workflow 작업 흐름에 대한 더 큰 통제권
구체적 근거	– do tasks in my own way 내 방식대로 일을 함
이유 2	2. don't have to deal with interpersonal issues 대인 관계 문제를 다루지 않아도 됨
구체적 근거	– conflicts between members are not a problem 구성원 간의 갈등이 문제가 되지 않음

모범 답안 🎧 D17_2_01_모범답안

나의 입장
I prefer **to complete work-related tasks alone**.

이유 1
That's because **it allows me to have greater control over the workflow**.

구체적 근거
Specifically, **I can do tasks in my own way without having to consider other people's schedules or progress**.

이유 2
Also, **I don't have to deal with any interpersonal issues**.

구체적 근거
In particular, **conflicts between team members are not a problem when I work alone**.

요약
For these reasons, I prefer **to complete tasks independently**.

해석 저는 업무 관련 일들을 혼자 완수하는 것을 선호합니다.
그것은 제가 작업 흐름에 대해 더 큰 통제권을 가질 수 있게 해주기 때문입니다.
구체적으로, 저는 다른 사람들의 일정이나 진행 상황을 고려할 필요 없이 제 방식대로 일을 할 수 있습니다.
또한, 어떤 대인 관계 문제들도 다루지 않아도 됩니다.
특히, 제가 혼자 일할 때는 팀원들 간의 갈등이 문제가 되지 않습니다.
이러한 이유들 때문에, 저는 일을 독립적으로 완수하는 것을 선호합니다.

어휘 task[tæsk] 일, 과제 complete[kəmplíːt] 완수하다 cooperation[kouàpəréiʃən] 협력 workflow[wə́ːrkflòu] 작업 흐름
progress[prágres] 진행 상황 deal with ~을 처리하다 interpersonal[ìntərpə́ːrsənəl] 대인 관계의 conflict[kánflikt] 갈등
independently[ìndipéndəntli] 독립적으로

02 스크립트 및 해석

Interesting. Some people say that a quiet workplace helps them focus, while others prefer a lively workplace that feels more energetic. Which environment would you prefer, and why?

흥미롭네요. 어떤 사람들은 조용한 직장이 집중하는 데 도움이 된다고 말하는 반면, 다른 사람들은 더 활기찬 느낌의 활발한 직장을 선호합니다. 어떤 환경을 선호하고, 그 이유는 무엇인가요?

브레인스토밍

나의 입장	quiet workplace 조용한 직장
이유 1	1. focus better 더 잘 집중함
구체적 근거	– people used to talk loudly at old company 이전 회사에서 사람들이 큰 소리로 말했음
이유 2	2. less stressful 스트레스를 덜 받음
구체적 근거	– constant noise and interruptions make me feel tense and anxious 지속적인 소음과 방해는 나를 긴장하고 불안하게 만듦

모범 답안 🎧 D17_2_02_모범답안

나의 입장
It is better **to work in a quiet workplace.**

이유 1
One reason is that **I can focus better.**

구체적 근거
For example, **people always used to talk loudly at my old company, and I found it to be distracting.**

이유 2
Furthermore, **I find a quiet workplace to be much less stressful.**

구체적 근거
In fact, **constant noise makes me feel tense and anxious.**

요약
Therefore, **I would prefer a quiet workplace over a lively one.**

해석   조용한 직장에서 일하는 것이 더 좋습니다.
한 가지 이유는 더 잘 집중할 수 있기 때문입니다.
예를 들어, 제 이전 회사에서는 사람들이 항상 큰 소리로 말했는데, 저는 그것이 주의를 산만하게 한다고 생각했습니다.
게다가, 저는 조용한 직장이 훨씬 스트레스를 덜 받는다고 생각합니다.
실제로, 지속적인 소음은 제가 긴장하고 불안하게 느끼게 만듭니다.
그러므로, 저는 활발한 직장보다 조용한 직장을 선호합니다.

어휘   lively[láivli] 활발한   energetic[ènərdʒétik] 활기찬   distracting[distrǽktiŋ] 주의를 산만하게 하는   constant[kánstənt] 지속적인
tense[tens] 긴장한   anxious[ǽŋkʃəs] 불안한

03 스크립트 및 해석

I see. People often say a good work environment is just as important as a high salary when choosing a job. In your opinion, what are one or two important factors that make a workplace good? Give reasons for your answer.

그렇군요. 사람들은 종종 직장을 선택할 때 좋은 근무 환경이 높은 급여만큼 중요하다고 말합니다. 당신의 의견으로는, 직장을 좋게 만드는 한두 가지 중요한 요소는 무엇인가요? 답변에 대한 이유를 제시해 주세요.

브레인스토밍

나의 입장	good work-life balance 일과 삶의 좋은 균형
이유 1	1. prevent from experiencing burnout 번아웃을 겪는 것을 방지함
구체적 근거	– restore energy & maintain good health 에너지를 회복하고 건강을 유지함
이유 2	2. lead to higher job satisfaction 높은 직업 만족도로 이어짐
구체적 근거	– feel more motivated to perform well 성과를 잘 내려는 동기 부여를 더 느낌

모범 답안 🎧 D17_2_03_모범답안

나의 입장
I think **having a good work-life balance makes a workplace great**.

이유 1
To begin with, **it helps prevent employees from experiencing burnout**.

구체적 근거
Specifically, **they can restore their energy and maintain good health by getting enough rest**.

이유 2
Also, **it leads to higher job satisfaction**.

구체적 근거
As a result, **employees feel more motivated to perform well at work**.

요약
In short, **a healthy work-life balance contributes to making a workplace good**.

해석 저는 일과 삶의 좋은 균형을 갖는 것이 직장을 훌륭하게 만든다고 생각합니다.
우선, 그것은 직원들이 번아웃을 겪는 것을 방지하는 데 도움이 됩니다.
구체적으로, 그들은 충분한 휴식을 취함으로써 에너지를 회복하고 건강을 유지할 수 있습니다.
또한, 그것은 더 높은 직업 만족도로 이어집니다.
그 결과, 직원들은 직장에서 성과를 잘 내고자 하는 동기 부여를 더 많이 느낍니다.
한마디로, 일과 삶의 건강한 균형은 직장을 좋게 만드는 데 기여합니다.

어휘 factor[fǽktər] 요소 workplace[wə́ːrkpleis] 직장 prevent[privént] 방지하다, 막다 experience[ikspíəriəns] 겪다, 경험하다
restore[ristɔ́ːr] 회복하다 maintain[meintéin] 유지하다 enough[inʌ́f] 충분한 satisfaction[sæ̀tisfǽkʃən] 만족(도)

04 스크립트 및 해석

Good points. Lastly, some people believe that introducing a shorter workweek, such as a four-day workweek, will be essential in the future. Do you agree or disagree with this idea? Explain why you think so.

좋은 의견입니다. 마지막으로, 어떤 사람들은 주 4일 근무제와 같은 더 짧은 주당 근무 시간을 도입하는 것이 미래에 필수적일 것이라고 생각합니다. 이 생각에 동의하나요, 아니면 동의하지 않나요? 그렇게 생각하는 이유를 설명해 주세요.

브레인스토밍

나의 입장	<u>agree</u> 동의함
이유 1	<u>1. less need for human workers</u> 인간 근로자의 필요성이 줄어듦
구체적 근거	<u>- robots and AI will do many tasks</u> 로봇과 AI가 많은 업무를 수행할 것임
이유 2	<u>2. increase productivity</u> 생산성을 증가시킴
구체적 근거	<u>- less time, employees focus on important tasks</u> 시간이 적을 때 직원들이 중요한 업무에 집중함

모범 답안 🎧 D17_2_04_모범답안

나의 입장
I agree that **a shorter workweek will be essential in the future**.

이유 1
First, **there will be less need for human workers**.

구체적 근거
To explain, **because technology will continue developing, robots and AI will do many tasks that people do now**.

이유 2
Also, **shorter workweeks increase productivity**.

구체적 근거
Research shows that **employees focus on important tasks when they have less time**.

요약
In conclusion, **I believe shorter workweeks will become essential in the future**.

해석 저는 더 짧은 주당 근무 시간이 미래에 필수적일 것이라는 데 동의합니다.
첫째로, 인간 근로자의 필요성이 줄어들 것입니다.
설명하자면, 기술이 계속 발전할 것이기 때문에, 로봇과 AI가 현재 사람들이 하는 많은 업무를 할 것입니다.
또한, 더 짧은 근무 주간은 생산성을 증가시킵니다.
연구는 직원들이 시간이 적을 때 중요한 업무에 집중한다는 것을 보여줍니다.
결론적으로, 저는 더 짧은 주당 근무 시간이 미래에 필수적이게 될 것이라고 생각합니다.

어휘 workweek[wə́ːrkwìːk] 주당 근무 시간 essential[isénʃəl] 필수적인 productivity[prɑ̀dəktívəti] 생산성

[05-08] 🎧 D17_3

당신은 인공지능에 관한 연구에 자원했습니다. 당신은 연구원과 짧은 온라인 인터뷰를 할 것입니다. 연구원이 몇 가지 질문을 할 것입니다.

05 스크립트 및 해석

Thank you for participating. Many people use AI tools regularly. First, what types of AI tools, such as chatbots, image generators, or voice assistants, do you or someone you know typically use? Why?

참여해 주셔서 감사합니다. 많은 사람들이 AI 도구를 정기적으로 사용합니다. 첫째로, 챗봇, 이미지 생성기, 음성 비서와 같이 당신이나 당신이 아는 누군가가 일반적으로 사용하는 AI 도구의 유형은 무엇인가요? 그 이유는 무엇인가요?

브레인스토밍

나의 입장	<u>use chatbots</u> 챗봇을 사용함
이유 1	1. <u>help do things quickly</u> 빠르게 일을 하는 데 도움이 됨
구체적 근거	– <u>used to plan workout, created an excellent routine quickly</u> 운동 계획을 세우기 위해 사용했는데, 훌륭한 일과를 빠르게 만들어 주었음
이유 2	2. <u>explain technical information clearly</u> 기술적인 정보를 명확하게 설명해 줌
구체적 근거	– <u>select supplements, broke down ingredients in an easy-to-understand way</u> 영양 보충제를 선택할 때, 이해하기 쉬운 방식으로 성분을 분석해 주었음

모범 답안 🎧 D17_3_05_모범답안

나의 입장
I **frequently use chatbots**.

이유 1
First, **I use them because they help me do things quickly**.

구체적 근거
For example, **I recently used a chatbot to plan my workout, and it created an excellent routine quickly**.

이유 2
Second, **I use chatbots because they explain technical information clearly**.

구체적 근거
For instance, **when I was selecting supplements, they broke down the ingredients in an easy-to-understand way**.

요약
In short, **I use chatbots because they save me time and they explain things in simple language**.

해석 저는 챗봇을 자주 사용합니다.
첫째로, 그것들이 제가 빠르게 일을 하는 데 도움이 되기 때문에 사용합니다.
예를 들어, 제가 최근에 운동 계획을 세우기 위해 챗봇을 사용했는데, 그것은 훌륭한 일과를 빠르게 만들어 주었습니다.
둘째로, 챗봇이 기술적인 정보를 명확하게 설명해 주기 때문에 사용합니다.
예를 들어, 영양 보충제를 선택할 때, 그것들이 성분들을 이해하기 쉬운 방식으로 분석해 주었습니다.
한마디로, 시간을 절약해 주고 간단한 언어로 설명해 주기 때문에 챗봇을 사용합니다.

어휘 workout[wə́ːrkaut] 운동 excellent[éksələnt] 훌륭한 supplement[sʌ́pləmənt] 영양 보충제 break down ~을 분석하다
ingredient[ingríːdiənt] 성분 easy-to-understand[íːzitəʌ̀ndərstǽnd] 이해하기 쉬운

06 스크립트 및 해석
Alright. When you work or study, do you prefer to get help from AI tools, or do you prefer to do things on your own? Why?
알겠습니다. 당신이 일하거나 공부할 때, AI 도구의 도움을 받는 것을 선호하나요, 아니면 혼자 하는 것을 선호하나요? 그 이유는 무엇인가요?

브레인스토밍

나의 입장	do on my own 혼자 함
이유 1	1. AI make mistakes AI가 실수함
구체적 근거	- chatbot gave incorrect information, got low score on paper 챗봇이 잘못된 정보를 주었고, 과제에서 낮은 점수를 받았음
이유 2	2. become dependent on it AI에 의존하게 됨
구체적 근거	- could lose ability to think critically 비판적으로 생각하는 능력을 잃을 수 있음

모범 답안 🎧 D17_3_06_모범답안

나의 입장
I prefer **doing things on my own** to **getting help from AI tools**.

이유 1
One reason is that **AI can make mistakes**.

구체적 근거
For example, **a chatbot gave me incorrect information, and I got a low score on my paper**.

이유 2
Another reason is that **if I constantly get help from AI, I might become dependent on it**.

구체적 근거
As a result, **I could lose the ability to think critically**.

요약
For these reasons, **I prefer to do things on my own while working or studying**.

해석 저는 AI 도구의 도움을 받는 것보다 혼자 하는 것을 선호합니다.
한 가지 이유는 AI가 실수할 수 있기 때문입니다.
예를 들어, 챗봇이 저에게 잘못된 정보를 주어서 저는 과제에서 낮은 점수를 받았습니다.
또 다른 이유는 만약 제가 지속적으로 AI의 도움을 받는다면, AI에 의존하게 될 수도 있기 때문입니다.
그 결과, 저는 비판적으로 생각하는 능력을 잃을 수도 있습니다.
이러한 이유들 때문에, 저는 일하거나 공부할 때 혼자 하는 것을 선호합니다.

어휘 mistake[mistéik] 실수 incorrect[ìnkərékt] 잘못된 dependent[dipéndənt] 의존하는 ability[əbíləti] 능력
critically[krítikəli] 비판적으로

07 스크립트 및 해석

Interesting. Some people argue that AI will create more opportunities for workers. They claim that it will lead to new types of jobs that do not exist now. Do you agree or disagree with this claim? Why?
흥미롭네요. 어떤 사람들은 AI가 근로자들에게 더 많은 기회를 창출할 것이라고 주장합니다. 그들은 AI가 현재 존재하지 않는 새로운 유형의 일자리로 이어질 것이라고 주장합니다. 이 주장에 동의하나요, 아니면 동의하지 않나요? 그 이유는 무엇인가요?

브레인스토밍

나의 입장	disagree 동의하지 않음
이유 1	1. perform tasks faster than humans 인간보다 더 빠르게 업무를 수행함
구체적 근거	– require fewer workers 더 적은 근로자가 필요함
이유 2	2. basic tasks will be performed by AI 기본적인 업무들은 AI에 의해 수행될 것임
구체적 근거	– people needed only for tasks that require advanced skills 사람들은 고급 기술을 필요로 하는 업무에만 필요함

모범 답안 🎧 D17_3_07_모범답안

나의 입장
I disagree with the claim that **AI will create more jobs for workers.**

이유 1
First, AI is capable of performing many tasks much faster than humans.

구체적 근거
As a result, **roles that involve these tasks will require fewer workers in the future.**

이유 2
What's more, **most basic tasks will be performed by AI.**

구체적 근거
In other words, **people will only be needed for a small number of tasks that require advanced skills.**

요약
Overall, **I do not expect AI to provide more opportunities for workers.**

해석 저는 AI가 근로자들에게 더 많은 일자리를 창출할 것이라는 주장에 동의하지 않습니다.
첫째로, AI는 인간보다 훨씬 빠르게 많은 업무를 수행할 수 있습니다.
그 결과, 이러한 업무와 관련된 역할들은 미래에 더 적은 근로자를 필요로 할 것입니다.
더욱이, 대부분의 기본적인 업무들은 AI에 의해 수행될 것입니다.
다시 말해서, 사람들은 고급 기술을 필요로 하는 소수의 업무에만 필요할 것입니다.
종합적으로, 저는 AI가 근로자들에게 더 많은 기회를 제공할 것이라고 기대하지 않습니다.

어휘 **claim**[kleim] 주장하다; 주장 **capable**[kéipəbl] 할 수 있는 **perform**[pərfɔ́:rm] 수행하다 **involve**[inválv] 관련되다
advanced[ədvǽnst] 고급의 **opportunity**[àpərtjú:nəti] 기회

08 스크립트 및 해석

Good points. Let me ask you one final question. What do you think are one or two areas of life to which AI could bring the most positive changes in the future? Give reasons for your answer.

좋은 의견이네요. 마지막 질문을 드리겠습니다. AI가 미래에 가장 긍정적인 변화를 가져올 수 있다고 생각하는 삶의 한두 가지 영역은 무엇인가요? 당신의 답변에 대한 이유를 제시해 주세요.

브레인스토밍

나의 입장	health care 의료 서비스
이유 1	1. help monitor patients 환자를 모니터링하는 데 도움을 줌
구체적 근거	- track heart rate and other vital signs 심박수와 다른 활력 징후들을 추적함
이유 2	2. respond quickly to emergencies 응급 상황에 신속하게 대응함
구체적 근거	- automatically call ambulance 자동으로 구급차를 부름

모범 답안 🎧 D17_3_08_모범답안

나의 입장
I think **AI could bring the most positive changes to health care.**

이유 1
First of all, **AI can help doctors monitor patients more effectively.**

구체적 근거
For example, **AI can track heart rate and other vital signs.**

이유 2
Furthermore, **AI can help people respond quickly to emergencies.**

구체적 근거
To be specific, **smart systems could automatically call an ambulance if someone has a sudden medical issue.**

요약
Therefore, **I believe health care is an area to which AI can bring many positive changes.**

해석 저는 AI가 의료 서비스에 가장 긍정적인 변화를 가져올 수 있다고 생각합니다.
첫째로, AI는 의사들이 환자들을 더 효과적으로 모니터링하는 데 도움을 줄 수 있습니다.
예를 들어, AI는 심박수와 다른 활력 징후들을 추적할 수 있습니다.
더욱이, AI는 사람들이 응급 상황에 빠르게 대응하는 데 도움을 줄 수 있습니다.
구체적으로, 누군가에게 갑작스러운 의학 문제가 발생했을 때 스마트 시스템이 자동으로 구급차를 부를 수 있습니다.
그러므로, 저는 의료 서비스가 AI가 많은 긍정적인 변화를 가져올 수 있는 영역이라고 생각합니다.

어휘 health care 의료 (서비스)   monitor[mánətər] 모니터링하다, 추적 관찰하다   patient[péiʃənt] 환자   effectively[iféktivli] 효과적으로
track[træk] 추적하다   heart rate 심박수   vital sign 활력 징후   emergency[imə́ːrdʒənsi] 응급 상황
automatically[ɔ̀ːtəmǽtikəli] 자동으로   sudden[sʌ́dn] 갑작스러운

[09-12] 🎧 D17_4

당신은 대학 교육에 관한 연구에 참여하기로 동의했습니다. 당신은 연구원과 짧은 온라인 인터뷰를 할 것입니다. 연구원이 몇 가지 질문을 할 것입니다.

09 스크립트 및 해석

Thank you for speaking with me about college education. First, have you or someone close to you ever made an important decision regarding college education? For example, have you ever chosen a major or decided whether to go to graduate school? Why or why not?

대학 교육에 대해 저와 이야기해 주셔서 감사합니다. 먼저, 당신이나 당신과 가까운 누군가가 대학 교육과 관련하여 중요한 결정을 내린 적이 있나요? 예를 들어, 전공을 선택하거나 대학원 진학 여부를 결정한 적이 있나요? 왜 그랬나요, 또는 왜 그러지 않았나요?

브레인스토밍

나의 입장	choose to study business 경영학을 공부하기로 결정함
이유 1	1. wanted major that is practical in many fields 많은 분야에서 실용적인 전공을 원했음
구체적 근거	- be applied to marketing, finance, or running company 마케팅, 금융, 또는 회사를 운영하는 데 적용됨
이유 2	2. many people encouraged 많은 사람들이 장려했음
구체적 근거	- said it offers stable career opportunities 안정적인 취업의 기회를 제공한다고 말했음

모범 답안 🎧 D17_4_09_모범답안

나의 입장
I think **the biggest decision I made regarding college education was choosing to study business.**

이유 1
First, **I wanted a major that is practical and useful in many fields.**

구체적 근거
For example, **business knowledge can be applied to marketing, finance, or even running my own company.**

이유 2
Second, **many people around me encouraged me to choose it.**

구체적 근거
To be specific, **they said it offers stable career opportunities.**

요약
In short, **I chose business for both its flexibility and stability.**

해석 대학 교육과 관련하여 제가 내린 가장 큰 결정은 경영학을 공부하기로 결정한 것이라고 생각합니다.
첫째로, 저는 많은 분야에서 실용적이고 유용한 전공을 원했습니다.
예를 들어, 경영 지식은 마케팅, 금융, 또는 제 자신의 회사를 운영하는 데에도 적용될 수 있습니다.
둘째로, 제 주변의 많은 사람들이 그것을 선택하라고 장려했습니다.
구체적으로, 그들은 그것이 안정적인 취업의 기회를 제공한다고 말했습니다.
한마디로, 저는 유연성과 안정성 모두 때문에 경영학을 선택했습니다.

어휘 regarding[rigáːrdiŋ] 관련하여 practical[præktikəl] 실용적인 finance[fáinæns] 금융 stable[stéibəl] 안정적인
career[kəríər] 취업, 경력 flexibility[flèksəbíləti] 유연성 stability[stəbíləti] 안정성

10 스크립트 및 해석

Alright. Many college students nowadays work at internships or part-time jobs. Do you think students should focus solely on their studies? Why?

알겠습니다. 요즘 많은 대학생들이 인턴십이나 아르바이트를 합니다. 학생들이 오직 공부에만 집중해야 한다고 생각하나요? 그 이유는 무엇인가요?

브레인스토밍

나의 입장	disagree with the idea 그 생각에 반대함
이유 1	1. provide practical experience 실용적인 경험을 제공함
구체적 근거	- apply what they learn in real-world setting 배운 내용을 실제 환경에 적용함
이유 2	2. develop skills that aren't taught in class 수업에서 가르치지 않은 기술을 발전시킴
구체적 근거	- never learned time management 시간 관리를 배운 적이 없음

모범 답안 🎧 D17_4_10_모범답안

나의 입장
I disagree with the idea that **students should focus solely on their studies**.

이유 1
To begin with, **internships and part-time jobs provide practical experience**.

구체적 근거
As a result, **students can apply what they learn in real-world settings**.

이유 2
What's more, **working while studying helps students develop essential skills that aren't taught in classrooms**.

구체적 근거
For instance, **I've never learned time management in my college classes**.

요약
Overall, I don't think **college students should focus solely on their studies because work experience prepares them for their future careers**.

해석 저는 학생들이 오직 공부에만 집중해야 한다는 생각에 반대합니다.
우선, 인턴십과 아르바이트는 실용적인 경험을 제공합니다.
그 결과, 학생들은 배운 내용을 실제 환경에 적용할 수 있습니다.
더욱이, 공부하면서 일하는 것은 학생들이 교실에서 가르치지 않는 필수적인 기술들을 발전시키는 데 도움이 됩니다.
예를 들어, 저는 대학 수업에서 시간 관리를 배운 적이 없습니다.
종합적으로, 업무 경험은 대학생들을 미래 직장 생활에 준비시켜 주므로, 저는 그들이 오직 공부에만 집중해야 한다고 생각하지 않습니다.

어휘 solely[sóulli] 오직   essential[isénʃəl] 필수적인   time management 시간 관리   prepare[pripɛ́ər] 준비시키다

11

스크립트 및 해석
I see what you mean. In some countries, the number of people going to college is increasing. Do you think that where you live, college enrollment will increase in the future? Give reasons for your answer.
무슨 뜻인지 알겠습니다. 일부 국가에서는, 대학에 진학하는 사람들의 수가 증가하고 있습니다. 당신이 살고 있는 곳에서 대학 등록자 수가 미래에 증가할 것이라고 생각하나요? 답변에 대한 이유를 제시해 주세요.

브레인스토밍

나의 입장	will not increase 증가하지 않을 것임
이유 1	1. birth rate has been declining 출생률이 감소해 옴
구체적 근거	- fewer young people attending college 대학에 다니는 젊은이들의 수가 더 적어짐
이유 2	2. companies want employees with experience or certificates 회사는 경력이나 자격증이 있는 직원을 원함
구체적 근거	- will take exams or jump straight into the workforce 시험을 보거나 직장에 바로 뛰어들 것임

모범 답안 🎧 D17_4_11_모범답안

나의 입장
I don't believe **college enrollment will increase where I live**.

이유 1
That's because **the birth rate in my country has been declining**.

구체적 근거
As a result, **increasingly fewer young people are attending college**.

이유 2
The second reason is that **many companies want employees with experience or certificates**.

구체적 근거
Because of this, **more young people will take certification exams or jump straight into the workforce instead of going to college**.

요약
In conclusion, **I don't think college enrollment will increase where I live**.

해석 저는 제가 살고 있는 곳에서 대학 등록자 수가 증가할 것이라고 생각하지 않습니다.
그것은 우리 나라의 출생률이 감소하고 있기 때문입니다.
결과적으로, 점점 더 적은 수의 젊은이들이 대학에 다니고 있습니다.
두 번째 이유는 많은 회사들이 경력이나 자격증이 있는 직원들을 원하기 때문입니다.
이것 때문에, 더 많은 젊은이들이 대학에 가는 대신 자격증 시험을 보거나 바로 직장에 뛰어들 것입니다.
결론적으로, 저는 제가 살고 있는 곳에서 대학 등록자 수가 증가할 것이라고 생각하지 않습니다.

어휘 enrollment[inróulmənt] 등록자 수 birth rate 출생률 increasingly[inkríːsiŋli] 점점 더 certificate[sərtífikət] 자격증
jump straight into ~에 바로 뛰어들다 workforce[wɔ́ːrkfɔ̀ːrs] 직장

12 스크립트 및 해석

Good points. Lastly, some people believe that higher education should focus primarily on preparing students for specific careers. Do you agree with this idea? Or do you think there are other goals that colleges should prioritize? Why?

좋은 의견입니다. 마지막으로, 어떤 사람들은 고등 교육이 학생들을 특정 직업에 준비시키는 데 주로 초점을 맞춰야 한다고 생각합니다. 이 생각에 동의하나요? 아니면 대학들이 우선시해야 할 다른 목표들이 있다고 생각하나요? 그 이유는 무엇인가요?

브레인스토밍

나의 입장	agree 동의함
이유 1	1. save students time and effort 학생들의 시간과 노력을 절약시킴
구체적 근거	- adapt to workplaces quickly and easily 직장에 빠르고 쉽게 적응함
이유 2	2. businesses can also benefit 회사도 혜택을 받을 수 있음
구체적 근거	- spend a lot of money training new employees 신입 직원 교육에 많은 비용을 지출함

모범 답안 🎧 D17_4_12_모범답안

나의 입장
I agree that **higher education should focus on preparing students for specific careers**.

이유 1
First of all, **it saves students time and effort**.

구체적 근거
For example, **well-prepared students can adapt to workplaces quickly and easily without additional training**.

이유 2
Second, **businesses can also benefit from career-focused college education**.

구체적 근거
In fact, **companies spend a lot of money training new employees**.

요약
Therefore, I think **preparing for jobs should be the main goal of college education**.

해석 저는 고등 교육이 학생들을 특정 직업에 준비시키는 데 초점을 맞춰야 한다는 것에 동의합니다.
첫째로, 그것은 학생들의 시간과 노력을 절약시킵니다.
예를 들어, 잘 준비된 학생들은 추가적인 교육 없이도 직장에 빠르고 쉽게 적응할 수 있습니다.
둘째로, 기업들도 직업 중심의 대학 교육으로부터 혜택을 받을 수 있습니다.
실제로, 회사들은 새로운 직원들을 교육하는 데 많은 비용을 지출합니다.
그러므로, 저는 취업 준비가 대학 교육의 주요 목표가 되어야 한다고 생각합니다.

어휘 primarily[praimérəli] 주로   specific[spəsífik] 특정한   career[kəríər] 직업   prioritize[praiɔ́:rətàiz] 우선시하다
adapt[ədǽpt] 적응하다   workplace[wə́:rkpleis] 직장   training[tréiniŋ] 교육, 훈련   career-focused[kəríərfóukəst] 직업 중심의

[13-16] 🎧 D17_5

당신은 원격 근무에 관한 연구에 참여하기로 동의했습니다. 당신은 연구원과 짧은 온라인 인터뷰를 할 것입니다. 연구원이 몇 가지 질문을 할 것입니다.

13 스크립트 및 해석
Thank you for agreeing to speak with me today. I'd like to ask you a few questions about remote work. If you had the choice, would you prefer to work remotely or in an office? Why?
오늘 저와 이야기하기로 동의해 주셔서 감사합니다. 원격 근무에 대해 몇 가지 질문을 드리고 싶습니다. 당신에게 선택의 여지가 있다면, 원격으로 근무하는 것과 사무실에서 근무하는 것 중 어느 것을 선호할 것인가요? 그 이유는 무엇인가요?

브레인스토밍

나의 입장	work remotely 원격으로 근무하는 것
이유 1	1. work more efficiently 더 효율적으로 근무함
구체적 근거	- in quiet and peaceful home, can concentrate better 조용하고 평화로운 집에서, 더 잘 집중할 수 있음
이유 2	2. could spend time on self-development instead of commuting 통근 대신에 자기 계발에 시간을 투자할 수 있음
구체적 근거	- learn something to become more capable 더 유능해지기 위해 무언가를 배움

모범 답안 🎧 D17_5_13_모범답안

나의 입장
I would prefer **working remotely to working in an office**.

이유 1
That's because **I could work more efficiently**.

구체적 근거
To be specific, **in the quiet and peaceful environment of my home, I can concentrate better**.

이유 2
Another reason is that **I could spend time on self-development instead of commuting**.

구체적 근거
In particular, **I wouldn't waste time on the road and could learn something to become a more capable worker**.

요약
For these reasons, I would prefer **remote work**.

해석 저는 사무실에서 근무하는 것보다 원격으로 근무하는 것을 선호할 것입니다.
그것은 더 효율적으로 근무할 수 있기 때문입니다.
구체적으로, 집의 조용하고 평화로운 환경에서, 저는 더 잘 집중할 수 있습니다.
또 다른 이유는 통근 대신 자기 계발에 시간을 투자할 수 있기 때문입니다.
특히, 저는 길에서 시간을 낭비하지 않고 더 유능한 직장인이 되기 위해 무언가를 배울 수 있을 것입니다.
이러한 이유들 때문에, 저는 원격 근무를 선호할 것입니다.

어휘 remotely[rimóutli] 원격으로 efficiently[ifíʃəntli] 효율적으로 peaceful[píːsfəl] 평화로운 environment[inváiərənmənt] 환경 concentrate[kánsəntrèit] 집중하다 self-development[sèlfdivéləpmənt] 자기 계발 commuting[kəmjúːtiŋ] 통근 waste[weist] 낭비하다 capable[kéipəbl] 유능한

14 스크립트 및 해석

I see. Imagine that while working remotely, you could choose a flexible work schedule, which would give you greater freedom, or a fixed schedule, which would offer you more stability. Which would you choose, and why?

그렇군요. 원격으로 근무할 때, 당신이 더 큰 자유를 제공하는 유연한 근무 일정을 선택할 수도 있고, 더 많은 안정성을 제공하는 고정된 일정을 선택할 수도 있다고 상상해 보세요. 당신은 어느 것을 선택할 것이고, 그 이유는 무엇인가요?

브레인스토밍

나의 입장	**fixed schedule** 고정된 일정
이유 1	1. **make time management easier** 시간 관리를 더 쉽게 만듦
구체적 근거	– **difficult to manage time & maintain a consistent routine** 시간 관리와 일관된 일과 유지가 어려움
이유 2	2. **advantageous for collaboration** 협업에 유리함
구체적 근거	– **if team work during set hours, communicate quickly & smoothly** 팀이 정해진 시간동안 일한다면, 빠르고 원활하게 소통함

모범 답안 🎧 D17_5_14_모범답안

나의 입장
In my opinion, **I would choose a fixed schedule**.

이유 1
First of all, **having a clear schedule makes time management easier**.

구체적 근거
To be specific, **without a clear schedule, it can be difficult to manage time and maintain a consistent routine**.

이유 2
Next, **it's more advantageous for collaboration**.

구체적 근거
For example, **even if my team members also worked remotely, if we all worked during set hours, we would be able to communicate quickly and smoothly**.

요약
Therefore, **a fixed work schedule is better than a flexible one**.

해석 제 생각에는, 저는 고정된 일정을 선택할 것입니다.
우선, 명확한 일정을 갖는 것은 시간 관리를 더 쉽게 만듭니다.
구체적으로, 명확한 일정 없이는, 시간을 관리하고 일관된 일과를 유지하는 것이 어려울 수 있습니다.
다음으로, 그것은 협업에 더 유리합니다.
예를 들어, 제 팀 동료들도 원격으로 일한다고 하더라도, 만약 우리 모두가 정해진 시간 동안 일한다면, 우리는 빠르고 원활하게 소통할 수 있을 것입니다.
그러므로, 고정된 일정이 유연한 것보다 낫습니다.

어휘 **fixed**[fikst] 고정된 **maintain**[meintéin] 유지하다 **consistent**[kənsístənt] 일관된 **advantageous**[ædvəntéidʒəs] 유리한
collaboration[kəlæbəréiʃən] 협업 **smoothly**[smú:ðli] 원활하게 **flexible**[fléksəbl] 유연한

15 스크립트 및 해석

Great points. Some people believe that teamwork is less effective when working remotely because there are fewer opportunities for communication. Do you agree or disagree? Why?

좋은 의견입니다. 어떤 사람들은 원격 근무를 할 때 의사소통 기회가 줄어들기 때문에 팀워크가 덜 효과적이라고 생각합니다. 이에 동의하나요, 아니면 동의하지 않나요? 그 이유는 무엇인가요?

브레인스토밍

나의 입장	<u>disagree</u> 동의하지 않음
이유 1	<u>1. great online tools</u> 훌륭한 온라인 도구들
구체적 근거	- <u>my teammates use chat app</u> 내 팀원들이 채팅 애플리케이션을 사용함
이유 2	<u>2. everyone can join discussions easily</u> 모두가 쉽게 논의에 참여할 수 있음
구체적 근거	- <u>shy & quiet people feel more comfortable online</u> → <u>contribute more to the team</u> 수줍음이 많고 조용한 사람들이 온라인에서 더 편안하게 느껴서 팀에 더 기여함

모범 답안 🎧 D17_5_15_모범답안

나의 입장
I disagree that **teamwork is less effective when working remotely**.

이유 1
First, **there are many great online tools that help teams stay connected**.

구체적 근거
For example, **my teammates use a chat application to message each other**.

이유 2
What's more, **everyone can join discussions easily while working remotely**.

구체적 근거
Unlike **in face-to-face settings, shy or quiet people feel more comfortable sharing their ideas online, so they can contribute more to the team**.

요약
To conclude, I don't think that **working remotely makes teamwork less effective**.

해석 저는 원격으로 근무할 때 팀워크가 덜 효과적이라는 것에 동의하지 않습니다.
첫째로, 팀이 소통을 유지하도록 도와주는 많은 훌륭한 온라인 도구들이 있습니다.
예를 들어, 제 팀 동료들은 서로 메시지를 주고받기 위해 채팅 애플리케이션을 사용합니다.
더욱이, 원격으로 일하는 동안 모두가 쉽게 논의에 참여할 수 있습니다.
대면 환경과 달리, 수줍음이 많거나 조용한 사람들은 온라인에서 자신의 아이디어를 공유하는 것이 더 편안하다고 느껴서, 팀에 더 많이 기여할 수 있습니다.
결론적으로, 저는 원격 근무가 팀워크를 덜 효과적으로 만든다고 생각하지 않습니다.

어휘 **effective**[iféktiv] 효과적인 **teammate**[tí:mmeit] 팀 동료 **discussion**[diskʌ́ʃən] 논의, 토론 **setting**[sétiŋ] 환경, 배경 **share**[ʃɛər] 공유하다, 나누다

16 스크립트 및 해석
Interesting. Let me ask you one final question. Some people believe that most people will work from home in the future. Do you think this trend will continue in your chosen field? Why or why not?
흥미롭네요. 마지막 질문을 드리겠습니다. 어떤 사람들은 미래에 대부분의 사람들이 집에서 일하게 될 것이라고 믿습니다. 당신이 선택한 분야에서 이러한 추세가 계속될 것이라고 생각하나요? 왜 그런가요, 또는 왜 그렇지 않은가요?

브레인스토밍

나의 입장	the trend will continue in software development 소프트웨어 개발에서 그 추세가 계속될 것임
이유 1	1. coding can be done anywhere 코딩은 어디서든 할 수 있음
구체적 근거	- no need for an office 사무실이 필요하지 않음
이유 2	2. hire workers from all over the world 전 세계에서 직원을 고용함
구체적 근거	- my company has members in Korea, Canada, the Philippines 우리 회사는 한국, 캐나다, 필리핀에 직원이 있음

모범 답안 🎧D17_5_16_모범답안

나의 입장
I think **the trend will continue in my chosen field, which is software development**.

이유 1
To begin with, **coding can be done anywhere with a computer**.

구체적 근거
As a result, **there is no need for an office**.

이유 2
Besides, **remote work allows software companies to hire talented workers from all over the world**.

구체적 근거
For instance, **my company has team members in Korea, Canada, and the Philippines working together on the same project**.

요약
In conclusion, **I believe the trend will continue in the field I've chosen**.

해석 저는 제가 선택한 분야인 소프트웨어 개발에서 그 추세가 계속될 것이라고 생각합니다.
우선, 코딩은 컴퓨터만 있으면 어디서든 할 수 있습니다.
그 결과, 사무실이 필요하지 않습니다.
게다가, 원격 근무는 소프트웨어 회사들이 전 세계에서 재능 있는 직원들을 고용할 수 있게 해 줍니다.
예를 들어, 제 회사에는 한국, 캐나다, 그리고 필리핀에서 같은 프로젝트를 함께 하고 있는 팀원들이 있습니다.
결론적으로, 저는 제가 선택한 분야에서 이러한 추세가 계속될 것이라고 생각합니다.

어휘 hire[haiər] 고용하다   talented[tǽləntid] 재능 있는

Day 18 주제별 공략하기: 사회·문화·환경

Daily Check-up p.240

[01-04] 🎧D18_1
당신은 전통 문화에 관한 연구 조사에 자원했습니다. 당신은 연구원과 짧은 온라인 인터뷰를 할 것입니다. 연구원이 몇 가지 질문을 할 것입니다.

01 스크립트 및 해석
Thank you for agreeing to speak with me. I'd like to discuss traditional culture with you today. First, is it important to preserve traditional culture for you or your family? Why?

저와 이야기하는 데 동의해 주셔서 감사합니다. 오늘 당신과 전통 문화에 대해 논의하고 싶습니다. 먼저, 당신이나 당신의 가족에게 전통 문화를 보존하는 것이 중요한가요? 그 이유는 무엇인가요?

모범 답안 🎧 D18_1_01_모범답안

나의 입장
I think **it's important to preserve traditional culture**.

이유 1
One reason is that it **strengthens family ties**.

구체적 근거
For example, my family **reconnects with one another when we get together for traditional holidays like Chuseok**.

이유 2
Another reason is that it **gives me a sense of identity**.

구체적 근거
To be specific, **hearing my elderly relatives' stories helps me understand who I am**.

요약
In short, preserving traditional culture is **important for me and my family**.

어휘 preserve[prizə́ːrv] 보존하다 strengthen[stréŋθən] 강화하다 family ties 가족 유대 get together 함께 모이다 sense of identity 정체성

02 스크립트 및 해석

Wonderful. And what kind of traditional culture would you like to introduce to your foreign friends? For example, would you introduce traditional dishes, clothes, or customs?
훌륭합니다. 그리고 당신은 외국인 친구들에게 어떤 종류의 전통 문화를 소개하고 싶나요? 예를 들어, 전통 음식, 옷, 또는 관습을 소개할 건가요?

모범 답안 🎧 D18_1_02_모범답안

나의 입장
I'd like to **introduce the hanbok to my foreign friends**.

이유 1
To begin with, the hanbok is **beautiful and unique**.

구체적 근거
To illustrate my point, **the colors and designs are stunning and reflect my country's cultural heritage**.

이유 2
Furthermore, wearing a hanbok is **an easy way to experience Korean culture**.

구체적 근거
In other words, because it **doesn't require special skills**, like cooking or writing, my foreign friends can **easily rent hanbok and try it on**.

요약
For these reasons, I would **introduce hanbok to my foreign friends**.

어휘 custom[kʌ́stəm] 관습 stunning[stʌ́niŋ] 멋진 reflect[riflékt] 반영하다 cultural heritage 문화유산

03 스크립트 및 해석

I appreciate your perspective. Some believe that young people should be required to learn about traditional culture. Do you agree with this idea, or do you think they should focus on contemporary culture? Explain your answer.

당신의 견해에 감사드립니다. 어떤 사람들은 젊은 사람들이 전통 문화에 대해 배우도록 요구되어야 한다고 생각합니다. 당신은 이 생각에 동의하나요, 아니면 그들이 현대 문화에 집중해야 한다고 생각하나요? 당신의 답변을 설명해 주세요.

모범 답안 🎧 D18_1_03_모범답안

나의 입장
I agree that **young people should be required to learn about traditional culture** for the following reasons.

이유 1
First of all, it **helps people maintain a sense of identity**.

구체적 근거
In other words, traditional practices **remind people of their roots and help strengthen the sense of community**.

이유 2
Second, learning about traditional culture **allows knowledge to be passed down to future generations**.

구체적 근거
For example, **traditional stories teach lessons** that modern society often overlooks, such as the importance of family.

요약
To conclude, young people should **learn about traditional culture**.

어휘 contemporary[kəntémpərèri] 현대의 maintain[meintéin] 유지하다 pass down ~을 전하다 generation[dʒènəréiʃən] 세대 overlook[òuvərlúk] 간과하다

04 스크립트 및 해석

Valid points. Finally, I have a question about promoting traditional culture. Some people argue that promoting traditional culture helps the economy. Do you agree this is a good way to boost tourism and the economy? Why or why not?

타당한 의견이네요. 마지막으로, 전통 문화 홍보에 대한 질문이 있습니다. 어떤 사람들은 전통 문화를 홍보하는 것이 경제에 도움이 된다고 주장합니다. 이것이 관광업과 경제를 활성화하는 좋은 방법이라는 것에 동의하나요? 왜 그런가요, 또는 왜 그렇지 않은가요?

모범 답안 🎧 D18_1_04_모범답안

나의 입장
I agree that promoting traditional culture is **a good way to boost tourism and the economy**.

이유 1
That's because traditional culture is **attractive to foreign visitors**.

구체적 근거
To explain, since each country has unique customs, **tourists want to learn about them firsthand**.

이유 2
Furthermore, it **can generate ongoing tourism revenue**.

구체적 근거
For instance, **by promoting my country's seasonal festivals, tourists have reasons to visit multiple times.**

요약
Overall, I believe **promoting traditional culture boosts both tourism and the economy.**

어휘 promote[prəmóut] 홍보하다 boost[bu:st] 활성화하다 tourism[túərizm] 관광업 economy[ikάnəmi] 경제 attractive[ətræktiv] 매력적인 firsthand[fə́:rsthǽnd] 직접 generate[dʒénərèit] 창출하다 ongoing[άŋɡòuiŋ] 지속적인 revenue[révənjù:] 수익

Daily Test
p.244

[01-04] 🎧 D18_2
당신은 거주 형태에 관한 연구 조사에 자원했습니다. 당신은 연구원과 짧은 온라인 인터뷰를 할 것입니다. 연구원이 몇 가지 질문을 할 것입니다.

01 스크립트 및 해석

Thank you for participating in this survey today. I have some questions for you about living arrangements. First, can you describe the type of living arrangement you currently have? For example, do you live in a dormitory, in an apartment, or in another type of housing?

오늘 이 설문조사에 참여해 주셔서 감사합니다. 거주 형태에 대해 몇 가지 질문이 있습니다. 먼저, 현재 살고 있는 거주 형태의 유형을 설명해 주실 수 있나요? 예를 들어, 기숙사에 살고 계신가요, 아파트에 살고 계신가요, 아니면 다른 유형의 주택에 살고 계신가요?

브레인스토밍

나의 입장	live in a dormitory 기숙사에 삶
이유 1	1. convenient 편리함
구체적 근거	- easily walk to classes 쉽게 걸어서 수업에 감
이유 2	2. chance to meet different people 다양한 사람들을 만날 기회가 있음
구체적 근거	- students from various majors and regions live together 다양한 전공과 지역 출신 학생들이 함께 생활함

모범 답안 🎧 D18_2_01_모범답안

나의 입장
I currently live in a dormitory.

이유1
One reason is that **it is convenient.**

구체적 근거
To be specific, **I can easily walk to my classes since it's on campus.**

이유 2
What's more, **I have the chance to meet many different people.**

구체적 근거
Specifically, **students from various majors and regions live together in the dorms.**

요약
Overall, **I find living in a dorm to be the best option for me.**

해석 저는 현재 기숙사에 살고 있습니다.
한 가지 이유는 그곳이 편리하기 때문입니다.
구체적으로, 캠퍼스 안에 있기 때문에 쉽게 걸어서 수업에 갈 수 있습니다.
더욱이, 여러 다른 사람들을 만날 기회가 있습니다.
구체적으로, 다양한 전공과 지역 출신 학생들이 기숙사에서 함께 생활합니다.
종합적으로, 저는 기숙사에서 생활하는 것이 저에게 최선의 선택이라고 생각합니다.

어휘 dormitory[dɔ́:rmətɔ̀:ri] 기숙사 convenient[kənví:niənt] 편리한 major[méidʒər] 전공 region[rí:dʒən] 지역

02 스크립트 및 해석

Got it. Some people dream of living in a detached house, while others think it's better to live in shared housing like an apartment. Which would you prefer, and why?

알겠습니다. 어떤 사람들은 단독 주택에서 사는 것을 꿈꾸는 반면, 다른 사람들은 아파트와 같은 공동 주택에서 사는 것이 더 낫다고 생각합니다. 어느 쪽을 선호하고 그 이유는 무엇인가요?

브레인스토밍

나의 입장	living in an apartment 아파트에 사는 것
이유 1	1. offer access to various services 다양한 서비스에 대한 접근을 제공함
구체적 근거	– repairs in apartments are handled by staff 아파트에서의 수리는 직원들에 의해 처리됨
이유 2	2. cost-effective 비용 효율이 높음
구체적 근거	– electricity bills are lower when it comes to heating and cooling 난방과 냉방에 관해서는 전기료가 더 낮음

모범 답안 🎧D18_2_02_모범답안

나의 입장
I prefer **living in an apartment**.

이유 1
That's because **apartments offer access to various services**.

구체적 근거
For instance, **unlike in detached houses, repairs in apartments are handled by staff**.

이유 2
Also, **living in an apartment is more cost-effective**.

구체적 근거
For example, **electricity bills are lower since apartment buildings are more efficient when it comes to heating and cooling**.

요약
To conclude, **it's much easier and more affordable to live in an apartment**.

해석 저는 아파트에서 사는 것을 선호합니다.
그것은 아파트가 다양한 서비스에 대한 접근을 제공하기 때문입니다.
예를 들어, 단독 주택과 달리, 아파트에서의 수리는 직원들에 의해 처리됩니다.
또한, 아파트에서 사는 것이 비용 효율이 더 높습니다.
예를 들어, 난방과 냉방에 관해서는 아파트 건물이 더 효율적이기 때문에 전기료가 더 낮습니다.
결론적으로, 아파트에서 사는 것이 훨씬 더 편하고 더 저렴합니다.

어휘 repair[ripɛ́ər] 수리 handle[hǽndl] 처리하다 cost-effective[kɔ́:stiféktiv] 비용 효율이 높은 electricity bill 전기료
efficient[ifíʃənt] 효율적인 heating[hí:tiŋ] 난방 cooling[kú:liŋ] 냉방 affordable[əfɔ́:rdəbl] 저렴한

03 스크립트 및 해석

Great. Let me ask you what you think about this. In recent years, there has been a growing trend of single-person households. Do you think in the future there will be more single-person households? Why or why not?

좋습니다. 이것에 대해 어떻게 생각하는지 물어보겠습니다. 최근 몇 년간, 1인 가구의 증가 추세가 있어 왔습니다. 당신은 미래에 1인 가구가 더 많아질 것이라고 생각하나요? 왜 그런가요, 또는 왜 그렇지 않은가요?

브레인스토밍

나의 입장	will be more single-person households 1인 가구가 더 많아질 것임
이유 1	1. marriage rate is decreasing 결혼율이 감소하고 있음
구체적 근거	- getting married later or not getting married at all 더 늦게 결혼하거나 아예 결혼하지 않고 있음
이유 2	2. the number of elderly people is increasing 노인 인구가 증가하고 있음
구체적 근거	- older adults often live alone after spouse passes away
노인들은 배우자가 세상을 떠난 후 종종 혼자 살고 있음

모범 답안 🎧 D18_2_03_모범답안

나의 입장
I feel **there will be more single-person households in the future.**

이유 1
First, **the marriage rate is decreasing.**

구체적 근거
Compared with **the past, people are getting married later or not getting married at all.**

이유 2
Second, **the number of elderly people is increasing.**

구체적 근거
To be specific, **older adults often live alone after their spouse passes away.**

요약
For these reasons, **I believe single-person households will continue to increase in the future.**

해석 저는 미래에 1인 가구가 더 많아질 것이라고 생각합니다.
첫째로, 결혼율이 감소하고 있습니다.
과거와 비교할 때, 사람들은 더 늦게 결혼하거나 아예 결혼하지 않고 있습니다.
둘째로, 노인 인구가 증가하고 있습니다.
구체적으로, 노인들은 배우자가 세상을 떠난 후 종종 혼자 삽니다.
이러한 이유들 때문에, 저는 1인 가구가 미래에 계속 증가할 것이라고 생각합니다.

어휘 spouse[spaus] 배우자 pass away 세상을 떠나다

04 스크립트 및 해석

I see. Lastly, some believe that young people should move out of their parents' home as soon as they reach adulthood. Do you agree with this idea? Or do you think it's better for them to stay with their parents longer? Explain your answer.

그렇군요. 마지막으로, 어떤 사람들은 젊은 사람들이 성인이 되자마자 부모님의 집에서 나와야 한다고 생각합니다. 이 생각에 동의하나요? 아니면 그들이 부모님과 더 오래 지내는 것이 더 낫다고 생각하나요? 당신의 답변을 설명해 주세요.

브레인스토밍

나의 입장	disagree 동의하지 않음
이유 1	1. cause financial burden 경제적 부담을 야기함
구체적 근거	- don't have jobs, paying for food and rent is difficult 직업이 없어서, 식비와 집세를 지불하는 것이 어려움
이유 2	2. hard to focus on studies 학업에 집중하기 어려움
구체적 근거	- manage daily life, not enough time to develop their skills 일상생활을 관리한다면, 역량을 개발할 시간이 충분하지 않음

모범 답안 🎧 D18_2_04_모범답안

나의 입장
I disagree that **young people should move out as soon as they reach adulthood**.

이유 1
The first reason is that **it can cause a financial burden**.

구체적 근거
In fact, **most of them are unlikely to have stable jobs, so paying for food and rent would be difficult**.

이유 2
Also, **living independently makes it harder to focus on their studies**.

구체적 근거
For instance, **if young people have to manage their daily life, they might not have enough time to develop their skills**.

요약
Therefore, **it's better for them to stay with their parents longer**.

해석
저는 젊은 사람들이 성인이 되자마자 집을 나와야 한다는 것에 동의하지 않습니다.
첫 번째 이유는 그것이 경제적 부담을 야기할 수 있기 때문입니다.
실제로, 그들 대부분은 안정적인 직업이 있을 법하지 않기 때문에, 식비와 집세를 지불하는 것이 어려울 것입니다.
또한, 독립적으로 생활하는 것은 그들의 학업에 집중하는 것을 더 어렵게 만듭니다.
예를 들어, 젊은 사람들이 일상생활을 관리해야 한다면, 그들의 역량을 개발할 충분한 시간이 없을 수도 있습니다.
그러므로, 그들이 부모님과 더 오래 지내는 것이 더 낫습니다.

어휘 move out 나가다 financial[fainǽnʃəl] 경제적인 burden[bə́:rdn] 부담 rent[rent] 집세
independently[ìndipéndəntli] 독립적으로

[05-08] 🎧 D18_3

당신은 박물관 방문에 관한 연구 조사에 참여하기로 동의했습니다. 당신은 연구원과 짧은 온라인 인터뷰를 할 것입니다. 연구원이 몇 가지 질문을 할 것입니다.

05 스크립트 및 해석

Thank you for taking part in this study. I'd like to discuss your thoughts on visiting museums. To start off with, what kind of museums do you or your friends generally like to visit? For example, do you like art, history, or science museums?

이 연구에 참여해 주셔서 감사합니다. 박물관 방문에 대한 당신의 생각을 논의하고 싶습니다. 우선은, 당신이나 당신의 친구들은 대개 어떤 종류의 박물관을 방문하기를 좋아하나요? 예를 들어, 당신은 미술, 역사, 또는 과학 박물관을 좋아하나요?

브레인스토밍

나의 입장	art museums 미술관
이유 1	1. help me relax 내가 쉬는 데 도움이 됨
구체적 근거	– feel calm and less stressed when I look at beautiful works 아름다운 예술 작품들을 볼 때 차분하고 스트레스를 덜 받는다고 느낌
이유 2	2. learn about culture & history 문화와 역사에 대해 배움
구체적 근거	– works reflect different cultures and historical contexts 작품들이 여러 문화와 역사적 맥락을 반영함

모범 답안 🎧 D18_3_05_모범답안

나의 입장
I like **to visit art museums**.

이유 1
One reason is that **they help me relax**.

구체적 근거
In fact, **I feel calm and less stressed out when I look at beautiful works of art**.

이유 2
Another reason is that **art museums allow me to learn about different cultures and histories**.

구체적 근거
To be specific, **art museums display works from various regions and time periods, which reflect different cultures and historical contexts**.

요약
For these reasons, **I like to visit art museums**.

해석 저는 미술관을 방문하는 것을 좋아합니다.
한 가지 이유는 그것들이 제가 쉬는 데 도움이 되기 때문입니다.
실제로, 저는 아름다운 예술 작품들을 볼 때 차분하고 스트레스를 덜 받는다고 느낍니다.
또 다른 이유는 미술관이 제가 여러 문화와 역사에 대해 배우게 해주기 때문입니다.
구체적으로, 미술관은 다양한 지역과 시대의 작품들을 전시하는데, 이는 여러 문화와 역사적 맥락을 반영합니다.
이러한 이유들 때문에, 저는 미술관을 방문하는 것을 좋아합니다.

어휘 calm[kɑːm] 차분한 stressed out 스트레스를 받는 time period 시대 reflect[riflékt] 반영하다 historical[histɔ́ːrikəl] 역사적인 context[kɑ́ːntekst] 맥락

06 스크립트 및 해석

I understand. Many museums offer visitors group tours with guides. When you visit a museum, do you prefer to explore the exhibits as a member of a tour group or to explore alone? Why?

이해되네요. 많은 박물관에서 방문객들에게 가이드와 함께하는 단체 투어를 제공합니다. 당신이 박물관을 방문할 때, 투어 그룹의 구성원으로 전시물을 둘러보는 것을 선호하나요, 아니면 혼자 둘러보는 것을 선호하나요? 그 이유는 무엇인가요?

브레인스토밍

나의 입장	visit museums alone 혼자 박물관을 방문함
이유 1	1. have more freedom 더 많은 자유를 가짐
구체적 근거	- look at what I want in the order I like 내가 원하는 것을 내가 좋아하는 순서로 봄
이유 2	2. easier to focus 집중하기 더 쉬움
구체적 근거	- distracted if other members were talking 다른 구성원들이 이야기하고 있다면 주의가 산만해짐

모범 답안 🎧 D18_3_06_모범답안

나의 입장
Personally, I prefer to **visit museums alone rather than to be a member of a tour group**.

이유1
To begin with, **I have more freedom**.

구체적 근거
To explain, **I can look at what I want in the order I like**.

이유 2
Furthermore, **it is easier to focus on the exhibits**.

구체적 근거
In particular, **I would be distracted if other members were talking**.

요약
In conclusion, I prefer to **visit museums on my own**.

해석 개인적으로, 저는 투어 그룹의 구성원이 되기보다는 혼자 박물관을 방문하는 것을 선호합니다.
우선, 저는 더 많은 자유를 가집니다.
설명하자면, 저는 제가 원하는 것을 제가 좋아하는 순서로 볼 수 있습니다.
더욱이, 전시물에 집중하는 것이 더 쉽습니다.
특히, 저는 다른 구성원들이 이야기하고 있다면 주의가 산만해질 것입니다.
결론적으로, 저는 혼자 박물관을 방문하는 것을 선호합니다.

어휘 freedom[frí:dəm] 자유 exhibit[igzíbit] 전시물 distracted[distrǽktid] 주의가 산만해진

07 스크립트 및 해석

Alright. Some people believe that museums are boring. What do you think are one or two different ways to make museums more enjoyable? Give reasons for your answer.

알겠습니다. 어떤 사람들은 박물관이 지루하다고 생각합니다. 박물관을 더 즐거운 곳으로 만들 수 있는 한두 가지 다른 방법들이 무엇이라고 생각하나요? 당신의 답변에 대한 이유를 제시해 주세요.

브레인스토밍

나의 입장	<u>provide hands-on experiences</u> 직접 체험할 수 있는 경험을 제공함
이유 1	1. <u>learn in fun way ← interacting with exhibits</u> 전시물과 상호작용함으로써 재미있게 배움
구체적 근거	- <u>in science museum, press buttons to start experiments</u> 과학 박물관에서, 버튼을 눌러 실험을 시작함
이유 2	2. <u>workshops or activity booths → increase engagement</u> 워크숍이나 활동 부스가 참여를 증가시킴
구체적 근거	- <u>at art museum, paint or make crafts</u> 미술관에서 그림을 그리거나 공예품을 만듦

모범 답안 🎧 D18_3_07_모범답안

나의 입장
I think **providing hands-on experiences would make museums more enjoyable**.

이유 1
First, **visitors can learn in a fun way by interacting with exhibits**.

구체적 근거
For example, **in a science museum, people could press buttons to start experiments and see how they work**.

이유 2
Second, **including workshops or activity booths would increase visitor engagement**.

구체적 근거
For instance, **at an art museum, visitors could paint or make crafts**.

요약
In short, **these types of hands-on experiences would make museums more enjoyable**.

해석 저는 직접 체험할 수 있는 경험을 제공하는 것이 박물관을 더 즐거운 곳으로 만들 것이라고 생각합니다.
첫째로, 방문객들이 전시물과 상호작용함으로써 재미있게 배울 수 있습니다.
예를 들어, 과학 박물관에서, 사람들이 버튼을 눌러 실험을 시작하고 그것들이 어떻게 되어 가는지 볼 수 있습니다.
둘째로, 워크숍이나 활동 부스를 포함시키는 것은 방문객의 참여를 증가시킬 것입니다.
예를 들어, 미술관에서 방문객들이 그림을 그리거나 공예품을 만들 수 있습니다.
한마디로, 이런 유형의 직접 체험할 수 있는 경험들이 박물관을 더 즐거운 곳으로 만들 것입니다.

어휘 hands-on[hǽndzɔ́ːn] 직접 체험할 수 있는 enjoyable[indʒɔ́iəbl] 즐거운 interact[intərǽkt] 상호작용하다
experiment[ikspérəmənt] 실험 engagement[ingéidʒmənt] 참여 craft[kræft] 공예품

08 스크립트 및 해석

Great ideas. One last thing. Technological advances have made it possible for many museums to offer virtual tours, allowing people to visit online rather than in person. Do you think this is a good way to explore the contents of a museum? Why or why not?

좋은 생각이네요. 마지막입니다. 기술 발전이 많은 박물관에서 가상 투어를 제공할 수 있게 했고, 이는 사람들이 직접 방문하는 대신 온라인으로 방문할 수 있게 했습니다. 당신은 이것이 박물관의 콘텐츠를 둘러보는 좋은 방법이라고 생각하나요? 왜 그런가요, 또는 왜 그렇지 않은가요?

브레인스토밍

나의 입장	virtual tours are good way 가상 투어는 좋은 방법임
이유 1	1. without having to travel 가지 않아도 됨
구체적 근거	- live far from museums → expensive and time-consuming to visit 박물관에서 멀리 떨어져 살고 있어서, 방문하는 것이 비싸고 시간이 많이 걸림
이유 2	2. feature special content 특별한 콘텐츠를 제공함
구체적 근거	- talks by experts and animations 전문가들의 강연과 애니메이션

모범 답안 🎧 D18_3_08_모범답안

나의 입장
From my perspective, **virtual tours are a good way to explore a museum.**

이유 1
First of all, **you can view the exhibits without having to travel.**

구체적 근거
To illustrate my point, **I live far from any major museums, so it is expensive and time-consuming for me to visit them.**

이유 2
Also, **virtual tours sometimes feature special content.**

구체적 근거
For example, **they might include talks by experts and animations that bring exhibits to life.**

요약
Therefore, **I'm glad museums offer virtual tours.**

해석 제 입장에서는, 가상 투어는 박물관을 탐험하는 좋은 방법입니다.
첫째로, 가지 않고도 전시물을 관람할 수 있습니다.
예를 들어 설명하자면, 저는 주요 박물관들에서 멀리 떨어져 살고 있어서, 제가 그곳들을 방문하는 것이 비싸고 시간이 많이 걸립니다.
또한, 가상 투어는 때때로 특별한 콘텐츠를 제공합니다.
예를 들어, 그것들은 전문가들의 강연과 전시물에 생동감을 불어넣는 애니메이션을 포함할 수도 있습니다.
그러므로, 저는 박물관이 가상 투어를 제공해서 기쁩니다.

어휘 virtual tour 가상 투어 exhibit[igzíbit] 전시물 major[méidʒər] 주요한 time-consuming[táimkənsù:miŋ] 시간이 많이 걸리는
expert[ékspəːrt] 전문가

[09-12] 🎧 D18_4
당신은 대중교통에 관한 연구에 참여하기로 동의했습니다. 당신은 연구원과 짧은 온라인 인터뷰를 할 것입니다. 연구원이 몇 가지 질문을 할 것입니다.

09 스크립트 및 해석

Thank you for joining me today. First, what type of public transportation do people around you usually take? For example, do they take buses, the subway, or other types of transportation?
오늘 저와 함께해 주셔서 감사합니다. 먼저, 당신 주변 사람들은 보통 어떤 종류의 대중교통을 이용하나요? 예를 들어, 버스, 지하철, 또는 다른 종류의 교통수단을 이용하나요?

브레인스토밍

나의 입장	subway 지하철
이유 1	1. fast and reliable 빠르고 신뢰할 수 있음
구체적 근거	– not affected by traffic jams, arrive at scheduled times 교통 체증의 영향을 받지 않고, 예정된 시간에 도착함
이유 2	2. very accessible 매우 접근하기 쉬움
구체적 근거	– stations are located in many areas, easy to get around 지하철역이 도시 전체의 많은 지역에 위치해 있어, 돌아다니기 쉬움

모범 답안 🎧 D18_4_09_모범답안

나의 입장
Most people **usually take the subway in my city**.

이유1
One reason is that **it's fast and reliable**.

구체적 근거
To explain, **it isn't affected by traffic jams, and arrives exactly at its scheduled times**.

이유 2
Another reason is that **it's very accessible**.

구체적 근거
To be specific, **subway stations are located in many areas throughout the city, so it's easy for people to get around**.

요약
For these reasons, **the subway is the type of public transportation people around me usually take**.

해석 제 도시에서는 대부분의 사람들이 보통 지하철을 이용합니다.
한 가지 이유는 빠르고 신뢰할 수 있기 때문입니다.
설명하자면, 그것은 교통 체증의 영향을 받지 않고 예정된 시간에 정확히 도착합니다.
또 다른 이유는 매우 접근하기 쉽기 때문입니다.
구체적으로, 지하철역이 도시 전체의 많은 지역에 위치해 있어서 사람들이 돌아다니기 쉽습니다.
이러한 이유들 때문에, 지하철은 제 주변 사람들이 보통 이용하는 종류의 대중교통입니다.

어휘 reliable[riláiəbl] 신뢰할 수 있는   traffic jam 교통 체증   scheduled[skédʒuld] 예정된   accessible[æksésəbl] 접근 가능한
throughout[θruːáut] 전체에 걸쳐

10 스크립트 및 해석
I see. If you had to commute to the downtown area, would you prefer to take public transportation, or would you rather drive? Why?
그렇군요. 만약 당신이 시내 지역으로 통근해야 한다면, 대중교통을 이용하는 것을 선호할 것인가요, 아니면 운전하는 것을 선호할 것인가요? 그 이유는 무엇인가요?

브레인스토밍

나의 입장	<u>drive</u> 운전함
이유 1	1. <u>more flexibility</u> 더 많은 유연성
구체적 근거	- <u>choose when to leave and which route to take</u> 언제 출발할지와 어떤 경로로 갈지 선택함
이유 2	2. <u>more comfortable</u> 더 편함
구체적 근거	- <u>don't deal with other passengers or worry about standing</u> 다른 승객들을 상대하거나 서 있는 것을 걱정하지 않음

모범 답안 🎧 D18_4_10_모범답안

나의 입장
I would prefer **to drive rather than to take public transportation**.

이유 1
First, **driving gives me more flexibility**.

구체적 근거
Unlike **with public transportation, I can choose when to leave and which route to take if I drive**.

이유 2
Furthermore, **driving is more comfortable**.

구체적 근거
In particular, **I don't have to deal with other passengers or worry about standing for a long time**.

요약
Therefore, **I'd prefer to drive if I had to commute to the downtown area**.

해석 저는 대중교통을 이용하기보다는 운전하는 것을 선호할 것입니다.
첫째로, 운전은 저에게 더 많은 유연성을 제공합니다.
대중교통과는 달리, 운전을 한다면 언제 출발할지와 어떤 경로로 갈지 선택할 수 있습니다.
더욱이, 운전이 더 편합니다.
특히, 다른 승객들을 상대하거나 오랫동안 서 있는 것을 걱정할 필요가 없습니다.
그러므로, 시내 지역으로 통근해야 한다면 저는 운전하는 것을 선호할 것입니다.

어휘 flexibility[flèksəbíləti] 유연성 route[ruːt] 경로 comfortable[kʌ́mfərtəbl] 편한 deal with ~를 상대하다
passenger[pǽsəndʒər] 승객

11 스크립트 및 해석
That's a great point. Next, I'd like to hear your thoughts. Some people have argued that the government should invest more in public transportation than in roads. Do you agree or disagree? Explain why you think so.
아주 좋은 의견이네요. 다음으로, 당신의 생각을 듣고 싶습니다. 어떤 사람들은 정부가 도로보다 대중교통에 더 많이 투자해야 한다고 주장해 왔습니다. 동의하나요 아니면 동의하지 않나요? 그렇게 생각하는 이유를 설명해 주세요.

브레인스토밍

나의 입장	<u>agree</u> 동의함
이유 1	<u>1. environmentally friendly</u> 환경 친화적임
구체적 근거	– <u>produce fewer emissions</u> 더 적은 배출가스를 생기게 함
이유 2	<u>2. benefit more people</u> 더 많은 사람들에게 혜택을 줌
구체적 근거	– <u>who don't own cars can travel conveniently and affordably</u> 자동차를 소유하지 않은 사람들도 편리하고 저렴하게 이동할 수 있음

모범 답안 🎧 D18_4_11_모범답안

나의 입장
I agree that **the government should invest more in public transportation than in roads.**

이유 1
That's because **public transportation is more environmentally friendly.**

구체적 근거
To be specific, **public transportation produces fewer emissions per person compared with individual cars.**

이유 2
Furthermore, **improving public transportation benefits more people.**

구체적 근거
For example, **individuals who don't own cars can still travel conveniently and affordably.**

요약
To conclude, **I believe the government should invest more in public transportation.**

해석 저는 정부가 도로보다 대중교통에 더 많이 투자해야 한다는 것에 동의합니다.
그것은 대중교통이 더 환경 친화적이기 때문입니다.
구체적으로, 대중교통은 개인 자동차와 비교할 때 1인당 더 적은 배출가스를 생기게 합니다.
더욱이, 대중교통을 개선하는 것은 더 많은 사람들에게 혜택을 줍니다.
예를 들어, 자동차를 소유하지 않은 개인들도 여전히 편리하고 저렴하게 이동할 수 있습니다.
결론적으로, 저는 정부가 대중교통에 더 많이 투자해야 한다고 생각합니다.

어휘 invest[invést] 투자하다 environmentally friendly 환경 친화적인 emission[imíʃən] 배출가스
individual[indəvídʒuəl] 개인의; 개인 benefit[bénəfit] 혜택을 주다 conveniently[kənvíːniəntli] 편리하게
affordably[əfɔ́rdəbli] 저렴하게

12 스크립트 및 해석

Those are valid points. I have one more question before we conclude. Some researchers believe that making buses and subways free could bring big changes to society. How do you think free public transportation might affect society? Give reasons for your answer.

타당한 의견이네요. 마무리하기 전에 한 가지 질문이 더 있습니다. 일부 연구원들은 버스와 지하철을 무료화하는 것이 사회에 큰 변화를 가져올 수 있다고 생각합니다. 당신은 무료 대중교통이 사회에 어떤 영향을 미칠 것이라고 생각하나요? 당신의 답변에 대한 이유를 제시해 주세요.

브레인스토밍

나의 입장	free public transportation has positive effect 무료 대중교통이 긍정적인 영향을 미침
이유 1	1. reduce traffic jams 교통 체증을 줄임
구체적 근거	- more people choose instead of driving 더 많은 사람들이 운전 대신 선택함
이유 2	2. cut air pollution 대기 오염을 줄임
구체적 근거	- with fewer cars, fewer emissions and cleaner air 자동차가 줄어들면, 배출가스가 줄어들고 공기가 더 깨끗해짐

모범 답안 🎧 D18_4_12_모범답안

나의 입장
I think **free public transportation would have a positive effect on society**.

이유 1
To begin with, **it would help reduce traffic jams**.

구체적 근거
To be specific, **if buses and subways were free, more people would choose them instead of driving**.

이유 2
Also, **it would cut air pollution**.

구체적 근거
In other words, **there would be fewer emissions and cleaner air for everyone with fewer cars**.

요약
In short, **free public transportation would make the roads less crowded and benefit the environment**.

해석 저는 무료 대중교통이 사회에 긍정적인 영향을 미칠 것이라고 생각합니다.
우선, 교통 체증을 줄이는 데 도움이 될 것입니다.
구체적으로, 버스와 지하철이 무료라면, 더 많은 사람들이 운전 대신 그것들을 선택할 것입니다.
또한, 그것은 대기 오염을 줄일 것입니다.
다시 말해서, 자동차가 줄어들면 더 적은 배출가스와 모두를 위한 더 깨끗한 공기가 있게 될 것입니다.
한마디로, 무료 대중교통은 도로를 덜 혼잡하게 만들고 환경에 도움이 될 것입니다.

어휘 cut[kʌt] 줄이다   crowded[kráudid] 혼잡한

[13-16] 🎧 D18_5
당신은 지구 온난화에 관한 연구에 참여하기로 동의했습니다. 당신은 연구원과 짧은 온라인 인터뷰를 할 것입니다. 연구원이 몇 가지 질문을 할 것입니다.

13 스크립트 및 해석
Thanks for speaking with me today. I'd like to ask a few questions about your views on global warming. First, do you think that global warming is causing the weather in your area to change?
오늘 저와 이야기해 주셔서 감사합니다. 지구 온난화에 대한 당신의 견해에 대해 몇 가지 질문을 드리고 싶습니다. 먼저, 지구 온난화가 당신이 살고 있는 지역의 날씨를 변화시키고 있다고 생각하나요?

브레인스토밍

나의 입장	is changing the weather 날씨를 변화시키고 있음
이유 1	1. summers are becoming hotter 여름이 더 더워지고 있음
구체적 근거	- last summer was so hot that plants in my garden died 작년 여름이 너무 더워서 내 정원의 식물들이 죽었음
이유 2	2. rainfall patterns are different 강수 패턴이 다름
구체적 근거	- unlike previous years, severe flooding last fall 예년과 달리 작년 가을에 심각한 홍수가 있었음

모범 답안 🎧 D18_5_13_모범답안

나의 입장
I believe that **global warming is changing the weather in my area.**

이유 1
First of all, **summers are becoming hotter.**

구체적 근거
In fact, **last summer was so hot that many plants in my garden died.**

이유 2
Furthermore, **the rainfall patterns are different now.**

구체적 근거
For instance, **unlike in previous years, we experienced severe flooding last fall because of heavy storms.**

요약
In conclusion, **global warming is affecting the weather in my area.**

해석 저는 지구 온난화가 제가 사는 지역의 날씨를 변화시키고 있다고 생각합니다.
첫째로, 여름이 더 더워지고 있습니다.
실제로, 작년 여름은 너무 더워서 제 정원의 많은 식물들이 죽었습니다.
더욱이, 강수 패턴이 이제 다릅니다.
예를 들어, 예년과 달리 작년 가을에 심한 폭풍 때문에 심각한 홍수를 경험했습니다.
결론적으로, 지구 온난화는 제가 사는 지역의 날씨에 영향을 미치고 있습니다.

어휘 global warming 지구 온난화 rainfall pattern 강수 패턴 severe[səvíər] 심각한 flooding[flʌ́diŋ] 홍수 storm[stɔːrm] 폭풍

14 스크립트 및 해석
I see. Many people try to fight climate change in their daily lives. Can you share one or two actions that you think are effective in fighting climate change?
그렇군요. 많은 사람들이 일상생활에서 기후 변화에 대응하려고 노력합니다. 당신이 기후 변화에 대응하는 데 효과적이라고 생각하는 한두 가지 행동을 공유해 주실 수 있나요?

브레인스토밍

나의 입장	<u>ride bike</u> 자전거를 탐
이유 1	1. reduce carbon emissions 탄소 배출을 줄임
구체적 근거	- <u>lower air pollution and greenhouse gases</u> 대기 오염과 온실가스를 낮춤
이유 2	2. don't require energy consumption 에너지 소비를 필요로 하지 않음
구체적 근거	- <u>save energy and produce no waste</u> 에너지를 절약하고 폐기물을 생기게 하지 않음

모범 답안 🎧 D18_5_14_모범답안

나의 입장
In my case, **I ride my bike instead of driving to fight climate change**.

이유1
That's because **it helps reduce carbon emissions**.

구체적 근거
To put it another way, **bikes help lower air pollution and greenhouse gases**.

이유 2
Also, **biking doesn't require any energy consumption**.

구체적 근거
In fact, **bikes don't use fossil fuels such as gasoline, so they save energy and produce no waste**.

요약
Therefore, **I think riding a bike is an effective way to fight climate change**.

해석　제 경우에는, 기후 변화에 대응하기 위해 운전하는 대신 자전거를 탑니다.
그것은 탄소 배출을 줄이는 데 도움이 되기 때문입니다.
달리 표현하자면, 자전거는 대기 오염과 온실가스를 낮추는 데 도움이 됩니다.
또한, 자전거 타기는 에너지 소비를 필요로 하지 않습니다.
실제로, 자전거는 휘발유와 같은 화석 연료를 사용하지 않으므로, 에너지를 절약하고 폐기물을 생기게 하지 않습니다.
그러므로, 저는 자전거 타기가 기후 변화에 대응하는 효과적인 방법이라고 생각합니다.

어휘　climate change 기후 변화　carbon emission 탄소 배출　air pollution 대기 오염　greenhouse gas 온실가스
consumption[kənsʌ́mpʃən] 소비　fossil fuel 화석 연료

15 스크립트 및 해석

Interesting. In recent years, many schools have introduced environmental education programs to increase student awareness of the issue of climate change. Do you think that in the future more schools will adopt environmental education programs? Why or why not?
흥미롭네요. 최근 몇 년간, 많은 학교들이 기후 변화 문제에 대한 학생들의 인식을 높이기 위해 환경 교육 프로그램을 도입해 왔습니다. 당신은 미래에 더 많은 학교들이 환경 교육 프로그램을 도입할 것이라고 생각하나요? 왜 그런가요, 또는 왜 그렇지 않은가요?

브레인스토밍

나의 입장	more schools will adopt 더 많은 학교들이 도입할 것임
이유 1	1. effectively raise awareness 인식을 효과적으로 높임
구체적 근거	– understand better when they see videos and images about its seriousness in class 수업 시간에 심각성에 대한 비디오와 이미지를 볼 때 더 잘 이해함
이유 2	2. teach helpful habits 도움이 되는 습관을 가르침
구체적 근거	– cousin started recycling because school gave out rewards 사촌이 학교에서 보상을 제공했기 때문에 재활용을 시작했음

모범 답안 🎧 D18_5_15_모범답안

나의 입장
In my opinion, **more schools will adopt environmental education programs in the future.**

이유1
One reason is that **these programs effectively raise awareness about climate change.**

구체적 근거
To be specific, **students understand climate change better when they see videos and images about its seriousness in class.**

이유 2
Another reason is that **these programs teach helpful habits.**

구체적 근거
To illustrate my point, **my cousin started recycling because his school gave out rewards for collecting plastic bottles.**

요약
For these reasons, I think **more schools will adopt environmental education programs.**

해석 제 생각에는, 미래에 더 많은 학교들이 환경 교육 프로그램을 도입할 것입니다.
한 가지 이유는 이러한 프로그램들이 기후 변화에 대한 인식을 효과적으로 높이기 때문입니다.
구체적으로, 학생들은 수업 시간에 기후 변화의 심각성에 대한 비디오와 이미지를 볼 때 기후 변화를 더 잘 이해합니다.
또 다른 이유는 이러한 프로그램들이 도움이 되는 습관을 가르치기 때문입니다.
예를 들어 설명하자면, 제 사촌은 학교에서 플라스틱 병을 수집하는 것에 대한 보상을 제공했기 때문에 재활용을 시작했습니다.
이러한 이유들 때문에, 저는 더 많은 학교들이 환경 교육 프로그램을 도입할 것이라고 생각합니다.

어휘 adopt[ədápt] 도입하다, 채택하다 effectively[iféktivli] 효과적으로 raise awareness 인식을 높이다
seriousness[síriəsnis] 심각성 recycle[ri:sáikl] 재활용하다 reward[riwɔ́:rd] 보상

16 스크립트 및 해석
Good points. Lastly, looking to the future, some researchers believe that new technology will help solve problems caused by global warming. Do you agree with this idea? Explain your answer.
좋은 의견입니다. 마지막으로, 미래를 내다볼 때, 어떤 연구원들은 새로운 기술이 지구 온난화로 인해 발생한 문제들을 해결하는 데 도움이 될 것이라고 생각합니다. 이 생각에 동의하나요? 당신의 답변을 설명해 주세요.

브레인스토밍

나의 입장	<u>agree</u> 동의함
이유 1	1. <u>green energy technologies are improving</u> 친환경 에너지 기술들이 개선되고 있음
구체적 근거	– <u>solar and wind power are becoming more efficient</u> 태양광과 풍력 발전이 더 효율적이게 되고 있음
이유 2	2. <u>easier to prepare for and respond to climate issues</u> 기후 문제에 대비하고 대응하기 더 쉬움
구체적 근거	– <u>AI and satellite systems monitor and predict</u> AI와 위성 시스템이 모니터링하고 예측함

모범 답안 🎧 D18_5_16_모범답안

나의 입장
I agree that **technology will help solve problems caused by global warming.**

이유 1
To begin with, **green energy technologies are improving.**

구체적 근거
In particular, **solar and wind power are becoming more efficient, reducing our dependence on fossil fuels.**

이유 2
What's more, **technology makes it easier to prepare for and respond to climate issues.**

구체적 근거
For example, **AI and satellite systems can monitor climate changes and predict extreme weather.**

요약
In conclusion, **I believe technology will help solve problems associated with global warming.**

해석 저는 기술이 지구 온난화로 인해 발생한 문제들을 해결하는 데 도움이 될 것이라는 것에 동의합니다.
우선, 친환경 에너지 기술들이 개선되고 있습니다.
특히, 태양광과 풍력 발전이 더 효율적이게 되고 있어서, 이는 화석 연료에 대한 우리의 의존도를 줄이고 있습니다.
더욱이, 기술은 기후 문제에 대비하고 대응하는 것을 더 쉽게 만듭니다.
예를 들어, AI와 위성 시스템은 기후 변화를 모니터링하고 극한의 날씨를 예측할 수 있습니다.
결론적으로, 저는 기술이 지구 온난화와 관련된 문제들을 해결하는 데 도움이 될 것이라고 생각합니다.

어휘 green energy technology 친환경 에너지 기술 wind power 풍력 발전 efficient [ifíʃənt] 효율적인
dependence [dipéndəns] 의존(도) fossil fuel 화석 연료 satellite system 위성 시스템 extreme [ikstríːm] 극한의
associated with ~과 관련된

Day 19 주제별 공략하기: 일상·여가·건강

Daily Check-up ······ p.254

[01-04] 🎧 D19_1
당신은 시간 관리에 관한 연구에 자원했습니다. 당신은 연구원과 짧은 온라인 인터뷰를 할 것입니다. 연구원이 몇 가지 질문을 할 것입니다.

01 스크립트 및 해석
Thank you for agreeing to share your thoughts on time management. First, when you do important

tasks like studying, working, or exercising, do you prefer to do them in the morning or at night? Why?
시간 관리에 대한 당신의 생각을 공유하는 데 동의해 주셔서 감사합니다. 먼저, 당신이 공부, 일이나 운동과 같은 중요한 일을 할 때, 아침에 하는 것을 선호하나요, 아니면 밤에 하는 것을 선호하나요? 그 이유는 무엇인가요?

모범 답안 🎧 D19_1_01_모범답안

> 나의 입장
> I prefer to do important tasks **in the morning**.
>
> 이유 1
> One reason is that my mind **feels more focused** after a good night's sleep.
>
> 구체적 근거
> As a result, it's **easier for me to concentrate and get things done quickly**.
>
> 이유 2
> Furthermore, if I finish my tasks early in the day, I **feel more relaxed for the rest of the day**.
>
> 구체적 근거
> In fact, I **don't have to worry about them, so I can enjoy my evening**.
>
> 요약
> In conclusion, **the morning is when I prefer to do important tasks**.

어휘 task[tæsk] 일, 과제 concentrate[kάnsəntrèit] 집중하다

02 스크립트 및 해석

Got it. Now, what kind of time management tools do you or the people around you usually use? For example, do you use smartphone apps, planners, or other tools?
알겠습니다. 그렇다면, 당신이나 주변 사람들은 주로 어떤 종류의 시간 관리 도구를 사용하나요? 예를 들어, 스마트폰 앱, 플래너, 또는 다른 도구를 사용하나요?

모범 답안 🎧 D19_1_02_모범답안

> 나의 입장
> I usually use **a paper planner** to manage my time.
>
> 이유 1
> First of all, **writing things down by hand makes me remember my schedule better**.
>
> 구체적 근거
> For example, when I write **tasks or appointments in my planner, I can keep them in my mind**.
>
> 이유 2
> Furthermore, a paper planner **doesn't have distractions**.
>
> 구체적 근거
> To be specific, unlike a phone, it **won't show pop-up messages or advertisements**, so I can focus only on making my plans.
>
> 요약
> Therefore, I rely on **a planner to manage my time**.

어휘 appointment[əpɔ́intmənt] 약속 advertisement[ædvərtáizmənt] 광고 rely on ~에 의존하다

03 스크립트 및 해석

Good to know. Many people say that modern life has changed how we manage our time. Do you think people today manage their time better than in the past? Why or why not?

알겠습니다. 많은 사람들이 현대 생활이 시간을 관리하는 방식을 바꿔 놓았다고 말합니다. 오늘날 사람들이 과거보다 시간을 더 잘 관리한다고 생각하나요? 그 이유는 무엇인가요?

모범 답안 🎧 D19_1_03_모범답안

나의 입장
I think people today **manage their time better than in the past**.

이유 1
First, they have access to **many digital tools to help with time management**.

구체적 근거
For example, there are a lot of **time-tracking apps with useful functions**.

이유 2
Second, **new technologies help them save a lot of time**.

구체적 근거
To be specific, they **can quickly find information on the Internet** instead of searching in books.

요약
In short, they are better **able to manage their time now**.

[어휘] function [fʌ́ŋkʃən] 기능   instead of ~ 대신에

04 스크립트 및 해석

That makes sense. Some people believe that multitasking helps people get more done, while others think it makes people less focused and more stressed. What are your thoughts on this? Do you agree or disagree? Why?

일리있네요. 어떤 사람들은 멀티태스킹이 사람들이 더 많은 일을 해내는 데 도움이 된다고 생각하는 반면, 다른 사람들은 그것이 사람들을 덜 집중하게 하고 스트레스를 더 받게 만든다고 생각합니다. 이에 대한 당신의 생각은 어떤가요? 동의하나요, 아니면 동의하지 않나요? 그 이유는 무엇인가요?

모범 답안 🎧 D19_1_04_모범답안

나의 입장
I agree with the idea that multitasking **makes people less focused and more stressed**.

이유 1
First, when we try to do several things at the same time, it **often leads to mistakes**.

구체적 근거
For instance, **while writing an essay, I made some mistakes because I was checking my phone**.

이유 2
Second, switching between tasks **can be tiring for the brain**.

구체적 근거
As a result, it **makes people feel mentally exhausted**.

요약
To conclude, multitasking **leads to greater stress and less focus**.

어휘 mentally [méntəli] 정신적으로   exhausted [igzɔ́:stid] 지친

Daily Test

p.258

[01-04] 🎧 D19_2

당신은 식습관에 관한 연구에 참여하기로 동의했습니다. 당신은 연구원과 짧은 온라인 인터뷰를 할 것입니다. 연구원이 몇 가지 질문을 할 것입니다.

01 스크립트 및 해석

I appreciate your participating in this study. Today, I want to ask about your eating habits. First, is it important for you to eat breakfast every morning? Why or why not?

당신이 이 연구에 참여해 주신 것에 감사합니다. 오늘은, 당신의 식습관에 대해 묻고 싶습니다. 먼저, 매일 아침 아침식사를 하는 것이 당신에게 중요한가요? 왜 그런가요, 또는 왜 그렇지 않은가요?

브레인스토밍

나의 입장	important 중요하다
이유 1	1. give body and brain energy 몸과 뇌에 에너지를 줌
구체적 근거	- provides me with the strength to focus on work 일에 집중할 수 있는 힘을 제공함
이유 2	2. opportunity to spend time with family 가족과 시간을 보낼 수 있는 기회
구체적 근거	- busy, but start the day by talking with each other 바쁘지만, 서로 대화를 나누며 하루를 시작함

모범 답안 🎧 D19_2_01_모범답안

나의 입장
As far as I'm concerned, **it is important to eat breakfast every morning**.

이유 1
First, **breakfast gives my body and brain energy**.

구체적 근거
To be specific, **it provides me with the strength to focus on my work**.

이유 2
Second, **breakfast is an opportunity to spend time with my family**.

구체적 근거
In fact, **we're all very busy, but we start the day by talking with each other**.

요약
Therefore, **I believe eating breakfast is important**.

해석 제가 보기에, 매일 아침 아침식사를 하는 것이 중요합니다.
첫째로, 아침식사는 제 몸과 뇌에 에너지를 줍니다.
구체적으로, 그것은 제게 일에 집중할 수 있는 힘을 제공합니다.
둘째로, 아침식사는 가족과 시간을 보낼 수 있는 기회입니다.
실제로, 우리는 모두 매우 바쁘지만, 서로 대화를 나누며 하루를 시작합니다.
그러므로, 저는 아침식사를 하는 것이 중요하다고 생각합니다.

어휘 **strength**[streŋkθ] 힘　**opportunity**[ὰpərtjúːnəti] 기회

02 스크립트 및 해석

I see. When choosing food, is taste your first priority, or do you focus more on nutritional value? Why?

그렇군요. 음식을 선택할 때, 맛이 첫 번째 우선순위인가요, 아니면 영양가에 더 중점을 두나요? 그 이유는 무엇인가요?

브레인스토밍

나의 입장	taste 맛
이유 1	1. one of life's little joys 삶의 작은 즐거움 중 하나임
구체적 근거	- can lift my mood, especially after a long day 특히 긴 하루를 보낸 후에 기분을 좋게 할 수 있음
이유 2	2. great way to get closer to others 다른 사람들과 더 가까워지는 훌륭한 방법임
구체적 근거	- enjoy delicious meal → create happy memories together 맛있는 식사를 즐기면 함께 행복한 추억을 만듦

모범 답안 🎧 D19_2_02_모범답안

나의 입장
Personally, **taste is a higher priority than nutrition**.

이유 1
That's because **eating delicious food is one of life's little joys**.

구체적 근거
In fact, **eating something I really enjoy can lift my mood, especially after a long day**.

이유 2
Also, **sharing good food is a great way to get closer to others**.

구체적 근거
In particular, **enjoying a delicious meal with someone lets us create happy memories together**.

요약
For these reasons, **I prioritize taste when choosing food**.

해석　개인적으로, 맛이 영양보다 더 높은 우선순위입니다.
　　　그것은 맛있는 음식을 먹는 것이 삶의 작은 즐거움 중 하나이기 때문입니다.
　　　실제로, 제가 정말 좋아하는 것을 먹는 것은 특히 긴 하루를 보낸 후에 제 기분을 좋게 할 수 있습니다.
　　　또한, 좋은 음식을 함께 먹는 것은 다른 사람들과 더 가까워지는 훌륭한 방법입니다.
　　　특히, 누군가와 맛있는 식사를 즐기는 것은 우리가 함께 행복한 추억을 만들 수 있게 해 줍니다.
　　　이러한 이유들 때문에, 저는 음식을 선택할 때 맛을 우선시합니다.

어휘　**priority**[praiɔ́ːrəti] 우선순위　**nutritional value** 영양가　**lift one's mood** 기분을 좋게 하다　**prioritize**[praiɔ́ːrətàiz] 우선시하다

03 스크립트 및 해석

Great. In recent years, many people have raised concerns about the health effects of processed foods. Do you think that in the future more people will reduce their consumption of processed foods? Explain why you think so.

좋습니다. 최근 몇 년간, 많은 사람들이 가공식품의 건강상 영향에 대한 우려를 제기해 왔습니다. 미래에 더 많은 사람들이 가공식품 섭취를 줄일 것이라고 생각하나요? 왜 그렇게 생각하는지 설명해 주세요.

브레인스토밍

나의 입장	will not reduce consumption 섭취를 줄이지 않을 것임
이유 1	1. convenient and save time 편리하고 시간을 절약해 줌
구체적 근거	– modern people are busy → prefer food that is fast and easy to prepare 현대인들은 바빠서 준비하기에 빠르고 쉬운 음식을 선호함
이유 2	2. limited food budgets 한정된 식비 예산
구체적 근거	– compared with fresh meat and vegetables, cheaper 신선한 고기 및 채소와 비교할 때, 더 저렴함

모범 답안 🎧 D19_2_03_모범답안

나의 입장
I don't think **people will reduce their consumption of processed foods in the future.**

이유 1
To begin with, **processed foods are convenient and save time.**

구체적 근거
To be specific, **since modern people are busy, they prefer food that is fast and easy to prepare.**

이유 2
Furthermore, **people have limited food budgets.**

구체적 근거
Compared with **fresh meat and vegetables, processed foods are cheaper.**

요약
Overall, **I don't believe people will reduce their consumption of processed foods in the future.**

해석 저는 사람들이 미래에 가공식품 섭취를 줄일 것이라고 생각하지 않습니다.
우선, 가공식품이 편리하고 시간을 절약해 줍니다.
구체적으로, 현대인들은 바쁘기 때문에, 준비하기에 빠르고 쉬운 음식을 선호합니다.
더욱이, 사람들은 한정된 식비 예산을 가지고 있습니다.
신선한 고기 및 채소와 비교할 때, 가공식품이 더 저렴합니다.
종합적으로, 저는 사람들이 미래에 가공식품 섭취를 줄일 것이라고 생각하지 않습니다.

어휘 consumption[kənsʌ́mpʃən] 섭취 processed food 가공식품 budget[bʌ́dʒit] 예산 vegetable[védʒətəbl] 채소

04 스크립트 및 해석

Interesting. Now, let's move on to the final question. Some people believe that displaying calorie information on food products helps people make healthier choices. Do you agree with this idea? Or do you think there are other ways to encourage healthy eating? Explain your answer.

흥미롭네요. 이제, 마지막 질문으로 넘어가겠습니다. 어떤 사람들은 식품에 칼로리 정보를 표시하는 것이 사람들이 더 건강한 선택을 하는 데 도움이 된다고 생각합니다. 이 생각에 동의하나요? 아니면 건강한 식습관을 장려하는 다른 방법들이 있다고 생각하나요? 당신의 답변을 설명해 주세요.

브레인스토밍

나의 입장	<u>agree</u> 동의함
이유 1	<u>1. allow to track calorie intake</u> 칼로리 섭취량을 추적할 수 있게 해줌
구체적 근거	- <u>avoid eating too much by calculating calories</u> 칼로리를 계산함으로써 너무 많이 먹는 것을 피함
이유 2	<u>2. raise awareness about health in general</u> 전반적으로 건강에 대한 인식을 높임
구체적 근거	- <u>pay attention to ingredients and choose healthier options</u> 성분에 주의를 기울이고 더 건강한 옵션을 선택함

모범 답안 🎧 D19_2_04_모범답안

나의 입장
I agree that **calorie information on food products helps people make healthier choices**.

이유 1
One reason is that **it allows people to track their calorie intake**.

구체적 근거
As a result, **I can avoid eating too much by calculating the amount of calories I've consumed**.

이유 2
Another is that **it raises awareness about health in general**.

구체적 근거
In fact, **when I look at calorie labels, I also pay attention to the ingredients and choose healthier options**.

요약
In short, **I believe calorie information encourages healthy eating**.

해석 저는 식품의 칼로리 정보가 사람들이 더 건강한 선택을 하는 데 도움이 된다는 것에 동의합니다.
한 가지 이유는 그것이 사람들의 칼로리 섭취량을 추적할 수 있게 해 주기 때문입니다.
그 결과, 제가 섭취한 칼로리 양을 계산함으로써 너무 많이 먹는 것을 피할 수 있습니다.
또 다른 이유는 그것이 전반적으로 건강에 대한 인식을 높이기 때문입니다.
실제로, 칼로리 라벨을 볼 때, 저는 성분에도 주의를 기울이게 되어 더 건강한 옵션을 선택합니다.
한마디로, 저는 칼로리 정보가 건강한 식습관을 장려한다고 생각합니다.

어휘 track[træk] 추적하다 calorie intake 칼로리 섭취(량) calculate[kǽlkjulèit] 계산하다 consume[kənsúːm] 섭취하다
raise awareness 인식을 높이다 pay attention to ~에 주의를 기울이다 ingredient[ingríːdiənt] 성분, 재료

[05-08] 🎧 D19_3
당신은 쇼핑 습관에 관한 연구에 참여하기로 동의했습니다. 당신은 연구원과 짧은 온라인 인터뷰를 할 것입니다. 연구원이 몇 가지 질문을 할 것입니다.

05 스크립트 및 해석
Thank you for participating in this study today. I have a few questions about your shopping habits. First, can you describe a product you or someone you know recently bought such as an electronic device or a clothing item?
오늘 이 연구에 참여해 주셔서 감사합니다. 당신의 쇼핑 습관에 대해 몇 가지 질문을 드리고 싶습니다. 먼저, 전자기기나 의류 같이 최근에 당신이나 당신이 아는 사람이 구매한 제품에 대해 설명해 줄 수 있나요?

브레인스토밍

나의 입장	bought the latest smartphone model 최신 스마트폰 모델을 구매했음
이유 1	1. old phone broke down 오래된 휴대폰이 고장 났음
구체적 근거	- couldn't charge it, turned off 충전할 수 없었고, 꺼졌음
이유 2	2. interested in new AI features 새로운 AI 기능들에 관심이 있었음
구체적 근거	- photo-editing tools: enhance pictures with one tap 사진 편집 도구가 한 번 터치하면 사진을 향상시킴

모범 답안 🎧 D19_3_05_모범답안

나의 입장
I **recently bought the latest smartphone model**.

이유 1
That's because **my old phone broke down**.

구체적 근거
In fact, **I couldn't charge it anymore, and it turned off within an hour or two**.

이유 2
Also, **I was really interested in trying the new AI features that the new model offers**.

구체적 근거
Specifically, **I wanted to try the improved photo-editing tools, which can automatically enhance my pictures with just one tap**.

요약
For these reasons, **I decided to purchase a new smartphone**.

해석 저는 최근에 최신 스마트폰 모델을 구매했습니다.
그것은 제 오래된 휴대폰이 고장 났기 때문입니다.
실제로, 더 이상 충전할 수 없었고, 한두 시간 내에 꺼져버렸습니다.
또한, 저는 새 모델이 제공하는 새로운 AI 기능들을 사용해 보는 것에 정말 관심이 있었습니다.
구체적으로, 한 번만 터치하면 자동으로 사진을 향상시킬 수 있는 개선된 사진 편집 도구를 사용해 보고 싶었습니다.
이러한 이유들 때문에, 저는 새 스마트폰을 구매하기로 결정했습니다.

어휘 break down 고장 나다 feature [fíːtʃər] 기능 automatically [ɔ̀ːtəmǽtikəli] 자동으로 enhance [inhǽns] 향상시키다, 개선하다

06 스크립트 및 해석
I see. When you shop, is affordability your priority, or do you focus on quality? Why?
그렇군요. 당신이 쇼핑할 때, 적당한 가격이 우선순위인가요, 아니면 품질에 중점을 두나요? 그 이유는 무엇인가요?

브레인스토밍

나의 입장	focus on high quality 고품질에 중점을 둠
이유 1	1. last longer 더 오래감
구체적 근거	- save money in the long run 장기적으로 돈을 절약함
이유 2	2. want reliable products that perform well 성능이 좋은 신뢰할 수 있는 제품을 원함
구체적 근거	- good shoes prevent foot pain & injuries 좋은 신발은 발 통증과 부상을 방지함

모범 답안 🎧 D19_3_06_모범답안

나의 입장
I usually focus more on quality when I shop.

이유 1
One reason is that **high-quality products tend to last longer**.

구체적 근거
To illustrate my point, **I can save money in the long run, even if the initial prices are higher, because I don't have to replace them as often.**

이유 2
Another reason is that **I want reliable products that perform well**.

구체적 근거
For example, **good shoes prevent foot pain and injuries**.

요약
In conclusion, **product quality is important to me when shopping**.

해석 저는 쇼핑을 할 때 보통 품질에 더 중점을 둡니다.
한 가지 이유는 고품질 제품이 더 오래가는 경향이 있기 때문입니다.
예를 들어 설명하자면, 초기 가격이 더 비싸더라도, 그렇게 자주 교체할 필요가 없기 때문에, 장기적으로 돈을 절약할 수 있습니다.
또 다른 이유는 제가 성능이 좋은 신뢰할 수 있는 제품을 원하기 때문입니다.
예를 들어, 좋은 신발은 발 통증과 부상을 방지합니다.
결론적으로, 쇼핑할 때 제품 품질이 저에게 중요합니다.

어휘 affordability [əfɔ̀:rdəbíləti] 적당한 가격 priority [praiɔ́:rəti] 우선순위 initial [iníʃəl] 초기의 replace [ripléis] 교체하다
reliable [riláiəbl] 신뢰할 수 있는 injury [índʒəri] 부상

07 스크립트 및 해석

Fascinating. Now, I'd like your opinion. When buying everyday items like clothes, food, or electronics, do you think it's better to choose well-known brands, or do you prefer nonbrand products that are often cheaper? Explain why you think so.

흥미롭네요. 이제, 당신의 의견을 듣고 싶습니다. 옷, 음식, 전자제품과 같은 일상용품을 구매할 때, 당신은 잘 알려진 브랜드를 선택하는 것이 더 낫다고 생각하나요, 아니면 종종 더 저렴한 무명 브랜드 제품을 선호하나요? 왜 그렇게 생각하는지 설명해 주세요.

브레인스토밍

나의 입장	well-known brands 잘 알려진 브랜드
이유 1	1. have better quality 더 나은 품질을 가지고 있음
구체적 근거	- use good materials & test products carefully 좋은 재료를 사용하고 제품을 신중하게 테스트함
이유 2	2. better customer service or warranties 더 나은 고객 서비스나 보증
구체적 근거	- easier to get help or a replacement 도움을 받거나 교체품을 받는 것이 더 쉬움

모범 답안 🎧 D19_3_07_모범답안

나의 입장
I think **it's better to choose well-known brands**.

이유 1
To begin with, **these types of products usually have better quality**.

구체적 근거
To explain, **well-known companies want to protect their reputation, so they use good materials and test their products carefully**.

이유 2
Also, **famous brands often provide better customer service or warranties**.

구체적 근거
To be specific, **if something goes wrong, it's easier to get help or a replacement**.

요약
In short, **well-known brands are the best choice**.

해석 저는 잘 알려진 브랜드를 선택하는 것이 더 낫다고 생각합니다.
우선, 이러한 유형의 제품들은 보통 더 나은 품질을 가지고 있습니다.
설명하자면, 잘 알려진 회사들은 자신들의 평판을 보호하고 싶어 해서, 좋은 재료를 사용하고 제품을 신중하게 테스트합니다.
또한, 유명한 브랜드들은 종종 더 나은 고객 서비스나 보증을 제공합니다.
구체적으로, 문제가 생기면, 도움을 받거나 교체품을 받는 것이 더 쉽습니다.
한마디로, 잘 알려진 브랜드가 최선의 선택입니다.

어휘 well-known[wélnòun] 잘 알려진 reputation[rèpjutéiʃən] 평판 material[mətíəriəl] 재료 customer service 고객 서비스
warranty[wɔ́ːrənti] 보증 replacement[ripléismənt] 교체품

08 스크립트 및 해석

Great points. I have one last question for you. These days, more consumers are choosing to buy products from companies that follow ethical and sustainable practices. Do you think this trend will continue to grow in the future? Why or why not?

좋은 의견입니다. 마지막 질문을 드리겠습니다. 요즘, 더 많은 소비자들이 윤리적이고 지속 가능한 관행을 따르는 회사의 제품을 구매하기로 결정하고 있습니다. 이러한 추세가 미래에도 계속 증가할 것이라고 생각하나요? 왜 그런가요, 또는 왜 그렇지 않은가요?

브레인스토밍

나의 입장	will continue to grow	계속 증가할 것임
이유 1	1. people are becoming aware of issues like animal cruelty	사람들이 동물 학대와 같은 문제들을 인식하게 되고 있음
구체적 근거	– choose products from companies that are cruelty-free	동물 실험을 하지 않는 회사의 제품을 선택함
이유 2	2. social media spread information	소셜 미디어가 정보를 퍼뜨림
구체적 근거	– more pressure on companies	회사들에게 압박이 더 많음

모범 답안 🎧 D19_3_08_모범답안

나의 입장
I think **this trend will continue to grow in the future**.

이유 1
First, **more people are becoming aware of issues like animal cruelty**.

구체적 근거
As a result, **they are more likely to choose products from companies that are cruelty-free**.

이유 2
Second, **social media makes it easier to spread information about how products are made**.

구체적 근거
Because of this, **there is more pressure on companies to act responsibly**.

요약
To conclude, **this trend will likely continue to grow**.

해석 저는 이 추세가 미래에도 계속 증가할 것이라고 생각합니다.
첫째로, 더 많은 사람들이 동물 학대와 같은 문제들을 인식하게 되고 있습니다.
그 결과, 그들은 동물 실험을 하지 않는 회사의 제품을 선택할 가능성이 더 높습니다.
둘째로, 소셜 미디어는 제품이 어떻게 만들어지는지에 대한 정보를 퍼뜨리는 것을 더 쉽게 만듭니다.
이것 때문에, 회사들에게 책임감 있게 행동하라는 압박이 더 많이 있습니다.
결론적으로, 이 추세는 계속 증가할 것 같습니다.

어휘 aware[əwéər] 인식하는 animal cruelty 동물 학대 cruelty-free[krúːəltifríː] 동물 실험을 하지 않는
responsibly[rispánsəbli] 책임감 있게

[09-12] 🎧 D19_4

당신은 여행 습관에 관한 연구에 참여하기로 동의했습니다. 당신은 연구원과 짧은 온라인 인터뷰를 할 것입니다. 연구원이 몇 가지 질문을 할 것입니다.

09 스크립트 및 해석
Thanks for taking the time to speak with me today. My study is about people's travel habits, and I have some questions for you. Now, are you more interested in busy, crowded places or quiet, less-known spots when you travel?

오늘 시간을 내어 저와 이야기해 주셔서 감사합니다. 제 연구는 사람들의 여행 습관에 관한 것이고, 당신에게 드릴 몇 가지 질문이 있습니다. 자, 당신이 여행할 때 번잡하고 붐비는 곳에 더 관심이 있나요, 아니면 조용하고 덜 알려진 장소에 더 관심이 있나요?

브레인스토밍

나의 입장	quiet, less-known spots	조용하고 덜 알려진 장소
이유 1	1. get to see real local life	실제 현지 생활을 볼 수 있음
구체적 근거	- eat local food that I can't taste in famous tourist areas	유명한 관광지에서 맛볼 수 없는 현지 음식을 먹음
이유 2	2. help me relax	휴식을 취하는 데 도움이 됨
구체적 근거	- no long lines or crowds → enjoy the peace and get rest	긴 줄이나 군중이 없어서 평화를 즐기고 휴식을 취할 수 있음

모범 답안 🎧 D19_4_09_모범답안

나의 입장
I **am more interested in quiet, less-known spots**.

이유 1
That's because **I get to see real local life**.

구체적 근거
For example, **in those places, I can eat local food that I can't taste in famous tourist areas**.

이유 2
Also, **quiet spots help me relax**.

구체적 근거
In particular, **there are no long lines or crowds, so I can enjoy the peace and get rest**.

요약
Overall, **I prefer places that are quiet and not well-known**.

해석   저는 조용하고 덜 알려진 장소에 더 관심이 있습니다.
그것은 실제 현지 생활을 볼 수 있기 때문입니다.
예를 들어, 그런 곳에서는, 유명한 관광지에서 맛볼 수 없는 현지 음식을 먹을 수 있습니다.
또한, 조용한 장소는 제가 휴식을 취하는 데 도움이 됩니다.
특히, 긴 줄이나 군중이 없어서, 평화를 즐기고 휴식을 취할 수 있습니다.
종합적으로, 저는 조용하고 잘 알려지지 않은 곳을 선호합니다.

어휘   less-known[lèsnóun] 덜 알려진   spot[spɑːt] 장소   tourist area 관광지   crowd[kraud] 군중

10 스크립트 및 해석
Interesting. When you travel, do you prefer to stay in one place for a long time to fully experience the local culture, or do you prefer to visit many different places in a short amount of time to see as much as possible? Why?

흥미롭네요. 여행할 때, 현지 문화를 온전히 경험하기 위해 한 곳에 오랫동안 머무르는 것을 선호하나요, 아니면 가능한 한 많이 보기 위해 짧은 시간 안에 여러 다른 곳을 방문하는 것을 선호하나요? 그 이유는 무엇인가요?

브레인스토밍

나의 입장	stay in one place for a long period	한 곳에 오랫동안 머무름
이유 1	1. truly understand local culture	현지 문화를 진정으로 이해함
구체적 근거	– get to know people, learn language, find best spots	
	사람들을 알게 되고, 언어를 배우게 되고, 최고의 장소들을 찾게 됨	
이유 2	2. use my time more efficiently	시간을 더 효율적으로 사용함
구체적 근거	– don't have to waste time packing and moving between places	
	짐을 싸고 장소들 사이를 이동하는 데 시간을 낭비할 필요가 없음	

모범 답안 🎧 D19_4_10_모범답안

나의 입장
I prefer **staying in one place for a long period when I travel**.

이유 1
First, **I can truly understand the local culture**.

구체적 근거
In particular, **I get to know the people, learn some of the language and find the best spots that tourists usually miss**.

이유 2
Second, **I can use my time more efficiently**.

구체적 근거
To be specific, **I don't have to waste time packing and moving between places.**

요약
In short, **I try to stay in one place for a long time while traveling.**

해석 저는 여행할 때 한 곳에 오랫동안 머무르는 것을 선호합니다.
첫째로, 현지 문화를 진정으로 이해할 수 있습니다.
특히, 사람들을 알게 되고, 언어의 일부를 배우게 되고, 관광객들이 보통 놓치는 최고의 장소들을 찾게 됩니다.
둘째로, 시간을 더 효율적으로 사용할 수 있습니다.
구체적으로, 짐을 싸고 장소들 사이를 이동하는 데 시간을 낭비할 필요가 없습니다.
한마디로, 저는 여행하는 동안 한 곳에 오랫동안 머물러고 노력합니다.

어휘 period[píriəd] 기간 truly[trúːli] 진정으로 efficiently[ifíʃəntli] 효율적으로

11 스크립트 및 해석

I see your point. Now, please share your opinion. In recent years, there has been a trend towards digital nomadism, where people work remotely while traveling to different countries. Do you think this lifestyle will become more common? Why or why not?

무슨 말씀인지 알겠습니다. 이제, 의견을 공유해 주세요. 최근 몇 년간, 사람들이 다른 나라들을 여행하면서 원격으로 일하는 디지털 노마디즘에 대한 추세가 있었습니다. 이 생활 방식이 더 흔해질 것이라고 생각하나요? 왜 그런가요, 또는 왜 그렇지 않은가요?

브레인스토밍

나의 입장	will become more common 더 흔해질 것임
이유 1	1. remote work technology keeps getting better 원격 근무 기술이 계속 좋아지고 있음
구체적 근거	- can be productive from anywhere, video calls make teamwork possible 어디서든 생산적일 수 있고, 화상 통화는 팀워크를 가능하게 만듦
이유 2	2. young people place great value on a work-life balance 젊은 사람들은 일과 삶의 균형에 큰 가치를 둠
구체적 근거	- combine work & travel, appealing to younger generation 일과 여행을 결합하므로, 젊은 세대에게 매우 매력적임

모범 답안 🎧 D19_4_11_모범답안

나의 입장
I think **digital nomadism will become more common.**

이유 1
To begin with, **remote work technology keeps getting better.**

구체적 근거
Because of this, **employees can be productive from anywhere, and video calls make teamwork possible across long distances.**

이유 2
Furthermore, **young people place great value on a work-life balance.**

구체적 근거
In fact, **digital nomadism combines work and travel, so this lifestyle is very appealing to younger generations**.

요약
Overall, **digital nomadism will likely continue to increase in popularity**.

해석   저는 디지털 노마디즘이 더 흔해질 것이라고 생각합니다.
우선, 원격 근무 기술이 계속 좋아지고 있습니다.
이것 때문에, 직원들은 어디서든 생산적일 수 있고, 화상 통화는 먼 거리에서도 팀워크를 가능하게 만듭니다.
더욱이, 젊은 사람들은 일과 삶의 균형에 큰 가치를 둡니다.
실제로, 디지털 노마디즘이 일과 여행을 결합하므로, 이 생활 방식은 젊은 세대에게 매우 매력적입니다.
종합적으로, 디지털 노마디즘은 인기가 계속 증가할 것 같습니다.

어휘   remote work 원격 근무   productive[prədʌ́ktiv] 생산적인   video call 화상 통화   work-life balance 일과 삶의 균형
combine[kəmbáin] 결합하다   appealing[əpíːliŋ] 매력적인   generation[dʒènəréiʃən] 세대

12 스크립트 및 해석

Valid points. Lastly, some people believe that planning every part of a trip in advance makes it more enjoyable and less stressful. Do you agree or disagree with this idea? Explain your answer.
타당한 의견입니다. 마지막으로, 어떤 사람들은 여행의 모든 부분을 미리 계획하는 것이 그것을 더 즐겁고 스트레스를 덜 받게 만든다고 생각합니다. 이 생각에 동의하나요, 아니면 동의하지 않나요? 당신의 답변을 설명해 주세요.

브레인스토밍

나의 입장	disagree 동의하지 않음
이유 1	1. spontaneous decisions → best experiences 즉흥적인 결정들이 최고의 경험으로 이어짐
구체적 근거	- got a recommendation from a local 현지인으로부터 추천을 받았음
이유 2	2. rigid planning causes stress 엄격한 계획은 스트레스를 유발함
구체적 근거	- unpredictable events like delayed flights ruin careful plans 항공편 지연과 같은 예측 불가능한 일들이 신중하게 세운 계획을 망침

모범 답안   🎧D19_4_12_모범답안

나의 입장
I disagree that **planning every part of a trip in advance makes it more enjoyable and less stressful**.

이유 1
First, **spontaneous decisions often lead to the best experiences**.

구체적 근거
In fact, **during my last trip, I got a recommendation from a local and was able to visit a really beautiful temple**.

이유 2
Second, **rigid planning causes stress when things go wrong**.

구체적 근거
For example, **unpredictable events like delayed flights can ruin careful plans**.

요약
To conclude, it is better not to plan every part of a trip.

해석 저는 여행의 모든 부분을 미리 계획하는 것이 그것을 더 즐겁고 스트레스를 덜 받게 만든다는 것에 동의하지 않습니다.
첫째로, 즉흥적인 결정들이 종종 최고의 경험으로 이어집니다.
실제로, 지난 여행에서, 현지인으로부터 추천을 받아서 정말 아름다운 사원을 방문할 수 있었습니다.
둘째로, 엄격한 계획은 일이 틀어졌을 때 스트레스를 유발합니다.
예를 들어, 항공편 지연과 같은 예측 불가능한 일들이 신중하게 세운 계획을 망칠 수 있습니다.
결론적으로, 여행의 모든 부분을 계획하지 않는 것이 더 좋습니다.

어휘 in advance 미리 spontaneous [spɑntéiniəs] 즉흥적인 recommendation [rèkəmendéiʃən] 추천 temple [témpl] 사원
rigid [rídʒid] 엄격한 delayed [diléid] 지연된 ruin [rúːin] 망치다

[13-16] 🎧 D19_5

당신은 악기에 관한 연구에 자원했습니다. 당신은 연구원과 짧은 온라인 인터뷰를 할 것입니다. 연구원이 몇 가지 질문을 할 것입니다.

13 스크립트 및 해석

Thank you for agreeing to answer some questions about musical instruments. First, what kinds of instruments do people around you play? For example, do they play classical instruments like the piano or violin, modern instruments like the electric guitar or drums, or something else?
악기에 관한 몇 가지 질문에 답변하는 데 동의해 주셔서 감사합니다. 먼저, 당신 주변 사람들은 어떤 종류의 악기를 연주하나요? 예를 들어, 그들이 피아노나 바이올린 같은 클래식 악기를 연주하나요, 전기 기타나 드럼 같은 현대 악기를 연주하나요, 아니면 다른 것을 연주하나요?

브레인스토밍

나의 입장	play the guitar or piano 기타나 피아노를 연주함
이유 1	1. easy to learn 배우기 쉬움
구체적 근거	– beginners say basic chords or melodies are simple to pick up 초보자들이 기본 코드나 멜로디가 익히기 쉽다고 말함
이유 2	2. play many different types of music 다양한 유형의 음악을 연주함
구체적 근거	– brother learned the piano, can play anything from classical music to pop music 형이 피아노를 배웠고 클래식부터 팝까지 어떤 것이든 연주할 수 있음

모범 답안 🎧 D19_5_13_모범답안

나의 입장
Many people **around me play the guitar or piano**.

이유 1
One reason is that **these instruments are easy to learn**.

구체적 근거
In fact, **many beginners say the basic chords or melodies are simple to pick up**.

이유 2
What's more, **these instruments can be used to play many different types of music**.

구체적 근거
For example, **my brother learned the piano and can play anything from classical music to pop music**.

요약
In short, **many people I know play the guitar or piano**.

해석 제 주변의 많은 사람들이 기타나 피아노를 연주합니다.
한 가지 이유는 이러한 악기들이 배우기 쉽기 때문입니다.
실제로, 많은 초보자들이 기본 코드나 멜로디가 익히기 쉽다고 말합니다.
더욱이, 이러한 악기들은 다양한 유형의 음악을 연주하는 데 사용될 수 있습니다.
예를 들어, 제 형이 피아노를 배웠고 클래식 음악부터 팝 음악까지 어떤 것이든 연주할 수 있습니다.
한마디로, 제가 아는 많은 사람들이 기타나 피아노를 연주합니다.

어휘 instrument[ínstrəmənt] 악기, 기구

14 스크립트 및 해석

I appreciate your response. When you play a musical instrument, do you prefer to play alone, or do you like to play together with other people, such as in a band or orchestra? Why?
답변해 주셔서 감사합니다. 당신이 악기를 연주할 때, 혼자 연주하는 것을 선호하나요, 아니면 밴드나 오케스트라처럼 다른 사람들과 함께 연주하는 것을 좋아하나요? 그 이유는 무엇인가요?

브레인스토밍

나의 입장	with other people 다른 사람들과 함께
이유 1	1. more fun 더 재미있음
구체적 근거	– excited when band members hit the perfect note together 밴드 멤버들이 함께 완벽한 음을 낼 때 신남
이유 2	2. learn so much from other musicians 다른 음악가들로부터 정말 많이 배움
구체적 근거	– learn different techniques and styles from band members 밴드 멤버들로부터 다른 기법과 스타일을 배움

모범 답안 D19_5_14_모범답안

나의 입장
I prefer **playing music with other people**.

이유 1
First, **playing in a group is more fun**.

구체적 근거
To be specific, **I feel very excited when my band members hit the perfect note together**.

이유 2
Second, **I learn so much from other musicians**.

구체적 근거
For example, **I can learn different techniques and styles from my band members and improve my own skills**.

요약
For these reasons, **I like to play music as part of a group**.

해석 저는 다른 사람들과 함께 음악을 연주하는 것을 선호합니다.
첫째로, 그룹으로 연주하는 것이 더 재미있습니다.
구체적으로, 제 밴드 멤버들이 함께 완벽한 음을 낼 때 매우 신납니다.
둘째로, 저는 다른 음악가들로부터 정말 많이 배웁니다.
예를 들어, 제 밴드 멤버들로부터 다른 기법과 스타일을 배우고 제 자신의 기술을 향상시킬 수 있습니다.
이러한 이유들 때문에, 저는 그룹의 일부로서 음악을 연주하는 것을 좋아합니다.

어휘 hit[hit] (음을) 내다 note[nout] 음 musician[mjuzíʃən] 음악가 technique[tekníːk] 기법 as part of ~의 일부로서

15 스크립트 및 해석

OK. Some people believe that learning to play a musical instrument should be mandatory in schools rather than an optional activity. Do you agree or disagree? Why do you think so?

알겠습니다. 어떤 사람들은 악기 연주법을 배우는 것이 선택적인 활동이 아니라 학교에서 의무화되어야 한다고 생각합니다. 당신은 이에 동의하나요, 아니면 동의하지 않나요? 왜 그렇게 생각하나요?

브레인스토밍

나의 입장	agree 동의함
이유 1	1. develop important brain functions 중요한 뇌 기능을 발달시킴
구체적 근거	- improve memory, concentration, math skills 기억력, 집중력, 수학 실력을 향상시킴
이유 2	2. teach patience and discipline 인내와 규율을 가르침
구체적 근거	- show children how consistent effort leads to improvement 아이들에게 꾸준한 노력이 어떻게 발전으로 이어지는지를 보여줌

모범 답안 🎧 D19_5_15_모범답안

나의 입장
I agree that **learning musical instruments should be mandatory in schools**.

이유 1
That's because **learning instruments develops important brain functions**.

구체적 근거
According to a recent study, **playing instruments improves memory, concentration, and even math skills**.

이유 2
Also, **learning music teaches valuable life skills like patience and discipline**.

구체적 근거
In particular, **regular practice shows children how consistent effort leads to improvement**.

요약
In conclusion, **learning musical instruments should be a school requirement**.

해석 저는 악기를 배우는 것이 학교에서 의무화되어야 한다는 것에 동의합니다.
그것은 악기를 배우는 것이 중요한 뇌 기능을 발달시키기 때문입니다.
최근 연구에 따르면, 악기를 연주하는 것은 기억력, 집중력, 심지어 수학 실력까지 향상시킵니다.
또한, 음악을 배우는 것은 인내와 규율 같은 귀중한 삶의 기술을 가르칩니다.
특히, 정기적인 연습은 아이들에게 꾸준한 노력이 어떻게 발전으로 이어지는지를 보여줍니다.
결론적으로, 악기를 배우는 것은 학교 필수 요건이어야 합니다.

어휘 mandatory[mǽndətɔ̀ːri] 의무적인　brain function 뇌 기능　concentration[kànsəntréiʃən] 집중(력)　math skill 수학 실력
valuable[vǽljuəbl] 귀중한　patience[péiʃəns] 인내　discipline[dísəplin] 규율　improvement[imprúːvmənt] 발전, 향상
requirement[rikwáiərmənt] 필수 요건

16 스크립트 및 해석

I get what you mean. I have a final question about creativity and music. Some people believe that playing a musical instrument is the best way to improve creativity. Do you agree or disagree with this statement? Why?

무슨 말씀인지 알겠습니다. 창의성과 음악에 대한 마지막 질문을 드리겠습니다. 어떤 사람들은 악기를 연주하는 것이 창의성을 향상시키는 가장 좋은 방법이라고 생각합니다. 이 말에 동의하나요, 아니면 동의하지 않나요? 그 이유는 무엇인가요?

브레인스토밍

나의 입장	disagree 동의하지 않음
이유 1	1. can come from other activities 다른 활동들에서 올 수 있음
구체적 근거	- creating artworks can develop imagination 예술 작품을 창작하는 것은 상상력을 발달시킬 수 있음
이유 2	2. focus on technique, not creativity 창의성이 아닌 기술에 초점을 맞춤
구체적 근거	- repeat what teacher shows 선생님이 보여주는 것을 반복함

모범 답안 🎧D19_5_16_모범답안

나의 입장
I disagree that **playing a musical instrument is the best way to improve creativity.**

이유 1
First, **creativity can come from many other activities.**

구체적 근거
For instance, **creating artworks such as paintings can develop imagination.**

이유 2
Second, **musical training often focuses on technique, not creativity.**

구체적 근거
Specifically, **students just repeat what their teacher shows them rather than trying new things.**

요약
After all, **there are other ways to develop creativity besides playing an instrument.**

해석　저는 악기를 연주하는 것이 창의성을 향상시키는 가장 좋은 방법이라는 것에 동의하지 않습니다.
첫째로, 창의성은 많은 다른 활동들에서 올 수 있습니다.
예를 들어, 그림과 같은 예술 작품을 창작하는 것도 상상력을 발달시킬 수 있습니다.
둘째로, 음악 훈련은 종종 창의성이 아닌 기술에 초점을 맞춥니다.
구체적으로, 학생들은 새로운 것을 시도하기보다는 선생님이 보여주는 것을 그저 반복합니다.
결국, 악기를 연주하는 것 외에 창의성을 발달시키는 다른 방법들이 있습니다.

어휘　creativity[krìːeitívəti] 창의성　artwork[áːrtwərk] 예술 작품　imagination[imædʒənéiʃən] 상상력　repeat[ripíːt] 반복하다

Day 20 Task Test

p.262

[01-04] 🎧 D20_1
당신은 학습 습관에 관한 연구에 자원했습니다. 당신은 연구원과 짧은 온라인 인터뷰를 할 것입니다. 연구원이 몇 가지 질문을 할 것입니다.

01 스크립트 및 해석

Thanks for taking part in this study. Today, I will be asking you questions about your learning habits. What kind of learning activities do you or your friends engage in the most when learning something new? For example, do you read, watch videos, do hands-on tasks, or other activities?
이 연구에 참여해 주셔서 감사합니다. 오늘은, 당신의 학습 습관에 대해 질문을 드리겠습니다. 새로운 것을 배울 때 당신이나 친구들이 가장 많이 참여하는 학습 활동은 어떤 종류입니까? 예를 들어, 책을 읽거나, 영상을 시청하거나, 실습형 과제를 하거나, 또는 다른 활동을 하나요?

브레인스토밍

나의 입장	watch videos online 온라인으로 영상을 시청함
이유 1	1. easy to understand 이해하기 쉬움
구체적 근거	– cooking video clearly showed each step 요리 영상은 각 단계를 알기 쉽게 보여주었음
이유 2	2. learn at my own pace 내 속도에 맞춰 배움
구체적 근거	– pause a video, go back to rewatch 일시정지하고 돌아가서 다시 시청함

모범 답안 🎧 D20_1_01_모범답안

나의 입장
I usually watch videos online when learning something new.

이유 1
To begin with, they are very easy to understand.

구체적 근거
For example, a cooking video I watched clearly showed each step of preparing a dish.

이유 2
Furthermore, I can learn at my own pace.

구체적 근거
To be specific, I can pause a video whenever necessary and even go back to rewatch parts I didn't understand.

요약
Overall, watching online videos is the best way to learn.

해석   저는 새로운 것을 배울 때 보통 온라인으로 영상을 시청합니다.
우선, 영상은 이해하기 매우 쉽습니다.
예를 들어, 제가 시청한 요리 영상은 요리를 준비하는 각 단계를 알기 쉽게 보여주었습니다.
더욱이, 저는 제 속도에 맞춰 배울 수 있습니다.
구체적으로, 제가 필요할 때마다 영상을 정지시킬 수 있고 이해하지 못한 부분을 돌아가서 다시 시청할 수도 있습니다.
종합적으로, 온라인 영상 시청이 배우는 가장 좋은 방법입니다.

어휘   at one's own pace 자신의 속도에 맞춰   pause[pɔːz] 정지시키다   rewatch[riːwɑ́ːtʃ] 다시 시청하다

02 스크립트 및 해석

I see. When you're learning something, do you prefer to take part in group discussions, or do you prefer to do independent research? Why?

그렇군요. 무언가를 배울 때, 그룹 토론에 참여하는 것을 선호하나요, 아니면 개별 연구를 하는 것을 선호하나요? 그 이유는 무엇인가요?

브레인스토밍

나의 입장	take part in group discussions 그룹 토론에 참여함
이유 1	1. hear different ideas & opinions 다양한 아이디어와 의견을 들음
구체적 근거	– classmates think of things that I didn't, give me a new perspective 반 친구들이 내가 생각하지 못했던 것을 생각해내고 새로운 관점을 제공함
이유 2	2. ask questions and get quick answers 질문하고 빠른 답변을 받음
구체적 근거	– someone in the group explain right away 그룹의 누군가가 즉시 설명해 줌

모범 답안 🎧 D20_1_02_모범답안

나의 입장
I prefer to take part in group discussions when I'm learning something.

이유 1
First, I can hear different ideas and opinions from others.

구체적 근거
For example, sometimes my classmates think of things that I didn't, and that gives me a new perspective.

이유 2
Second, I can ask questions and get quick answers.

구체적 근거
For instance, when I don't understand something, someone in the group can explain it right away.

요약
For these reasons, I find group discussions more helpful than independent research.

해석 저는 무언가를 배울 때 그룹 토론에 참여하는 것을 선호합니다.
첫째로, 다른 사람들로부터 다양한 아이디어와 의견을 들을 수 있습니다.
예를 들어, 때때로 반 친구들은 제가 생각하지 못했던 것을 생각해내고, 그것이 저에게 새로운 관점을 제공합니다.
둘째로, 질문을 하고 빠른 답변을 받을 수 있습니다.
예를 들어, 제가 무언가를 이해하지 못할 때, 그룹의 누군가가 즉시 그것을 설명해 줄 수 있습니다.
이러한 이유들 때문에, 저는 그룹 토론이 개별 연구보다 도움이 더 된다고 생각합니다.

어휘 take part in ~에 참여하다 discussion[diskʌ́ʃən] 토론 independent[ìndipéndənt] 개별의, 독립적인 right away 즉시

03 스크립트 및 해석

Interesting. Here's something to think about. In the past, students mostly learned by reading textbooks and listening to lectures. But now, many use digital tools like videos, apps, and online courses. Do you think that in the future, digital learning will completely replace traditional classroom methods? Why or why not?

흥미롭네요. 생각해 볼 만한 것이 있습니다. 과거에는, 학생들이 주로 교과서를 읽고 강의를 들으며 배웠습니다. 하지만 지금은, 많은 학생들이 영상, 앱, 온라인 강의와 같은 디지털 도구를 사용합니다. 당신은 미래에 디지털 학습이 전통적인 교실 방식을 완전히 대체할 것이라고 생각하나요? 왜 그런가요, 또는 왜 그렇지 않은가요?

브레인스토밍

나의 입장	will not completely replace	완전히 대체하지 않을 것임
이유 1	1. need face-to-face interaction	대면 상호작용이 필요함
구체적 근거	– develop social and communication skills	사회적 기술과 의사소통 기술을 발달시킴
이유 2	2. some subjects require hands-on activities	어떤 과목들은 실습 활동을 필요로 함
구체적 근거	– do experiments in the classroom to understand science properly	과학을 제대로 이해하기 위해 교실에서 실험을 함

모범 답안 🎧 D20_1_03_모범답안

나의 입장
I don't think digital learning will completely replace traditional classroom methods.

이유 1
One reason is that people need face-to-face interaction to develop.

구체적 근거
Specifically, learning directly from teachers and working with classmates helps students develop social and communication skills.

이유 2
Also, some subjects require hands-on activities.

구체적 근거
For instance, students need to do experiments in the classroom to understand science properly.

요약
In short, I believe traditional classrooms will still be important in the future.

해석 저는 디지털 학습이 전통적인 교실 방식을 완전히 대체할 것이라고 생각하지 않습니다.
한 가지 이유는 사람들이 발달하기 위해서는 대면 상호작용이 필요하기 때문입니다.
구체적으로, 선생님으로부터 직접 배우고 반 친구들과 함께 활동하는 것은 학생들이 사회적 기술과 의사소통 기술을 발달시키는 데 도움이 됩니다.
또한, 어떤 과목들은 실습 활동을 필요로 합니다.
예를 들어, 학생들은 과학을 제대로 이해하기 위해 교실에서 실험을 해야 합니다.
한마디로, 저는 전통적인 교실이 미래에도 여전히 중요할 것이라고 생각합니다.

어휘 replace [ripléis] 대체하다 traditional [trədíʃənl] 전통적인 face-to-face [fèistəféis] 대면의 interaction [ìntərǽkʃən] 상호작용 hands-on [hǽndzɔ́ːn] 실습의 experiment [ikspérəmənt] 실험

04 스크립트 및 해석
That makes sense. I have another question to ask you. Some people believe that regular testing is the best way to measure a student's learning progress. Do you agree with this idea? Or do you think there are other ways to assess how well students are learning? Explain why you think so.

일리 있네요. 또 다른 질문을 드리겠습니다. 어떤 사람들은 정기적인 시험이 학생의 학습 진도를 측정하는 가장 좋은 방법이라고 생각합니다. 당신은 이 생각에 동의하나요? 아니면 학생들이 얼마나 잘 배우고 있는지를 평가하는 다른 방법들이 있다고 생각하나요? 왜 그렇게 생각하는지 설명해 주세요.

브레인스토밍

나의 입장	disagree 동의하지 않음
이유 1	1. focus on short-term memorization 단기적인 암기에 초점을 맞춤
구체적 근거	- quickly forget information they memorize just for tests 단지 시험을 위해 외우는 정보는 빨리 잊어버림
이유 2	2. cannot measure all abilities 모든 능력을 측정할 수 없음
구체적 근거	- perform poorly on tests but have creativity or presentation skills 시험에서는 성과가 좋지 않지만 창의성이나 발표 능력을 가지고 있음

모범 답안 🎧 D20_1_04_모범답안

나의 입장
I disagree that regular testing is the best way to measure a student's progress.

이유 1
To begin with, tests often focus on short-term memorization.

구체적 근거
In fact, students might quickly forget the information that they memorize just for tests.

이유 2
Also, tests cannot measure all kinds of abilities.

구체적 근거
To be specific, many students might perform poorly on tests but have great creativity or presentation skills.

요약
In conclusion, I believe there are better ways to assess students.

해석 저는 정기적인 시험이 학생의 진도를 측정하는 가장 좋은 방법이라는 것에 동의하지 않습니다.
우선, 시험은 종종 단기적인 암기에 초점을 맞춥니다.
실제로, 학생들은 단지 시험을 위해 외우는 정보를 빨리 잊어버릴 수도 있습니다.
또한, 시험은 모든 종류의 능력을 측정할 수 없습니다.
구체적으로, 많은 학생들이 시험은 못 봐도 훌륭한 창의성이나 발표 능력을 가지고 있을 수 있습니다.
결론적으로, 저는 학생들을 평가하는 더 나은 방법들이 있다고 믿습니다.

어휘 **measure**[méʒər] 측정하다 **progress**[prágres] 진도 **assess**[əsés] 평가하다 **short-term**[ʃɔ́ːrttə̀ːrm] 단기적인 **memorization**[mèmərəzéiʃən] 암기 **creativity**[krìːeitívəti] 창의성 **presentation**[prìːzentéiʃən] 발표

[05-08] 🎧 D20_2

당신은 여가 활동에 관한 연구에 참여하기로 동의했습니다. 당신은 연구원과 짧은 온라인 인터뷰를 할 것입니다. 연구원이 몇 가지 질문을 할 것입니다.

05 스크립트 및 해석

Thank you for agreeing to speak with me today. I'd like to ask you some questions about leisure activities. First, can you describe a type of activity you or someone you know does regularly, such as watching TV, painting, or gardening?

오늘 저와 이야기하는 데 동의해 주셔서 감사합니다. 여가 활동에 대해 몇 가지 질문을 드리고 싶습니다. 먼저, TV 시청, 그림 그리기, 또는 원예와 같이 당신이나 당신이 아는 사람이 정기적으로 하는 활동의 유형을 설명해 줄 수 있나요?

브레인스토밍

나의 입장	hiking 하이킹
이유 1	1. great way to relieve stress 스트레스를 해소하는 훌륭한 방법임
구체적 근거	- spending time outdoors → feel calm and relaxed 야외에서 시간을 보내면 차분하고 편안하게 느낌
이유 2	2. allow me to hang out with friends 내가 친구들과 어울릴 수 있게 함
구체적 근거	- went hiking with classmates, had fun 반 친구들과 하이킹을 갔고 즐거웠음

모범 답안 🎧 D20_2_05_모범답안

나의 입장
A leisure activity I do regularly is hiking.

이유 1
That's because it is a great way to relieve stress.

구체적 근거
Specifically, spending time outdoors in the fresh air makes me feel calm and relaxed.

이유 2
What's more, hiking allows me to hang out with my friends.

구체적 근거
For instance, I went hiking with some classmates last weekend, and we had a lot of fun laughing and talking together.

요약
For these reasons, hiking is my favorite leisure activity.

해석 제가 정기적으로 하는 여가 활동은 하이킹입니다.
그것은 스트레스를 해소하는 훌륭한 방법이기 때문입니다.
구체적으로, 야외의 신선한 공기 속에서 시간을 보내는 것은 제가 차분하고 편안하게 느끼도록 만들어 줍니다.
더욱이, 하이킹은 제가 친구들과 어울릴 수 있게 해줍니다.
예를 들어, 저는 지난 주말에 반 친구들 몇 명과 하이킹을 갔고, 우리는 함께 웃고 이야기하며 정말 즐거웠습니다.
이러한 이유들 때문에, 하이킹은 제가 가장 좋아하는 여가 활동입니다.

어휘 relieve[rilíːv] 해소하다 outdoors[àutdɔ́ːrz] 야외에서 calm[kɑːm] 차분한 relaxed[rilǽkst] 편안한 hang out 어울리다

06 스크립트 및 해석

Great. Imagine that you could choose to spend your weekend watching movies at home or going to a cinema with friends. Which would you choose, and why?

좋습니다. 주말을 집에서 영화를 보며 보내거나 친구들과 영화관에 가서 보내는 것 중 선택할 수 있다고 상상해 보세요. 당신은 어느 것을 선택할 것이며, 그 이유는 무엇인가요?

브레인스토밍

나의 입장	choose to watch movies at home 집에서 영화를 보는 것을 선택함
이유 1	1. more comfortable 더 편함
구체적 근거	- wear casual clothes and relax on sofa 평상복을 입고 소파에서 휴식을 취함
이유 2	2. more fully enjoy movie 영화를 더 온전히 즐김
구체적 근거	- pause the movie and grab snacks anytime 언제든지 영화를 정지시키고 간식을 잠깐 먹음

모범 답안 🎧 D20_2_06_모범답안

나의 입장
I would choose to spend my weekend watching movies at home.

이유 1
To begin with, it is much more comfortable.

구체적 근거
In particular, I can wear casual clothes and relax on my sofa.

이유 2
Also, I can more fully enjoy a movie at home.

구체적 근거
Specifically, I can pause the movie and grab snacks anytime I want.

요약
In short, I prefer watching movies at home rather than in a theater.

해석 저는 주말을 집에서 영화를 보며 보내는 것을 선택하겠습니다.
우선, 그것이 훨씬 더 편합니다.
특히, 저는 평상복을 입고 소파에서 휴식을 취할 수 있습니다.
또한, 저는 집에서 영화를 더 온전히 즐길 수 있습니다.
구체적으로, 제가 원할 때 언제든지 영화를 정지시키고 간식을 잠깐 먹을 수 있습니다.
한마디로, 저는 극장보다는 집에서 영화를 보는 것을 선호합니다.

어휘 comfortable[kʌ́mfərtəbl] 편한 relax[rilǽks] 휴식을 취하다 pause[pɔːz] 정지시키다 grab[græb] 잠깐 ~하다, 잡아채다
theater[θíːətər] 극장

07 스크립트 및 해석

Thanks for sharing. I would like your opinion on something else. Some people believe that having at least one hobby is essential for a happy life. Do you think it is necessary to have a hobby? Why or why not?

의견을 나누어 주셔서 감사합니다. 다른 것에 대한 당신의 의견을 듣고 싶습니다. 어떤 사람들은 적어도 하나의 취미를 갖는 것이 행복한 삶을 위해 필수적이라고 생각합니다. 당신은 취미를 갖는 것이 필요하다고 생각하나요? 왜 그런가요, 또는 왜 그렇지 않은가요?

브레인스토밍

나의 입장	not necessary 필요하지 않음
이유 1	1. happiness comes from connections with friends and family
	행복은 친구들 및 가족과의 관계에서 옴
구체적 근거	- feel great when I share meals with people 사람들과 식사를 같이 할 때 기분이 좋음
이유 2	2. professional achievements can be a source of joy 직업적 성취가 기쁨의 원천이 될 수 있음
구체적 근거	- friend was thrilled when she successfully completed an important project
	친구가 회사에서 중요한 프로젝트를 성공적으로 완료했을 때 매우 기뻐했음

모범 답안 🎧 D20_2_07_모범답안

나의 입장
In my opinion, having a hobby is not necessary for a happy life.

이유 1
First, happiness can come from connections with friends and family members.

구체적 근거
For instance, I feel great when I share meals with the people I care about.

이유 2
Second, professional achievements can be a source of joy.

구체적 근거
To illustrate my point, my friend was thrilled when she successfully completed an important project at her company.

요약
In conclusion, hobbies are not essential to happiness.

해석   제 생각에는, 취미를 갖는 것이 행복한 삶을 위해 필요하지는 않습니다.
첫째로, 행복은 친구들 및 가족 구성원들과의 관계에서 올 수 있습니다.
예를 들어, 제가 아끼는 사람들과 식사를 같이 할 때 저는 기분이 좋습니다.
둘째로, 직업적 성취가 기쁨의 원천이 될 수 있습니다.
예를 들어 설명하자면, 제 친구가 회사에서 중요한 프로젝트를 성공적으로 완료했을 때 매우 기뻐했습니다.
결론적으로, 취미는 행복에 필수적이지 않습니다.

어휘   **essential** [isénʃəl] 필수적인   **connection** [kənékʃən] 관계   **care about** ~를 아끼다   **professional** [prəféʃənl] 직업적인
achievement [ətʃíːvmənt] 성취   **thrilled** [θrild] 매우 기뻐하는   **complete** [kəmplíːt] 완료하다

08 스크립트 및 해석

Good points. There is one more question I would like you to answer. Recently, more people have been spending their free time on eco-friendly leisure activities, like zero-waste picnics. Do you think this trend will continue in the future? Explain your answer.

좋은 의견입니다. 답변해 주셨으면 하는 질문이 하나 더 있습니다. 최근에, 더 많은 사람들이 쓰레기 없는 피크닉과 같은 친환경적인 여가 활동에 그들의 자유 시간을 보내고 있습니다. 이 추세가 미래에도 계속될 것이라고 생각하나요? 당신의 답변을 설명해 주세요.

브레인스토밍

나의 입장	will continue 계속될 것임
이유 1	1. growing awareness of environmental issues 환경 문제에 대한 인식이 증가하고 있음
구체적 근거	- people know environment is threatened and want to protect it 사람들은 환경이 위협받고 있다는 것을 알고 있고 보호하고 싶어 함
이유 2	2. becoming easier for people to try 사람들이 시도하기에 더 쉬워지고 있음
구체적 근거	- tools for eco-friendly activities are becoming cheaper and more common 친환경 활동을 위한 도구들이 더 저렴해지고 더 흔해지고 있음

모범 답안 🎧 D20_2_08_모범답안

나의 입장
I believe that eco-friendly leisure activities will continue to be trendy in the future.

이유 1
First of all, there is a growing awareness of environmental issues.

구체적 근거
To be specific, people know that the environment is threatened and want to protect it.

이유 2
Furthermore, these activities are becoming easier for people to try.

구체적 근거
In fact, tools needed for eco-friendly activities, such as solar lights, are becoming cheaper and more common.

요약
In short, I think this trend will continue.

해석 저는 친환경적인 여가 활동이 미래에 계속 인기를 끌 것이라고 생각합니다.
첫째로, 환경 문제에 대한 인식이 증가하고 있습니다.
구체적으로, 사람들은 환경이 위협받고 있다는 것을 알고 있으며 그것을 보호하고 싶어 합니다.
더욱이, 이러한 활동들은 사람들이 시도하기에 더 쉬워지고 있습니다.
실제로, 태양광 조명과 같이 친환경 활동에 필요한 도구들이 더 저렴해지고 더 보편화되고 있습니다.
한마디로, 저는 이 추세가 계속될 것이라고 생각합니다.

어휘 eco-friendly [íːkoufrèndli] 친환경적인 growing [gróuiŋ] 증가하는 awareness [əwɛ́ərnis] 인식
environmental [invàiərənméntl] 환경의 threaten [θrétn] 위협하다 solar [sóulər] 태양열의

[09-12] 🎧 D20_3

당신은 대중매체에 관한 연구에 자원했습니다. 당신은 연구원과 짧은 온라인 인터뷰를 할 것입니다. 연구원이 몇 가지 질문을 할 것입니다.

09 스크립트 및 해석

Thank you for joining this study to speak with me about how you consume media. First, when you consume media, do you prefer to use traditional sources like television and newspapers? Or do you prefer digital platforms such as online news sites? Why?

미디어를 어떻게 소비하는지에 대해 이야기하기 위해 이 연구에 참여해 주셔서 감사합니다. 먼저, 미디어를 소비할 때, 텔레비전과 신문 같은 전통적인 출처를 이용하는 것을 선호하나요? 아니면 온라인 뉴스 사이트와 같은 디지털 플랫폼을 선호하나요? 그 이유는 무엇인가요?

브레인스토밍

나의 입장	digital platforms 디지털 플랫폼
이유 1	1. information is updated more quickly 정보가 더 빠르게 업데이트됨
구체적 근거	- when a natural disaster happens, can read real-time updates 자연재해가 발생할 때, 실시간의 최신 정보를 읽을 수 있음
이유 2	2. more interactive 더 상호작용적임
구체적 근거	- allow comments and discussions → informed by reading opinions 댓글과 토론을 허용하므로 의견을 읽음으로써 견문이 넓어짐

모범 답안 🎧 D20_3_09_모범답안

나의 입장
I prefer digital platforms over traditional ones.

이유 1
The first reason is that on digital platforms, information is updated more quickly.

구체적 근거
For example, when a natural disaster happens, I can read real-time updates on my phone.

이유 2
Another reason is that digital media is more interactive.

구체적 근거
In other words, since many platforms allow comments and discussions, I can become more informed by reading the opinions of others.

요약
For these reasons, I always choose digital media.

해석 저는 전통적인 것보다 디지털 플랫폼을 선호합니다.
첫 번째 이유는 디지털 플랫폼에서는 정보가 더 빠르게 업데이트되기 때문입니다.
예를 들어, 자연재해가 발생할 때, 저는 제 휴대폰에서 실시간의 최신 정보를 읽을 수 있습니다.
또 다른 이유는 디지털 미디어가 더 상호작용적이기 때문입니다.
달리 말해서, 많은 플랫폼이 댓글과 토론을 허용하기 때문에, 저는 다른 사람들의 의견을 읽음으로써 견문이 더 넓어질 수 있습니다.
이러한 이유들로, 저는 항상 디지털 미디어를 선택합니다.

어휘 natural disaster 자연재해 real-time[ríːəltàim] 실시간의 interactive[ìntərǽktiv] 상호작용적인, 쌍방향의
informed[infɔ́ːrmd] 견문이 넓은

10 스크립트 및 해석

That makes sense. When it comes to receiving news, is speed your first priority, or do you focus more on accuracy? Why?

이해가 되네요. 뉴스를 받는 것에 관해서는, 속도가 당신의 첫 번째 우선순위인가요, 아니면 정확성에 더 중점을 두나요? 그 이유는 무엇인가요?

브레인스토밍

나의 입장	<u>accuracy is more important</u> 정확성이 더 중요함
이유 1	1. <u>incorrect information can cause problems</u> 부정확한 정보는 문제를 일으킬 수 있음
구체적 근거	– <u>inaccurate information about medicines can pose a threat to health</u> 의약품에 대한 부정확한 정보는 건강에 위협을 가할 수 있음
이유 2	2. <u>related to public trust</u> 대중의 신뢰와 직접적으로 관련되어 있음
구체적 근거	– <u>media provides incorrect information → lose trust and turn away</u> 미디어가 부정확한 정보를 제공하면 신뢰를 잃고 등을 돌림

모범 답안 🎧 D20_3_10_모범답안

나의 입장
I believe accuracy is more important than speed when the news is delivered.

이유 1
One reason is that incorrect information can cause serious problems.

구체적 근거
For instance, inaccurate information about medicines can pose a great threat to people's health.

이유 2
Another reason is that accuracy is directly related to public trust.

구체적 근거
To be specific, if the media repeatedly provides inaccurate information, people will eventually lose trust and turn away from it.

요약
Therefore, accuracy should be the priority.

해석　저는 뉴스가 전달될 때 속도보다 정확성이 더 중요하다고 생각합니다.
한 가지 이유는 부정확한 정보가 심각한 문제를 일으킬 수 있기 때문입니다.
예를 들어, 의약품에 대한 부정확한 정보는 사람들의 건강에 큰 위협을 가할 수 있습니다.
또 다른 이유는 정확성이 대중의 신뢰와 직접적으로 관련되어 있기 때문입니다.
구체적으로, 만약 미디어가 반복적으로 부정확한 정보를 제공한다면, 사람들은 결국 신뢰를 잃고 등을 돌릴 것입니다.
그러므로, 정확성이 우선순위가 되어야 합니다.

어휘　accuracy[ǽkjurəsi] 정확성　pose a threat to ~에 위협을 가하다　repeatedly[ripíːtidli] 반복적으로
turn away from ~에서 등을 돌리다

11 스크립트 및 해석
Good points. Some believe the main role of mass media is to inform society, while others think its role is to entertain people. What are your thoughts on this and why?
좋은 의견입니다. 어떤 사람들은 대중매체의 주된 역할이 사회에 정보를 제공하는 것이라고 생각하는 반면, 다른 사람들은 그것의 역할이 사람들을 즐겁게 하는 것이라고 생각합니다. 이에 대한 당신의 생각은 무엇이며 그 이유는 무엇인가요?

브레인스토밍

나의 입장	to inform society 사회에 정보를 제공하는 것
이유 1	1. accurate information → make decisions 정확한 정보는 결정을 내리는 데 도움이 됨
구체적 근거	- voters need reliable news 유권자들은 신뢰할 만한 뉴스가 필요함
이유 2	2. people rely heavily on media for information 사람들이 정보를 얻기 위해 대중매체에 크게 의존함
구체적 근거	- surveys show people mainly get news from media 설문조사는 사람들이 주로 미디어로부터 뉴스를 얻는다는 것을 보여줌

모범 답안 🎧 D20_3_11_모범답안

나의 입장
I believe that the main role of mass media is to inform society.

이유 1
To begin with, accurate information helps citizens make decisions.

구체적 근거
For example, voters need reliable news to choose the right candidate.

이유 2
Furthermore, people rely heavily on mass media for information.

구체적 근거
Surveys show that people mainly get their news from the media.

요약
To conclude, informing society is the primary role of mass media.

해석   저는 대중매체의 주된 역할이 사회에 정보를 제공하는 것이라고 생각합니다.
우선, 정확한 정보는 시민들이 결정을 내리는 데 도움이 됩니다.
예를 들어, 유권자들은 올바른 후보자를 선택하기 위해 신뢰할 만한 뉴스가 필요합니다.
더욱이, 사람들이 정보를 얻기 위해 대중매체에 크게 의존합니다.
설문조사는 사람들이 주로 미디어로부터 뉴스를 얻는다는 것을 보여줍니다.
결론적으로, 사회에 정보를 제공하는 것이 대중매체의 주된 역할입니다.

어휘   inform[infɔ́:rm] 정보를 제공하다   accurate[ǽkjurət] 정확한   citizen[sítəzən] 시민   voter[vóutər] 유권자
candidate[kǽndidət] 후보자   rely on ~에 의존하다   primary[práiməri] 주된, 주요한

12   스크립트 및 해석

Interesting. Lastly, some parents argue that mass media has a negative influence on children. For instance, it is often said that violent TV shows can shape their behavior in harmful ways. Do you think media content should be more strictly regulated to protect children's physical and mental development? Explain your thoughts.

흥미롭네요. 마지막으로, 일부 부모들은 대중매체가 아이들에게 부정적인 영향을 미친다고 주장합니다. 예를 들어, 폭력적인 TV 프로그램이 해로운 방식으로 그들의 행동을 형성할 수 있다고 종종 언급됩니다. 아이들의 신체적, 정신적 발달을 보호하기 위해 미디어 콘텐츠가 더 엄격하게 규제되어야 한다고 생각하나요? 당신의 생각을 설명해 주세요.

브레인스토밍

나의 입장	should be strictly regulated 엄격하게 규제되어야 함
이유 1	1. children are easily influenced 아이들은 쉽게 영향을 받음
구체적 근거	– research shows that children imitate behavior 연구는 아이들이 행동을 모방한다는 것을 보여줌
이유 2	2. children can be in danger 아이들이 위험에 처할 수 있음
구체적 근거	– nephew broke his leg while imitating a flying character 조카는 날아다니는 캐릭터를 모방하다가 다리가 부러졌음

모범 답안 🎧 D20_3_12_모범답안

나의 입장
I think media content should be strictly regulated to protect children.

이유 1
First, children are easily influenced by what they see.

구체적 근거
Research shows that children who watch violent shows are more likely to imitate such behavior.

이유 2
Second, children can be in danger because it's hard to tell what is real.

구체적 근거
For example, my nephew broke his leg while imitating a flying character on a superhero show.

요약
Overall, mass media needs to be regulated.

해석 저는 아이들을 보호하기 위해 미디어 콘텐츠가 엄격하게 규제되어야 한다고 생각합니다.
첫째로, 아이들은 그들이 보는 것에 쉽게 영향을 받습니다.
연구는 폭력적인 프로그램을 시청하는 아이들이 그러한 행동을 모방할 가능성이 더 높다는 것을 보여줍니다.
둘째로, 무엇이 진짜인지 구별하기 어렵기 때문에 아이들이 위험에 처할 수 있습니다.
예를 들어, 제 조카는 슈퍼히어로 프로그램의 날아다니는 캐릭터를 모방하다가 다리가 부러졌습니다.
종합적으로, 대중매체는 규제되어야 합니다.

어휘 violent [váiələnt] 폭력적인   strictly [stríktli] 엄격하게   regulate [régjulèit] 규제하다   imitate [ímətèit] 모방하다
behavior [bihéivjər] 행동   nephew [néfju:] 조카

[13–16] 🎧 D20_4
당신은 구직 활동에 관한 연구에 참여하기로 동의했습니다. 당신은 연구원과 짧은 온라인 인터뷰를 할 것입니다. 연구원이 몇 가지 질문을 할 것입니다.

13 스크립트 및 해석

Thank you for joining this study. Today, I'd like to ask you some questions about your experience with job searching. First, what kind of search methods do you or someone you know typically use? For example, do you use online platforms, attend job fairs, or work with recruitment agencies? Why?

이 연구에 참여해 주셔서 감사합니다. 오늘, 구직 활동에 대한 당신의 경험에 관해 몇 가지 질문을 드리고 싶습니다. 먼저, 당신이나 당신이 아는 누군가는 주로 어떤 종류의 구직 방법을 사용하나요? 예를 들어, 온라인 플랫폼을 사용하거나, 취업 박람회에 참석하거나, 또는 채용 대행업체와 함께 일하나요? 그 이유는 무엇인가요?

브레인스토밍

나의 입장	attend job fairs 취업 박람회에 참석함
이유 1	1. save me time and effort 내 시간과 노력을 절약해 줌
구체적 근거	- learn about many job openings in one place 한 곳에서 많은 일자리에 대해 알게 됨
이유 2	2. give better chance to find a job immediately 즉시 일자리를 찾을 수 있는 더 좋은 기회를 줌
구체적 근거	- company conducted an interview and hired on the spot 회사가 면접을 실시하고 그 자리에서 채용했음

모범 답안 🎧 D20_4_13_모범답안

나의 입장
I attend job fairs when I look for work.

이유 1
First, they save me time and effort.

구체적 근거
To be specific, I can learn about many job openings at different companies in one place.

이유 2
Second, they give me a better chance to find a job immediately.

구체적 근거
For example, when my brother attended a job fair, the company conducted an interview and hired him on the spot.

요약
For these reasons, I try to attend job fairs when looking for work.

해석 저는 일자리를 찾을 때 취업 박람회에 참석합니다.
첫째로, 그것들은 제 시간과 노력을 절약해 줍니다.
구체적으로, 저는 한 곳에서 다양한 회사의 많은 일자리에 대해 알 수 있습니다.
둘째로, 그것들은 제게 즉시 일자리를 찾을 수 있는 더 좋은 기회를 줍니다.
예를 들어, 제 남동생이 취업 박람회에 참석했을 때, 그 회사는 면접을 실시했고 그 자리에서 그를 채용했습니다.
이러한 이유들로, 저는 일자리를 찾을 때 취업 박람회에 참석하려고 노력합니다.

어휘 job fair 취업 박람회 recruitment agency 채용 대행업체 job opening (공석인) 일자리 immediately[imí:diətli] 즉시 conduct[kəndʌ́kt] 실시하다 on the spot 그 자리에서

14 스크립트 및 해석

I see. Some companies arrange one-on-one interviews with applicants. Others have group interviews, in which several managers ask one applicant questions. Which type of interview would you prefer to participate in, and why?

그렇군요. 어떤 회사들은 지원자들과 일대일 면접을 주선합니다. 다른 회사들은 여러 관리자가 한 명의 지원자에게 질문하는 그룹 면접을 진행합니다. 당신은 어떤 유형의 면접에 참여하는 것을 선호할 것이며 그 이유는 무엇인가요?

브레인스토밍

나의 입장	one-on-one interviews 일대일 면접
이유 1	1. less pressure 압박이 덜함
구체적 근거	- get nervous when there are several people evaluating 평가하는 사람이 여러 명 있을때 긴장함
이유 2	2. questions are clearer and more consistent 질문들이 더 명확하고 일관성이 있음
구체적 근거	- easier to give logical and thoughtful answers 논리적이고 신중한 답변을 하기가 더 쉬움

모범 답안 🎧D20_4_14_모범답안

나의 입장
I would prefer to participate in one-on-one interviews.

이유 1
One reason is that there is less pressure.

구체적 근거
In particular, I get nervous when there are several people evaluating my performance.

이유 2
Another reason is that the questions are clearer and more consistent when only one person asks them.

구체적 근거
As a result, it is easier to give logical and thoughtful answers.

요약
Overall, I prefer to be interviewed by one person.

해석 저는 일대일 면접에 참여하는 것을 선호할 것입니다.
한 가지 이유는 압박이 덜하기 때문입니다.
특히, 제 수행 능력을 평가하는 사람이 여러 명 있을 때 저는 긴장합니다.
또 다른 이유는 한 사람만이 질문할 때 질문들이 더 명확하고 일관성이 있기 때문입니다.
그 결과, 논리적이고 신중한 답변을 하기가 더 쉽습니다.
종합적으로, 저는 한 사람에게 면접을 보는 것을 선호합니다.

어휘 one-on-one[wÀnənwÁn] 일대일의   pressure[préʃər] 압박   nervous[nə́ːrvəs] 긴장하는   evaluate[ivǽljuèit] 평가하다
performance[pərfɔ́ːrməns] 수행 능력   consistent[kənsístənt] 일관성 있는   logical[ládʒikəl] 논리적인
thoughtful[θɔ́ːtfəl] 신중한, 사려 깊은

15 스크립트 및 해석
I see your point. It has become increasingly common for companies to use personality tests as part of their hiring process. What are your thoughts on this trend? Do you think it's helpful, or does it have drawbacks?

당신의 관점을 이해합니다. 회사들이 채용 과정의 일부로 인성 검사를 사용하는 것이 점점 더 흔해지고 있습니다. 이러한 추세에 대한 당신의 생각은 무엇인가요? 이것이 도움이 된다고 생각하나요, 아니면 단점이 있다고 생각하나요?

브레인스토밍

나의 입장	**personality tests have serious drawbacks** 인성 검사에는 심각한 단점이 있음
이유 1	1. <u>hard to trust applicants' responses</u> 지원자들의 응답을 신뢰하기 어려움
구체적 근거	- <u>try to give the answers the company wants</u> 회사가 원하는 답변을 하려고 함
이유 2	2. <u>not related to actual job performance</u> 실제 업무 수행과 관련이 없음
구체적 근거	- <u>practical skills and experience are more important</u> 실무 기술과 경험이 더 중요함

모범 답안 🎧 D20_4_15_모범답안

나의 입장
In my opinion, using personality tests during the hiring process has serious drawbacks.

이유 1
First, it is hard to trust applicants' responses.

구체적 근거
In fact, they try to give the answers the company wants rather than being honest.

이유 2
Furthermore, the test questions are not related to actual job performance.

구체적 근거
To put it another way, practical skills and experience are more important.

요약
Therefore, personality tests should not be used in the hiring process.

해석 제 생각에는, 채용 과정 중 인성 검사를 사용하는 것에는 심각한 단점이 있습니다.
첫째로, 지원자들의 응답을 신뢰하기 어렵습니다.
실제로, 그들은 정직하기보다는 회사가 원하는 답변을 하려고 합니다.
더욱이, 검사 질문들은 실제 업무 수행과 관련이 없습니다.
달리 표현하자면, 실무 기술과 경험이 더 중요합니다.
그러므로, 인성 검사는 채용 과정에서 사용되어서는 안 됩니다.

어휘 personality test 인성 검사 hiring process 채용 과정 drawback[drɔ́ːbæ̀k] 단점 applicant[ǽplikənt] 지원자
response[rispɑ́ns] 응답 honest[ɑ́ːnist] 정직한 practical[prǽktikəl] 실무의, 실용적인

16 스크립트 및 해석

Those are great points. Finally, given the advances in artificial intelligence, some experts predict that AI will conduct most initial job interviews in the future. How do you think AI-led interviews might affect the hiring process in positive ways and negative ways? Please give one example of each.

훌륭한 의견입니다. 마지막으로, 인공지능의 발전을 고려할 때, 일부 전문가들은 AI가 미래에 대부분의 1차 채용 면접을 수행할 것이라고 예측합니다. AI 주도 면접이 채용 과정에 긍정적인 방식과 부정적인 방식으로 어떻게 영향을 미칠 것이라고 생각하나요? 각각에 대한 예시를 들어주세요.

브레인스토밍

나의 입장	have both positive and negative effects 긍정적인 영향과 부정적인 영향 모두 미침
이유 1	1. make the process more efficient 과정을 더 효율적게 만듦
구체적 근거	- can quickly screen many applicants 많은 지원자들을 빠르게 가려낼 수 있음
이유 2	2. miss important qualities in applicants 지원자들의 중요한 자질들을 놓침
구체적 근거	- some skills are hard for AI to measure 일부 역량들은 AI가 평가하기 어려움

모범 답안 🎧 D20_4_16_모범답안

나의 입장
I think AI-led interviews will have both positive and negative effects on the hiring process.

이유 1
To begin with, this system will make the process more efficient.

구체적 근거
In particular, AI can quickly screen many applicants based on the requirements of the company.

이유 2
However, AI might miss important qualities in applicants.

구체적 근거
For example, some skills such as emotional intelligence and communication are hard for AI to measure.

요약
In short, AI-led interviews will offer both advantages and disadvantages.

해석 저는 AI 주도 면접이 채용 과정에 긍정적인 영향과 부정적인 영향을 모두 미칠 것이라고 생각합니다.
우선, 이 시스템은 그 과정을 더 효율적이게 만들 것입니다.
특히, AI는 회사의 요구 사항에 근거하여 많은 지원자들을 빠르게 가려낼 수 있습니다.
하지만, AI는 지원자들의 중요한 자질들을 놓칠 수 있습니다.
예를 들어, 정서 지능과 의사소통 같은 일부 역량들은 AI가 평가하기 어렵습니다.
한마디로, AI 주도 면접은 장점과 단점을 모두 제공할 것입니다.

어휘 efficient[ifíʃənt] 효율적인 screen[skri:n] 가려내다, 심사하다 requirement[rikwáiərmənt] 요구 사항 quality[kwáləti] 자질
emotional intelligence 정서 지능 measure[méʒər] 평가하다, 측정하다 advantage[ədvǽntidʒ] 장점
disadvantage[dìsədvǽntidʒ] 단점

Actual Test

p.271

[01-07] 🎧 AT_1

당신은 대학교 프린트 센터에서 학생들을 돕는 것을 교육받고 있습니다. 화자의 말을 듣고 그대로 따라 말하세요. 한 번만 따라 말하세요.

스크립트

01 Is this your first time using our print center?
02 You can use the computers here to print your files.
03 Printing is available in both color and black and white.
04 Please check the shelf on the back wall for any extra paper.
05 Put any misprinted pages in the recycling bin in the corner.
06 Pick up your printed pages promptly to avoid mixing them up with others.
07 If one of the devices stops working, please call the technical support number posted on the wall.

해석

01 저희 프린트 센터를 이용하는 것이 처음인가요?
02 당신의 파일을 인쇄하기 위해 이곳의 컴퓨터들을 사용할 수 있습니다.
03 인쇄는 컬러와 흑백 모두 가능합니다.
04 추가 종이가 필요하면 뒷벽에 있는 선반을 확인하세요.
05 잘못 인쇄된 종이는 구석에 있는 재활용함에 넣어 주세요.
06 다른 인쇄물과 섞이는 것을 피하기 위해 당신의 인쇄물을 바로 가져가세요.
07 기기 중 하나가 작동을 멈추면, 벽에 게시된 기술 지원 번호로 연락하세요.

어휘 black and white 흑백 misprinted [mísprintid] 잘못 인쇄된 promptly [prámptli] 바로, 즉시 technical [téknikəl] 기술의

[08-11] 🎧 AT_2

당신은 스트레스 관리에 관한 연구에 참여하기로 동의했습니다. 당신은 연구원과 짧은 온라인 인터뷰를 할 것입니다. 연구원이 몇 가지 질문을 할 것입니다.

08 스크립트 및 해석

Thank you for joining the study. I'd like to talk about your stress management habits. First, what kind of efforts do you or your friends generally make to manage stress? For example, do you meditate, talk to a friend, or take a break?

연구에 참여해 주셔서 감사합니다. 당신의 스트레스 관리 습관에 대해 이야기하고 싶습니다. 먼저, 당신이나 당신의 친구들은 일반적으로 스트레스를 관리하기 위해 어떤 노력을 하나요? 예를 들어, 명상을 하거나, 친구와 이야기를 나누거나, 또는 휴식을 취하나요?

브레인스토밍

나의 입장	go running 달리기를 함
이유 1	1. reduce anxiety 불안감을 줄임
구체적 근거	- forget about my worries 나의 걱정거리를 잊음
이유 2	2. boosts confidence 자신감을 높임
구체적 근거	- gives me a sense of control over my body and mind 내 몸과 마음을 스스로 통제하는 느낌을 줌

모범 답안 🎧 AT_2_08_모범답안

나의 입장

I usually go running to manage stress.

이유 1

First, it helps reduce my anxiety.

구체적 근거

From my experience, when I focus on running, I can forget about my worries.

이유 2

Second, running boosts my confidence.

구체적 근거

To be specific, running gives me a sense of control over my body and mind, and I feel like I can overcome any problem.

요약

For these reasons, I think that running is an effective way for me to manage stress.

해석 저는 보통 스트레스를 관리하기 위해 달리기를 합니다.
첫째로, 달리기는 불안감을 줄이는 데 도움이 됩니다.
제 경험에 따르면, 달리기에 집중하면, 제 걱정거리를 잊을 수 있습니다.
둘째로, 달리기는 자신감을 높여 줍니다.
구체적으로, 달리기는 내 몸과 마음을 스스로 통제한다는 느낌을 주고, 어떤 문제든 극복할 수 있을 것 같은 기분이 듭니다.
이러한 이유들 때문에, 저는 달리기가 저에게 있어 스트레스를 관리하는 효과적인 방법이라고 생각합니다.

어휘 manage stress 스트레스를 관리하다   anxiety[æŋzáiəti] 불안감   confidence[kánfədəns] 자신감   overcome[òuvərkʌ́m] 극복하다

09 스크립트 및 해석

Great. When you feel stressed, do you prefer to be alone or to talk to someone about your feelings? Why?

좋습니다. 당신이 스트레스를 받을 때, 당신은 혼자 있는 것을 선호하나요, 아니면 당신의 감정을 누군가에게 이야기하는 것을 선호하나요?

브레인스토밍

나의 입장	talk to friends 친구들과 이야기함
이유 1	1. feel supported 지지를 받는다고 느낌
구체적 근거	– understand me well, feel less lonely 나를 잘 이해하기 때문에, 덜 외롭다고 느낌
이유 2	2. give good advice 좋은 조언을 해 줌
구체적 근거	– provide helpful suggestions and new perspectives on my problems 내 문제에 대해 유용한 제안과 새로운 관점을 제공함

모범 답안 AT_2_09_모범답안

나의 입장

I prefer talking to my friends to being alone when I feel stressed.

이유 1

One reason is that talking to my friends makes me feel supported.

구체적 근거

Since they understand me well, I feel less lonely when I share my worries with them.

이유 2

Also, my friends give good advice.

구체적 근거
For example, they often provide helpful suggestions and new perspectives on my problems.

요약
Therefore, I prefer to talk to friends when I'm stressed.

해석 저는 스트레스를 받을 때 혼자 있는 것보다 친구들과 이야기하는 것을 더 선호합니다.
한 가지 이유는 친구들과 이야기하는 것이 제가 지지를 받는다고 느끼게 해 주기 때문입니다.
그들은 저를 잘 이해하기 때문에, 저의 걱정거리를 그들과 공유하면 덜 외롭다고 느낍니다.
또한, 친구들은 좋은 조언을 해줍니다.
예를 들어, 그들은 종종 제 문제에 대해 유용한 제안이나 새로운 관점을 제시해 줍니다.
따라서, 저는 스트레스를 받을 때 친구들과 이야기하는 것을 더 선호합니다.

어휘 feel supported 지지를 받는다고 느끼다   suggestion[sədʒéstʃən] 제안   perspective[pərspéktiv] 관점, 시각

10 스크립트 및 해석
Okay. Now, please tell me what you think. People today are said to experience much more stress than people in the past. Do you think people will feel even more stressed in the future than they do now? Why or why not?

알겠습니다. 이제, 당신의 생각을 말씀해 주세요. 오늘날 사람들은 과거의 사람들보다 훨씬 더 많은 스트레스를 경험한다고 언급됩니다. 당신은 사람들이 지금보다도 미래에 더 많은 스트레스를 느끼게 될 것이라고 생각하나요? 왜 그런가요, 또는 왜 그렇지 않은가요?

브레인스토밍

나의 입장	will not feel more stressed 더 많은 스트레스를 느끼지 않을 것임
이유 1	1. more aware of mental health 정신 건강에 대한 인식이 높아짐
구체적 근거	- more stress management techniques, handle stress better 스트레스 관리 기법이 많아져서, 스트레스를 더 잘 다스림
이유 2	2. work environments will become more flexible 근무 환경이 더 유연해질 것임
구체적 근거	- remote work and flexible working hours, reduce work-related stress 재택근무와 탄력근무제는 업무 관련 스트레스를 줄여 줌

모범 답안 🎧 AT_2_10_모범답안

나의 입장
I don't think that people in the future will feel more stressed.

이유 1
To begin with, society is becoming more aware of mental health.

구체적 근거
As a result, there will likely be more stress management techniques, and people will handle stress better.

이유 2
Furthermore, work environments will probably become more flexible.

구체적 근거
Specifically, remote work and flexible working hours could reduce work-related stress.

요약
Overall, I believe people will feel less stressed in the future.

해석 저는 미래의 사람들이 더 많은 스트레스를 느끼게 될 것이라고 생각하지 않습니다.
우선, 정신 건강에 대한 사회의 인식이 더 높아지고 있습니다.
그 결과, 스트레스 관리 기법이 더 많아질 것이며, 사람들은 스트레스를 더 잘 다스리게 될 것입니다.
더욱이, 근무 환경이 아마 더 유연해질 것입니다.
구체적으로, 원격근무와 탄력근무제는 업무 관련 스트레스를 줄여 줄 수 있습니다.
종합적으로, 저는 미래에 사람들이 더 적은 스트레스를 느낄 것이라고 생각합니다.

어휘 stress management 스트레스 관리 technique[tekníːk] 기법, 기술 handle[hǽndl] 다스리다, 다루다 flexible[fléksəbl] 유연한 remote work 원격 근무 flexible working hours 탄력근무제 work-related stress 업무 관련 스트레스

11 스크립트 및 해석

Excellent. One last question. Some people believe that stress management is the most important factor for staying healthy. Do you agree with this idea? Or do you think there are other things that are even more important for staying healthy? Why do you feel this way?

훌륭하네요. 마지막 질문입니다. 어떤 사람들은 스트레스 관리가 건강을 유지하는 데 가장 중요한 요소라고 생각합니다. 당신은 이 생각에 동의하나요? 아니면 건강을 유지하는 데 더 중요한 것들이 있다고 생각하나요? 왜 그렇게 생각하나요?

브레인스토밍

나의 입장	<u>agree</u> 동의함
이유 1	<u>stress affects physical health</u> 스트레스는 신체적 건강에 영향을 미침
구체적 근거	– <u>under pressure → headaches, fatigue</u> 압박감을 느끼면, 두통과 피로감에 시달림
이유 2	<u>stress has an impact on mental health</u> 스트레스는 정신적 건강에 영향을 미침
구체적 근거	– <u>stressed out → feel anxious, have trouble concentrating</u> 스트레스를 받으면, 불안함을 느끼고 집중하는 데 어려움을 겪음

모범 답안 AT_2_11_모범답안

나의 입장
I agree that stress management is the most important factor for staying healthy.

이유 1
To begin with, stress affects physical health.

구체적 근거
For example, when people are under too much pressure, they often suffer from headaches and fatigue.

이유 2
What's more, stress has an impact on mental health as well.

구체적 근거
To illustrate my point, when I'm stressed out, I feel anxious and have trouble concentrating.

요약
In conclusion, managing stress is the most important factor for staying healthy.

해석 저는 스트레스 관리가 건강을 유지하는 데 가장 중요한 요소라는 것에 동의합니다.
우선, 스트레스는 신체 건강에 영향을 미칩니다.
예를 들어, 사람들이 지나치게 압박감을 느낄 때, 그들은 두통이나 피로감에 자주 시달립니다.
더욱이, 스트레스는 정신 건강에도 영향을 미칩니다.
예를 들어 설명하자면, 저는 스트레스를 받을 때, 불안을 느끼고 집중하는 데 어려움을 겪습니다.
결론적으로, 스트레스를 관리하는 것은 건강을 유지하는 데 가장 중요한 요소입니다.

어휘 physical[fízikəl] 신체의 suffer from ~에 시달리다 fatigue[fətíːg] 피로감 have an impact on ~에 영향을 미치다 concentrate[kánsəntrèit] 집중하다

해커스인강 HackersIngang.com
본 교재 인강 · 교재 MP3 · 말하기 연습 프로그램

고우해커스 goHackers.com
토플 보카 외우기 · 토플 스피킹/라이팅 첨삭 게시판 · 토플 공부전략 강의 · 토플 자료 및 유학 정보

고우해커스

토플 시험부터 학부·석박사, 교환학생, 중·고등 유학정보까지

고우해커스에 다 있다!

유학전문포털 235만개 정보 보유
고우해커스 내 유학 관련 컨텐츠 누적게시물 수 기준 (~2022.04.06.)

200여 개의 유학시험/생활 정보 게시판

17,200여 건의 해외 대학 합격 스펙 게시글
고우해커스 사이트 어드미션포스팅 게시판 게시글 수 기준 (~2022.10.14.)

goHackers.com

1위 해커스어학원
260만이 선택한 해커스 토플

단기간 고득점 잡는 해커스만의 체계화된 관리 시스템

01 토플 무료 배치고사
현재 실력과 목표 점수에 딱 맞는 학습을 위한 무료 반배치고사 진행!

토플 Trial Test (월 2회)
월 2회 실전처럼 모의테스트 가능한 TRIAL test 응시기회 제공!

02

03 1:1 개별 첨삭시스템
채점표를 기반으로 약점파악 및 피드백, 1:1 개인별 맞춤 첨삭 진행!

[260만] 해커스어학원 누적 수강생 수, 해커스인강 토플 강의 누적 수강신청건수 합산 기준 (2003.01~2018.09.05. 환불자/중복신청 포함)
[1위] 한경비즈니스 2024 한국브랜드만족지수 교육(온·오프라인 어학원) 1위